民航服务心理学

主　编 / 罗渝川　邓雪梅
副主编 / 王丽婧　王红梅　王冬雪

大连海事大学出版社

图书在版编目(CIP)数据

民航服务心理学 / 罗渝川，邓雪梅主编 . — 大连 ：
大连海事大学出版社，2020.12(2023.1 重印)
ISBN 978-7-5632-4086-9

Ⅰ.①民…　Ⅱ.①罗…②邓…　Ⅲ.①民用航空—旅
客运输—商业心理学　Ⅳ.①F560.9

中国版本图书馆 CIP 数据核字(2020)第 240394 号

大连海事大学出版社出版

地址：大连市黄浦路523号　邮编：116026　电话：0411-84729665(营销部)　84729480(总编室)
http://press.dlmu.edu.cn　E-mail：dmupress@dlmu.edu.cn

大连永盛印业有限公司印装　　大连海事大学出版社发行

2020 年 12 月第 1 版　　2023 年 1 月第 3 次印刷
幅面尺寸：184 mm×260 mm　　印张：16.25　　字数：353 千

出版人：刘明凯

责任编辑：刘若实　　责任校对：刘长影
封面设计：解瑶瑶　　版式设计：解瑶瑶

ISBN 978-7-5632-4086-9　　定价：49.00 元

前　言

随着我国经济与社会的高速发展,民航业也迎来了高速发展的时期。截至 2019 年年底,民航全年完成运输总周转量 1292.7 亿吨公里、旅客运输量 6.6 亿人次、货邮运输量 752.6 万吨;民航千万级机场达 39 个。民航与综合交通深度融合,民航旅客周转量在综合交通运输体系中的占比达 32.8%。民航已成为人们日常出行的交通方式之一。

民航服务是民航乘务员的工作的重要组成部分,具有和旅客面对面、直接打交道的特点。因此,了解并把握旅客的个性、态度、需要、动机等心理特点,了解不同特点和文化背景下旅客的行为,了解乘务员自身的心理与行为特点是成为一个优秀民航乘务员所必备的能力。

国内关于民航服务心理学方面的教材已有不少,这些教材更多的是将民航乘务员定位为服务提供者,但随着民航业的发展、对安全管理重要性认识的深入以及民航实际运行的需要,乘务员在实际运行中的安全管理职责日渐凸显,乘务员的角色定位已由原来的"服务提供者"逐渐转换为"客舱管理者",这就要求民航乘务员对工效学、心理学等方面的知识有更深入和更全面的了解。

基于上述原因,编写小组根据"民航服务心理学"课程的授课经验和体会,结合针对民航一线乘务员的调研,在传统服务心理学知识体系的基础上加入了心理健康、疲劳、应激等内容,编写这本《民航服务心理学》是力图对民航乘务员的工作有所帮助与借鉴,同时使空中乘务专业的学生能力结构更符合民航乘务员的职业标准。

参与编写的作者分别为罗渝川(中国民用航空飞行学院,主要负责选题与组织,编写规范确定,全书统稿,第一章、第九章编写)、邓雪梅(中国民用航空飞行学院,主要负责全书统稿,第七章、第十章、第十一章编写)、王丽婧(哈尔滨科学技术职业学院,主要负责第四章、第五章编写)、王红梅(中国民用航空飞行学院,主要负责第二章、第八章编写)、王冬雪(黑龙江旅游职业技术学院,主要负责第三章、第六章编写)。

由于我们水平有限,故本书内容难免有不足之处,望专家、学者不吝赐教,以期不断提高本教材的编写水平。

编　者
2020 年 11 月

目 录

第一章

民航服务与心理学

课程目标

· 了解民航服务与心理学的发展；
· 掌握民航服务的特点与定义；
· 掌握民航服务心理学的研究方法；
· 运用相关研究方法解决民航服务心理学的目标问题。

引言

随着科技和社会生产力的发展，人民群众的需求也从原来的以物质需求为主逐渐转变为对物质和精神生活的共同需求。在此大前提下，对民航服务的要求也已经从原来单纯的运输任务转变为运输与服务并重。为了能让旅客安全、舒适、满意地完成出行，民航服务心理学成为空乘人员的一门必修课。

民航案例

旅客投诉有门

12326 民航服务质量监督电话于 2019 年 3 月 15 日正式启动。今后旅客在出行过程中如遇到问题，即可拨打电话 12326 投诉。针对投诉问题，如果航空公司或机场没有回复，中国民用航空局将负责监督，保证旅客得到答案。

资料来源：http://www.caacnews.com.cn/1/2/201903/t20190315_1269296.html

第一节 ◉ 民航服务与心理学简介

一、民航服务的历史

1914 年，世界首个固定翼民航航班从美国佛罗里达州圣彼得斯堡起飞前往坦帕，自此开启了历史上首个定期商业航班。至今，商用飞行已经成为最安全、快捷和舒适的出行方式之一，未来商用飞行还将朝着更快捷、舒适和环保的方向发展。为了达成这个目标，空中乘务人员（以下简称“空乘”）成为商用飞行的必备条件。

空乘并非一直就有的，直至 1930 年才出现第一位空乘。由于当时机舱条件的限制，而空乘又需要在机舱中来回走动，因此对于空乘的条件要求是身高 1.59 米以下且体重不超过 50 千克。成为世界上第一名空乘的人是艾伦·丘奇，她之前是一名护士。对当时的女性而言，飞行是相当新奇的事，而在飞机上工作更是前所未有的，丘奇能从事空乘这一前所未有的职业在当时可以说是破天荒的事情。

扩展知识

最早的空乘

在艾伦·丘奇成为第一名空乘以后，波音公司旧金山办事处的经理立刻被此事所吸引，该经理认为飞机上拥有护士能让乘客的飞行变得更安心。在成为空乘后，丘奇又帮助招募了七名女性，而这八名女性成为波音公司最早的八名空乘，也是世界上最早的空乘，如图 1-1 所示。

波音公司为了突出这八名空乘的专业性，专门为她们统一定制了深绿色的制服。因为当时增压座舱并未在民航上使用，为了保暖，服装的上身是双排银扣的羊毛套装，外面是一层同样质地的披肩。披肩上的口袋大到能装进一把扳手和一把螺丝刀，这样她们才能保证将乘客的柳条椅固定在机舱的地板上。

除了保证座椅的紧固和餐饮服务以外，空乘的工作范围还包括清除一些飞虫、安抚乘客的情绪和打扫清洁卫生等。在飞行结束后，空乘甚至还要帮助将飞机推进机库。

图 1-1　世界上最早的八名空乘

早期空乘的工作条件

早期飞机的座舱拥挤而狭小，空乘需要在这样的环境中完成自己的工作。图 1-2 展示的是 20 世纪 30 年代美国联合航空波音飞机的内部情况，从中不难看出早期空乘的工作条件。

图 1-2　早期波音飞机的内部情况

中国的第一批空乘

中国历史上第一次公开招聘空乘是在1937年。据上海《申报》记载，欧亚航空公司（中央航空公司的前身）1937年招聘空姐的条件是：年龄20~25岁，体貌端正，身高1.5~1.7米、体重40~59千克，能讲汉语、粤语、英语，并能读写中英文字。直到中华人民共和国成立前，空姐招聘的条件都大同小异，都要求年龄在25岁左右，有一定的学历，至少能够熟练使用汉语和英语。

中华人民共和国成立之初，我国的民航系统中并没有乘务员，而是由报务员兼职完成空乘的部分工作。直至1955年，考虑民航飞行的特殊性，才决定在应届初中女毕业生中选拔品学兼优者进行培养。最终选定了18名女学生，我国的第一代空乘由此诞生，如图1-3所示。

图1-3 我国最早的空乘

二、心理学的历史

心理学是研究人的心理与行为的科学。科学心理学的出现有两大源头，分别是哲学以及生物与生理学。

（一）科学心理学的源头

1. 科学心理学的哲学源头

在哲学的体系中，对心理学的发展影响最大的有三位主要人物，他们分别是亚里士多德、笛卡儿和洛克。

亚里士多德（Aristotelis，公元前384—前322）是世界上最伟大的哲学家、科学家和教育家之一。亚里士多德师从柏拉图，但他却并未坚持柏拉图的唯心主义，而是认为“世界乃是由各种本身的形式与质料和谐一致的事物所组成的”。亚里士多德在诸多领域都取得了卓越的成就，其中一个重要的原因就是坚持“逻辑思维”，而这种思维范式始终贯穿在他的研究、统计和思考之中。亚里士多德是一位全面的科学家，在他的很多著作中已经讨论到人的本性、知识的由来、五官的运用以及记忆等现代心理学依然在研究的问题。

扩展知识

亚里士多德

公元前384年，亚里士多德出生于色雷斯的斯塔吉拉。从17岁开始直到38岁，亚里士多德就读于柏拉图学院，直到柏拉图去世后才离开。此后，亚里士多德游历各国，直到公元前343年，亚里士多德又被马其顿的国王腓力二世唤回担任太子亚历山大的老师。公元前322年，亚里士多德因身染重病离开人世，终年62岁。

亚里士多德一生中研究范围极广，涉及诸多领域。哲学方面的著作有《物理学》《气象学》《论天》《论生灭》《形而上学》；逻辑学方面的著作有《范畴篇》《解释篇》《前分析篇》《后分析篇》《论题篇》《辩谬篇》；动物与人方面的著作有《动物志》《动物之构造》《动物之运动》《动物之行进》《动物之生殖》《158城邦制》《论灵魂》《论感觉和被感觉的》《论记忆》《论睡眠》《论梦》《论睡眠中的预兆》《论生命的长短》《论青年老年及死亡》《论呼吸》《论气息》；伦理与政治方面的著作有《优台谟伦理学》《政治学》《雅典政制》《大伦理学》《欧代米亚伦理学》《论美德和邪恶》《经济学》等；美学方面的著作有《修辞学》《诗学》《亚历山大修辞学》。

对科学心理学的发展产生重大影响的第二位哲学家是笛卡儿（Descartes, René 1596—1650）。笛卡儿倡导先天观念说，即认为人类生而具备足以产生感觉经验的心理功能。按照笛卡儿的理论，心为身之主，身体的一切活动都是由生而具有理性的心所控制。这一心支配身体的观点后来由康德（Immanuel Kant，1724—1804）集其大成，形成了哲学的主流思想之一——理性主义。而理性主义思想的兴起加重了自古以来对身心关系这一主题的讨论，推动了科学心理学的诞生。

影响科学心理学发展的第三位哲学家是洛克（John Locke，1632—1704）。洛克倡导的是经验主义，强调人的一切知识均来自后天，反对理性主义所强调的先天观念理论。洛克将人的本性比喻为白板，纯然无色且不分善恶，而之后的一切改变都是后天经验影响的结果；同时在记忆方面，洛克认为记忆来自观念联想。

2. 科学心理学的生物与生理学源头

生物学的兴起，与19世纪英国生物学家达尔文（Charles Robert Darwin，1809—1882）的关系密不可分。达尔文在1859年发表了《物种起源》，提出了进化论。进化论的主要观点有：（1）世界上现存一切生物的样貌特征都是数百万年长期演变而形成的；（2）不同种类生物之间的巨大差异是由不同的遗传造成的；（3）同一物种之间个体的显著差异，主要是个体对生存环境适应的结果。

在达尔文进化论中的遗传、环境、个体差异、适应等研究方向，都成为此后科学心理学研究的重要主题。

生理学对科学心理学的影响主要来自19世纪三位德国生理学家的研究。第一位是柏林大学教授缪勒（Johannes Müller，1801—1858）。缪勒首次提出神经特殊能量理论，认为人类大脑的功能是分区专属的。缪勒首次提出人类之所以能辨识与感知外界刺激是由于不同神经传导所发生的特殊能量所致。此外，神经细胞之间由电化作用产生神经冲动的理论也是由缪勒提出的。缪勒的学生赫姆霍兹（Hermann Von Helmholtz，1821—1894）则是对科学心理学产生巨大影响的第二位生理学家，他所提倡的色觉理论与听觉理论仍是现代心理学解释色觉与听觉现象的最重要的理论依据。第三位对科学心理学产生巨大影响的生理学家是费希纳（Gustav Theodor Fechner，1801—1887）。费希纳采用实验法用物理刺激的变化探讨人的心理变化，这种以生理器官功能为基础的实验研究为以后生理心理学的发展奠定了基础。同时，费希纳补充修正了韦伯定律而成为费希纳定律。

（二）科学心理学的出现

有人对科学心理学的诞生做了这样一个有趣的比喻：哲学是科学心理学的父亲，生理学是科学心理学的母亲，生物学是媒人。经过生物学的牵线搭桥，哲学与生理学结合，诞生出的“新生儿”就是脱离原有哲学范畴，成为一门独立科学的心理学。因为在新诞生的心理学采用科学的方法研究问题，所以有时也被称为科学心理学。

在此需要明确一个问题，即什么是科学。凡是科学必须符合以下三大特征：

（1）客观性:科学研究和论述必须是遵从客观实际的。

（2）验证性:科学研究的结论必须是可被重复验证的。

（3）系统性:科学研究和科学理论必须是系统的、完整的。

在前述中我们不难发现，心理学虽然有很长的历史，但受研究方法和研究技术的限制，心理学没有对心理现象进行系统的科学分析和实验研究，主要是靠直觉、推断和猜测完成研究工作，因此其并不符合科学的标准。直至1879年冯特（Wilhelm Wundt，1832—1920）在德国莱比锡大学建立第一个心理学实验室，正式从事系统的心理物理学实验工作，科学心理学才正式出现。冯特建立的心理学实验室之所以能成为科学心理学诞生的标志，就是因为心理学只有进行实验研究才能符合科学标准所强调的客观性、验证性和系统性。

扩展阅读

冯特的实验内省法

冯特认为传统哲学心理学所使用的内省法是不充分的，所以心理学必须借鉴自然科学的实验方法；但冯特又认为不能完全抛弃内省法，因为个人的直接经验只为自己所察觉，个人对自己的心理活动的自我观察才能接近直接经验。因此冯特主张把实验法和内省法结合起来，以实验条件控制内省，以消除主观内省所带来的不利影响。

冯特为实验内省法制定了几条规则：（1）要让被试者了解自我观察开始的时间，以便使被试做好一定的心理准备；（2）观察自我的过程开始以后，被试必须集中注意于内部的心理活动，避免各种无关刺激的影响；（3）必须控制实验条件，使自我观察的过程能重复进行以便于验证；（4）经常变换刺激条件，使被试者把刺激和自己的心理过程分离。

但冯特清醒地意识到实验内省法的不足，因为在自我观察的过程中，观察者的观察靠的是自己的经验，观察者与观察物是混淆在一起的。为了做到观察者与观察物的分离，就必须利用各种客观实验技术记录被试的反应，而不仅仅依赖被试对自我观察所做的报告。所以尽管冯特在一定程度上保留了内省法在心理学中的地位，但他更注重实验。他的历史功绩之一就是把生理学和心理物理学的一套实验方法引进心理学，把传统的经验性内省改造为实验性内省，注重利用各类仪器和工具等客观实验技术，使心理学的研究方法获得明显的进展，也使心理学成为一门独立的实验科学。

（三）心理学的流派

心理学源自古希腊，但在1879年才正式成为一门独立的科学，因此可以被称为一门既古老又年轻的科学。在科学心理学发展的一百多年历史中，其发展速度是前所未有的，并出现了诸多的流派与思想。

1. 构造主义心理学

构造主义心理学始于冯特，后由冯特的学生铁钦纳（Edward B. Titchener，1867—1927）正式提出。铁钦纳在实验中让被试以内省的方式描述由物理刺激所引发的主观经验，从而分析意识的内在元素。铁钦纳认为意识包括三种元素性的状态：感性的、想象的和情感的，心理学的目的则是通过内省了解不同刺激情景下各种元素结构的情形。

构造主义提出后不久便受到来自美国和欧洲的反对，这一反对的结果便是构造主义随铁钦纳的逝世而销声匿迹；而正因为反对者各自的主张不同，因而形成了后来心理学百家争鸣的状态。

2. 功能主义心理学

功能主义心理学是由美国心理学家詹姆斯（William James，1842—1910）和杜威（John Deway，1859—1962）在20世纪初所创立的。功能主义心理学认为：心理学的目的应该是研究个体适应环境时的心理或意识的功能，而不是像构造主义那样研究意识的元素。构造主义研究者认为心理学的研究对象不应仅限于成人，还应包括儿童与动物；在研究方法上不只限于内省，观察、测验、问卷调查等方法也可使用。

功能主义对以后的心理学发展影响不大，在20世纪20年代以后逐渐被其他心理学派所替代。但一些功能主义的追随者逐渐转向了心理测量、儿童发展、教育实践的有效性等各种应用心理学方面的研究。

3. 行为主义心理学

行为主义心理学是由美国心理学家华生（JohnB. Watson，1878—1958）在1913年所创立的。华生认为，心理学是一门科学，科学的研究只限于以客观的方法处理客观的资料。因此行为主义学派只研究能够由他人客观观察和测量的外显行为。

行为主义的观点最主要有以下四点：

（1）强调心理学所研究的对象只能是可被客观观察和测量的外显行为；

（2）个体的反应是构成行为的基础，通过多个反应便可知行为的整体；

（3）个体的行为不是与生俱来的，也不是由遗传决定的，而是受环境因素被动学习的；

（4）经由对动物和儿童实验所知的行为的原理，可推论解释一般人的同类行为。

华生此类纯粹以“客观的客观”为标准的行为主义取向，被人称为激进的行为主义。行为主义发展至20世纪30年代后，其严格的以自然科学的方式来研究人的心理取向受到批评，因此有些行为主义心理学学者不再恪守“客观的客观”原则，承认意识也是心理学的研究主题之一，进而出现了新行为主义的心理学流派。此流派的代表人物就是美国著名心理学家斯金纳（Burrhus Frederic Skinner，1904—1990），斯金纳坚持行为主义的基本原理，他明确指出：任何有机体都倾向于重复那些指向积极后果的行为，而不去重复指向消极后果的行为。斯金纳与激进的行为主义思想的区别在于不否认人的内部心理活动的存在，但坚持人的一切行为都是由外部环境决定的。

心理学界对行为主义心理学流派的评价主要有以下两点：

（1）行为主义使心理学更符合科学的标准；但同时将心理学的研究范围局限于人的行为，使心理学研究内涵窄化。

（2）行为主义严格的科学取向提高了心理学研究方法与工具的品质，使心理学在社会科学中形象突出。

扩展知识

华生的经典实验

华生从一所医院挑选了9个月大的艾伯特进行这项研究。在实验开始之前，小艾伯特接受了一系列基础情感测试，艾伯特对一系列物品并不感到恐惧。艾伯特大约11个月时再次接受了实验，华生将艾伯特放在实验室正中间的桌子上，将小白鼠放到他身边，艾伯特被跑动的小白鼠吸引了注意力，观察过一段时间后，他伸出手去触碰小白鼠。艾伯特第一次触碰小白鼠时，华生并未阻止；但当他第二次试图触碰小白鼠时，华生就在他身后用铁棒发出刺耳的响声（如图1-4所示），吓了艾伯特一跳，他放弃了触碰小白鼠，并大声哭起来。随后，只要艾伯特想去摸小白鼠，华生就会敲击铁棒。重复这样的行为几次之后，艾伯特只要一看见小白鼠，就会露出惊恐的表情，还会哭着转身。在实验的17天后，当华生将一只（非白色的）兔子带到房间，艾伯特也会变得不安。对于毛茸茸的狗、海豹皮大衣，甚至华生戴上有白色棉花胡须的圣诞老人面具出现在他面前，他都表现出相同的反应。 华生通过这个实验证明，人类的恐惧是可以被创造出来的。

图 1-4　华生关于行为主义的实验

4. 完形心理学

完形心理学又名“格式塔心理学”（Gestalt Psychology），是与行为主义同时代出现的心理学流派。 完形心理学由德国心理学家韦特海默（Max Wertheimer，1880—1943）于1912 年在法兰克福大学创立。“Gestalt”为德文，其意义为“形状”“组型”。 完形心理学主要研究的是知觉与意识，其目的在于探索知觉意识的心理组织历程。 完形心理学明确指出：构造主义把心理活动分割成一个个独立的元素进行研究并不合理，因为人对事物的认识具有整体性，心理、意识不等于感觉元素的机械总和。 完形心理学在知觉方面的研究有极大的贡献，并为后来的认知心理学的发展奠定了基础。

5. 精神分析论

精神分析论是由奥地利著名精神病学家弗洛伊德（Sigmund Freud，1856—1939）在1896 年所创立的。 精神分析论不但是现代心理学中影响最大的理论之一，同时也是 20 世纪影响人类文化最大的理论之一。

精神分析论极为复杂，其中主要有三大要点：

（1）人格动力理论。 弗洛伊德采用潜意识、欲力、生的本能和死的本能等概念解释人类行为的内在动力。

（2）人格发展观。 弗洛伊德用口腔期、肛门期、性器期、潜伏期、生殖期以及认同、恋母情结等观念解释个体心理发展的历程。

（3）人格结构。 弗洛伊德用本我、自我、超我三者来解释个体的人格结构，并用冲突、焦虑和心理防御机制来解释人格结构三“我”之间的复杂结构。

“Psychoanalysis”一词既可翻译为“精神分析法”，也可翻译为“精神分析”，但两者是有区别的。 前者是弗洛伊德对精神病患者所采取的一种治疗方法；而后者是弗洛伊德对人性的解释。

弗洛伊德的学术背景是精神病学而非心理学，且其研究对象多为精神病患者，因此，用这样的理论解释正常人难免会觉得有些偏激。因此，精神分析的后继者将研究层面扩大力图解释社会文化中对一般人行为的解释，这就形成了“新精神分析学派”。

扩展知识

精神分析论中的人格结构

弗洛伊德认为完整的人格结构由三大部分组成，即本我、自我和超我（如图1-5所示）。

“本我”是最原始的人格部分，它包括人类本能的性的内驱力和被压抑的倾向，遵循“快乐原则”。

“自我”则是人格中的意识结构部分，是来自本我经外部世界影响而形成的知觉系统。它在本我与超我的冲突之间充当仲裁者，既监督本我，又尽可能满足本我，遵循“现实原则”。

“超我”也叫作理想自我、自我典范，是道德化了的自我，被认为是人格中最后形成的，也是最文明的一部分，遵循“道德原则”。

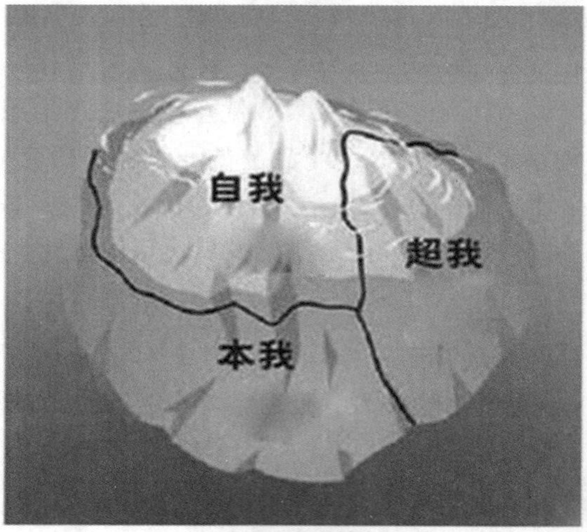

图1-5　弗洛伊德关于人格结构的描述

6. 人本主义心理学

人本主义心理学是由美国心理学家罗杰斯（Carl Rogers，1902—1987）和马斯洛（Abraham Maslow，1908—1970）等在20世纪60年代创立的。

人本心理学被称为现代心理学上的第三势力，其在理论取向上与“行为主义”和“精神分析”截然不同。精神分析是以对精神病患者的研究为基础，人本主义批判它是“伤残心理学”；行为主义是以动物和儿童的心理现象为研究对象，人本主义批判它是“幼稚心理学”。

人本主义强调人性尊严，重视个人价值；主张人是一种自由的、有理性的生物，具有个人发展的潜能，与动物在本质上完全不同。他们认为人的行为主要受自我意识的支配，要想充分了解人的行为，就必须考虑人们都有一种指向个人成长的基本需要。人本心理学的研究不只是了解人性，而是更进一步助长改善环境以便于人性的充分发展，希望达到“自我实现”的最高境界。

人本主义心理学的理念有两大主要特征：

（1）从人的需要去研究人性，不再像以往的心理学那样单纯地从科学上的需要去研究人性。

（2）人本主义心理学的基本理念与心理学纯科学化的方向是背道而驰的。

人本主义心理学的理论方向是正确的，为心理治疗领域孕育了一条创新的路线和方法；但在研究方法上人本主义心理学采用推测运用一种思辨的方法，难以用实验的方式来证明。人本主义心理学的兴起对教育心理学、发展心理学和心理治疗等方面影响巨大。

7. 认知心理学

认知心理学与前述心理学派有所不同，它不是由某一个心理学家提出或创立的，而是在20世纪50年代中期随着计算机技术的发展在西方兴起的一种心理学思潮和研究方向。

认知是指人们获得知识或应用知识的过程，或者信息加工的过程，这是人的最基本的心理过程。这个过程包括感觉、知觉、记忆、思维等。人脑接受外界输入的信息，经过头脑的加工处理，转换成内在的心理活动，进而支配人的行为，这个过程就是信息加工的过程，也就是认知过程。

认知心理学认为必须研究人的内部心理活动才可能充分了解人的行为。认知心理学关心的是作为人类行为基础的心理机制，其核心是输入和输出之间发生的内部心理过程。但是人们不能直接观察内部心理过程，只能通过观察输入和输出的东西来加以推测。所以，认知心理学家所用的方法就是通过可观察到的现象来推测观察不到的心理过程。

认知心理学是心理学与邻近学科交叉渗透的产物，心理语言学、人工智能等学科与研究主题都同认知心理学的发展密不可分。

8. 神经心理学

神经心理学是现代心理学中研究大脑神经生理功能与个体行为及心理历程关系的新方向。神经心理学不像神经生理学那样单纯地解释大脑本身的生理活动，而是力图揭示大脑整体及不同部位与人的心理与行为的关系。神经心理学是把大脑当作心理活动的物质本体来研究脑和心理或脑和行为的关系。

神经心理学的构想早已存在，直到电脑、微电极技术等相关硬件水平达到后才由构想变为一种可能。神经心理学不仅是一种心理学技术，同时也是一种解释行为与心理之间关系的理论，为心理学的发展提供了新方向。

第二节 ◉ 民航服务心理学的定义、研究对象与目标

● 一、民航服务心理学的定义

随着社会的进步和科学技术的发展，心理学的研究领域和应用范围变得越来越广，并在社会的各个领域中发挥越来越大的作用。心理学作为一门研究人的心理与行为的科学，已与不同的行业与领域形成了不同的分支学科，例如航天心理学、司法心理学、旅游心理学、商业心理学等。在这样的情况下，一个新的心理科学的分支——民航服务心理学就应运而生了。

要明确民航服务心理学的含义，首先需要了解服务的内涵。在此，我们将服务定义为在一定时间和空间里为他人提供一切物资、精神生活等方面需求的总和。根据该定义我们不难发现，服务的目的是满足对方的需求；但物质所有权不一定发生改变与转移。因此，民航服务的定义应该是为满足旅客身心需求而开展的活动。对于民航服务实践，我们应从以下几点来进行理解：

(1)对民航服务而言，民航服务不是单纯的乘务员的工作技巧和工作流程，而是旅客在出行过程中所接触的软硬件设施、有形与无形的服务所形成的有机整体。

(2)从旅客角度而言，民航服务是旅客在出行过程中所接触的一切和民航有关的人和物的印象的总和。

(3)从民航角度而言，民航服务是民航在旅客出行中所能提供的一切物质条件和心理感受的总和，因此，民航服务人员的工作表现与态度也是民航服务的重要组成部分。

民航服务心理学可以从广义和狭义两个角度来看。从狭义角度来看，民航服务心理学是研究旅客在民航服务活动中的心理与行为的科学。但编者认为，狭义的民航服务心理学范围限定过小也不全面，毕竟民航的服务过程是一个互动的过程，仅将不足以深入理解旅客行为的原因作为研究对象，因此编者更倾向于民航服务心理学广义的定义。民航服务心理学广义的定义是指：研究民航服务活动中人的心理与行为，并指导民航改进服务工作的综合性应用学科。

从对于服务的界定来看，民航服务不是单纯的旅客和硬件设施的问题，同时还涉及民航的相关员工。所以从广义的角度去理解民航服务心理学，将更有助于指导民航的实际工作。

二、民航服务心理学的研究对象

（一）民航服务的特点

民航服务是旅客在选择民航出行方式后，民航所提供的一种特殊的产品。它具有以下的特点：

1. 商品性

民航服务是在法规许可的条件下满足旅客出行的身心需求。旅客已为出行的一切支付了报酬，所以民航服务的实质是一种经济活动，所进行的服务活动实际上为一种等价交换。只有去尽量满足旅客的需求，才能使得这一商品性的服务具有等价交换的性质。

扩展阅读

选择廉价航空公司后乘机的必备物品清单

廉价航空公司又称为低成本航空公司或低价航空公司，指的是通过取消一些传统航空乘客服务（如不提供免费的餐饮服务、托运行李等），将营运成本控制得比一般航空公司较低，从而可以长期大量提供便宜票价的航空公司。廉价航空公司已成为人们出行的一种新选择，但由于票价控制的原因，机上所提供的服务必然会缩水。为了自己的旅途变得轻松和舒适，有一些小物品是旅客需要携带的。

（1）空调毯。廉价航空公司出于成本控制，飞机上准备的空调毯数量较少且需要收费，因此建议旅客在选择廉价航空公司后乘机时自备空调毯。

（2）耳机。廉价航空公司几乎没有机上娱乐设施，为了避免长途飞行中打扰他人，建议旅客自备耳机。

（3）食物。廉价航空公司的票价不含餐饮费用，旅客可以根据需要在机场选购饮料、主食及其他商品。

民航案例

亚航空乘被泼水

2014 年 12 月 11 日，亚洲航空 FD9101 执行曼谷至南京飞行任务。我国两男两女四名乘客登机后要求乘务员为其调座，在其他乘客的配合下，四个人坐在了一起，一男一女在前，另两个人在后。起飞不久，前排的男乘客以女友需要吃晕机药为由向乘务员提出要热水，乘务员解释称，飞机刚起飞不方便提供热水，该男子就将果壳、食物等倒在过道上，然后乱踩，周围乘客纷纷劝阻。另一名乘务员送来了热水，并解释廉价航空一般只提供矿泉水和面包，他需要支付 60 泰铢，找零的话也只能找给他泰铢。该男子付费后，坚持要找人民币并索要发票，同时要求机长道歉。乘务员离开时，坐在男子身边的女乘客突然将一整杯热水泼在了乘务员身上。

FD9101 航班所属的亚洲航空公司对该事件回应称，鉴于这名女乘客的行为已经对其他乘客以及机舱服务构成危险，机长决定返航。

资料来源：http://sky.news.sina.com.cn/2014-12-13/192356441.html

2. 不对等性

因为民航服务具有商品性的特点，因此在民航服务人员与旅客的交往服务中必然会存在不对等的现象。在一般的社会交往过程中，交往双方往往秉持平等互利的原则。民航服务则不同，在服务之初，民航服务人员和旅客就处于“服务”与“被服务”的地位，旅客认为花钱乘机享受到良好的服务是顺理成章的事。因此，在民航服务活动中旅客占有较多的主动权，而民航服务人员则处于相对被动的地位。

有些民航服务人员并没有意识到自己是一名服务人员，更没有意识到自己处于服务的角色，而是在服务工作中要与旅客争平等，或者将旅客的行为归因为“素质差、没文化”，因而不能做到真情服务和热心服务，进而被旅客投诉。

因此，在服务工作中即使自己的心情不好或不是很喜欢某位旅客，由于民航服务的商品性和不平等性，民航服务人员也应该为旅客提供耐心、热情的服务。

民航案例

民航服务人员制怒的措施

民航服务人员可以借鉴以下措施来调控自己和旅客的情绪：

（1）换位思考。多从旅客的角度和出发点来思考当前的问题与困境。

（2）及时解释。及时且恰当地解释与沟通当前的问题，使双方达成共识。切忌给出违背常理的解释。

（3）需求帮助。如遇到棘手问题时，应当学会寻求帮助，避免正面与人起冲突。

（4）保持尊重。旅客与民航服务人员争执的一个重要原因就是“自尊心受损”。

（5）适当拖延。话语不要脱口而出，考虑下乘客的处境和自己的工作职责，学会礼让对方。

（6）主动认错。在条件许可的情况下，主动认错，缓解乘客的情绪。

（7）认真履职。做到民航服务人员该做的安全职责与服务职责。

3. 同步性

民航服务具有产生与消费的同步性特点，需要从如下方面进行理解：

（1）民航服务人员产生服务行为的同时，旅客也在产生消费行为，这是产生与消费的同步性；

（2）民航服务人员产生服务工作的同时，民航旅客对民航服务人员工作质量的评价也同时产生，这个是工作过程和工作质量评价的同步性。

4. 不可逆性

由于民航运输的特点，民航服务人员往往不会反复接触同一旅客。因此，若在服务工作中旅客有不满意或不愉快的情绪，民航服务工作不可能像某些服务工作那样进行弥补和挽救，民航服务中的不足的影响也难以在短时间内消除。因此，民航服务人员应注意民航服务中的不可逆性，争取做到每一次服务都让旅客满意。

民航案例

乘务长的四次道歉

2015 年 9 月 22 日，CA1436 航班执行重庆至北京飞行任务。由于天气原因和流控，航班延误了 1 个小时 40 分钟，在 22：40 才从重庆起飞。由于航班起飞时间很晚，很多旅客改签到了其他航班，航班上的旅客不多。在起飞前，坐在 12 排 J、L 座位上的陈姓旅客和严姓旅客自己换到了 11 排 J、L 座位，正在进行客舱安全检查的乘务员立即走上前去要求旅客坐回原位，她提出的理由是“为了保持配载的平衡和客舱安全需要”，当时两位旅客带着不满的情绪坐回了原位。这时另一位 19 排的旅客突然自行坐到了 11 排的 B 座。这位乘务员也同样对这位旅客提出了坐回原位的要求，但在旅客承诺飞机起飞前就回去的请求下，她默许了旅客可以暂坐。当时她怕刚才的陈姓和严姓旅客有意见，主动走到他们面前进行解释。不料陈姓旅客突然情绪非常激动，觉得乘务员在客舱管理上没有一视同仁，高声提出要投诉乘务员，让才参加工作一年的年轻乘务员手足无措。乘务员道歉无果后，报告给了前舱的乘务长，乘务长立即赶过去给旅客进行道歉，可是也被旅客拒绝了。飞机平飞后，牵挂此事的乘务长，亲手做了两杯头等舱的红茶，端到了 12 排，并请严姓旅客帮忙另换个座位，乘务长在陈姓旅客身边坐下，把红茶递给他，并表示：“今天让您旅途不开心了，真的非常抱歉。”由于和陈姓旅客的沟通气氛逐渐融洽，乘务长再一次把当事乘务员带到陈姓旅客面前进行致歉。这时，陈姓旅客面对道歉的当事乘务员说：“你以后要注意服务的方法。”航班到达北京前 30 分钟，乘务长再次来到了陈姓旅客的面前，第四次对陈姓旅客进行道歉。接连四次的道歉，让陈姓旅客看到了乘务长和乘务员的诚心，看到了他们想带给旅客真诚服务的耐心。

资料来源：http://news.carnoc.com/list/324/324978.html

5. 多维性

民航服务不同于一般的人际交往，民航旅客仅承担了被服务者的角色，但民航服务人员一方面承担了服务者的角色，另一方面还代表了航空公司甚至整个民航的形象，这两个角色相互依赖、相互联系。航空公司的形象是通过每个具体的服务人员来体现的，也就是说航空公司的形象是通过每一个具体的服务人员的形象来组成的。因为旅客对航空公司的认识是通过服务人员的个别形象与服务工作的好坏从而具象化航空公司的形象，所以在民航服务中，旅客不仅会评价每个民航服务人员服务质量的好坏，而且还会将这一认识推及航空公司的整体形象上。所以，每个民航服务人员都应该对民航服务的多维性有足够的认识：不仅自己的工作质量如何会影响自己在旅客心目中的形象，而且自己在每一个旅客心目中也是航空公司甚至整个民航的代言人。

课堂讨论

南航的“木棉系”客舱服务与乘务员个人形象的关系

南航坚持真情服务、顾客至上，以实现国际一流客舱服务品牌为主线，打基础、创亮点、提能力，从视觉、听觉、味觉、嗅觉四个方面开展“木棉系”客舱服务产品创新。

视觉方面：木棉国际，美丽客舱。一是以“美丽客舱”为主题，围绕“形象、语言、礼节、举止、出行”五个环节外塑南航乘务员高端职业形象，提升南航乘务员队伍辨识度；二是全面施行“木棉国际”，打造有辨识度的南航国际化服务；三是围绕主要传统节假日营造佳节航班客舱服务氛围，开展特色鲜明的航班活动。

听觉方面：木棉花语，温馨问候。实施微笑广播，传递“南航声音”，为旅客送上暖心的问候；定制南航登离机音乐，温暖出行路。

味觉方面：木棉特饮，温暖旅途。结合节庆、时令特色、中医养生理念研发“木棉四季”系列饮品；木棉空中茶苑将中式茶艺和西式下午茶深度融合，展示国际化传统特色；木棉空中酒窖将世界各地美酒带进客舱。

嗅觉方面：木棉香薰，在你身边。推行客舱香薰，定制化客舱气氛，体验统一的南航味道。

资料来源：http://news.carnoc.com/list/487/487419.html

（二）民航服务心理学的研究对象

民航服务心理学的研究对象不仅包括民航旅客，还包括民航服务人员。

1. 民航旅客是民航服务心理学的研究对象之一

民航运输作为一种服务行业出现是近代的事情，随着科学技术和现代化工业的发展，民航运输为旅客提供了一种更为方便、快捷、高效和安全的出行方式。越来越多的人将民航当作重要的出行方式之一，截至 2019 年 2 月 22 日统计，中国共有 4161 架各型民航飞机，其中中国大陆地区 3641 架，港、澳、台地区 520 架。与此同时，在人们出行的基本需求得到满足后，越来越多的乘客希望航空公司提供更为舒适、便捷和愉快的出行体验。旅客的这些心理需求正是民航服务心理学所关心的问题，该学科也希望能在解释旅客心理规律的同时为民航的发展提供方向与指导。

2. 民航服务人员也是民航服务心理学的研究对象之一

之所以强调民航服务人员也是民航服务心理学的研究对象之一，主要有以下原因：

（1）民航服务人员是完成民航服务工作的主体和基础。民航服务是旅客在出行过程中，民航为满足旅客需求而提供的一切物质与精神方面的总和。由此可见，民航服务中除物质条件和设施设备外，服务人员的言行态度也是不可或缺的重要一环，因此，为了达到提高民航服务质量的目的，民航服务人员的言行态度等也是需要重点研究的内容。

（2）民航服务工作是一个互动的过程。民航的服务工作无法单纯靠硬件设施完成，服务人员是民航服务中不可或缺的一环，因此，民航服务人员的性格特点、意志品质、文化背景等都会对服务工作的质量产生影响。同时，由于民航服务还存在互动的特点，因而研究民航服务人员也是民航服务心理学的一个重要课题。

三、民航服务心理学的研究目标

（一）揭示民航旅客的心理规律

民航服务心理学作为心理学在民航运输中的分支学科，研究民航旅客在乘机过程中的心理与行为并揭示其规律，并用它来指导民航服务工作，帮助民航服务人员了解旅客的心理需求与特点，掌握其活动规律，进而提供有针对性的服务，最终起到提高服务质量的目的。

扩展阅读

三亚机场的无陪儿童服务

随着暑运的来临，三亚机场无陪儿童业务办理数量有所增长，小朋友们的安全出行自然也就成为父母最大的牵挂。为此，三亚机场开展以“凤凰小飞人，放心欢乐行”为主题的无陪儿童延伸服务。

无陪儿童服务面向的客户人群为5~12周岁的儿童，父母在购票时可提前向航空公司提出无陪儿童服务申请，在出行当天凭身份证、户口本等有效证件于航班起飞前2小时至三亚机场特殊旅客服务柜台办理相关手续，工作人员将为小朋友们戴上带有无陪儿童标识的识别牌，并对小朋友进行全程陪伴，直至将小朋友交到接机人手中。为了让家长能及时了解孩子的情况，三亚机场建立了无陪儿童保障微信群，将及时向家长告知孩子们的乘机情况，做到“优先登机、全程照看、无缝交接”安全周到的优质服务，让孩子安全乘行，让家长放心无忧。

资料来源：http://news.carnoc.com/list/502/502297.html

（二）揭示民航服务人员的心理规律

在实际的民航服务工作中，大量的经验告诉我们，服务人员自身素质和心理品质的好坏与服务质量的高低有着十分密切的关系。 从一定意义上来说，服务质量的高低很大程度上取决于服务人员的综合素质。 因此，研究服务人员的心理，帮助服务人员提高自我认识和自我修养，帮助企业方为服务人员提供更适合服务工作的企业环境，最终起到提高服务质量的目的。

扩展阅读

一架飞机也盈利的“天草航空”

日本九州岛的熊本县天草市有一家只有一架飞机的支线航空公司——天草航空。 天草航空从2000年开始营运，仅有58名员工运营一架支线飞机，截至2018年实现净利润5500万日元（55万美元）。

全公司58名员工中还包含五名空乘人员。 由于员工人数过少，空乘人员还要兼职飞机内部机舱清洁，综管及营运等管理部门的员工以及总经理等管理阶层还会支援飞机起飞前与抵达时的地勤工作，总经理甚至会亲力亲为帮忙搬行李。 天草航空团队虽小，但贴近客户，用心经营，这就是经营的王道。

资料来源：http://news.carnoc.com/list/501/501483.html

（三）揭示旅客与民航服务人员互动过程中的心理规律

揭示旅客与民航服务人员互动过程中的心理规律也是民航服务心理学的重要任务之一。 民航服务工作是由一个个服务环节所组成的，在服务活动中旅客与服务人员有心理上的接触和情感上的相互影响，进而会影响服务过程的顺利进行。

从服务质量而言，若个别旅客情绪不佳，交流中态度生硬、言语带刺，有些民航服务人员的情绪受其影响，进而控制不住自己的情绪，与其发生争执，从而影响服务质量。因此，民航服务心理学还需研究在民航服务过程中的互动及心理规律，用以指导服务工作，提高服务质量。

从民航服务过程而言，民航服务包含许多环节，购票、值机、安检、登机、机上服务等都是民航服务中不可或缺的一环。 在每个环节中旅客的需求和心态都有所不同，而每个环节中民航服务人员的工作内容也是截然不同的。 因此，了解在不同环节中旅客与服务人员在情绪、需求和心理上的变化规律，并用这些规律来指导民航服务工作，从而可提升民航整体服务质量。

第三节 ◉ 民航服务心理学的研究方法

一门学科之所以能称其为科学，必须符合客观性、验证性和系统性的原则，因此它的研究方法必须是恰当的、科学的、准确的和被证明的。作为一门交叉学科，民航服务心理学也不例外，除了需灵活运用心理学的研究方法之外，还要从相关学科中吸取有效的方法，这才可能为本学科系统而科学地发展奠定基础。

● 一、基本术语

（一）变量

变量（Variable）是指能被测量的事物在性质、数量、强度、程度等方面可发生变化的特征，且这种变化的幅度或强度是可被测量与观察的。由此可见变量的两个基本特征是变化性和可观察性。在民航服务心理学中能力、性格、压力、满意度等都是常见的变量。

在心理学中变量还有不同的分类：

（1）自变量，是指在实验中实验者所操纵的、对被试的反应产生影响的变量。自变量是由主试选择控制的变量，它引起被试心理或行为的变化。例如，光的明度、声音的响度、房间的温度都是在研究中经常被控制的自变量。自变量具有以下特点：它的变化会导致研究对象发生反应；它的变化能够被研究者所操纵控制；它的变化是受计划安排，系统性变化的。

（2）因变量，是指由自变量的变化而产生的现象变化或结果。因此自变量和因变量是相互依存的，没有自变量就无所谓因变量，没有因变量也就无所谓自变量。在实验中，由操纵自变量而引起的被试的某种特定反应称为因变量。例如在光的明度、声音的响度、房间的温度发生变化时，旅客做出的相应反应就是因变量。因变量具有以下特点：它必须是跟随自变量的变化而变化的因素，或对自变量做出响应的；它是根据需要，有待观测的因素；它是能够以某种反应参数来表征的可测量因素。

（3）控制变量（额外变量），是指除自变量以外，能影响因变量变化的因素。对控制变量必须加以控制，否则将难以解释自变量与因变量之间的关系。如果选定的自变量与一些未控制好的因素，即控制变量共同造成了因变量的变化，这就叫自变量的混淆。因此也可以说，控制变量就是潜在的自变量。例如我们在研究温度对旅客行为的影响时，湿度可能就是控制变量，因此必须对湿度加以控制。

课堂练习

找找变量

艾施（Asch，1952）研究：在形成对某个人的印象时，你所听说的关于这个人的最初信息是否比后来的信息重要。

两组被试：一组先收到肯定信息，后收到否定信息；另一组先收到否定信息，后收到肯定信息，这些词相同只是顺序相反。如：聪明、严谨、勤奋、固执、冲动、忌妒。词语呈现完毕后让被试写下他们对这个人的大致印象，发现两组被试的评价不同。

在这个实验里什么是自变量、因变量、额外变量？

（二）假设

假设（Hypothesis）是对两个或两个以上的变量之间关系的尝试性说明。所谓“尝试性”，是指假设的正确性是有待验证的；评价一个假设质量的关键是“可验证性”，一个假设如果不可被验证，无论听起来如何有道理，它都是一个没有价值的假设。

课堂讨论

宇宙的起源

有人基于热力学定律，提出如下假设：“宇宙是由一个来自宇宙之外的，高于自然规律的即超过自然和想要创造出深不可测秩序的实体所创造的。”

这是假设吗？ 这个假设如何？

（三）因果关系

因果关系（Causality）是指变量之间导引关系的方向性。若因为 X 的变化导致了 Y 的变化，那么 X 就是 Y 发生变化的原因，他们之间就属于因果关系。自然科学的主要工作就是发现和解释世界上存在着的因果关系，从而帮助我们理解这个世界；但需注意的是，只有严格地控制各种变量，以严密的逻辑才能说明因果关系，否则在绝大多数情况下确定的仅是相关。

课堂讨论

这是因果还是相关关系？

有这样一个假设：快乐的员工工作效率较高。

这个假设讨论的是因果关系还是相关？

（四）相关性

相关性（Correlation）是指两个变量的关联程度。如果一个变量高的值对应于另一个变量高的值，相应的，当这个变量是低的值而另外一个变量也是低的值时，那么这两个变量正相关，若两个变量的量变方向完全相同则相关系数为+1。在民航服务心理学中，旅客的品牌忠诚度往往与旅客的重复购票行为存在典型的正相关。

反之，如果一个变量高的值对应于另一个变量低的值，那么这两个变量就是负相关，若两个变量的量变方向完全相反则相关系数为-1。在人口学中，消费水平与环境人口容量往往就呈现负相关的关系。

如果两个变量间没有关系，即一个变量的变化对另一变量没有明显影响，那么这两个变量不相关，即相关系数为0。在抽奖或买彩票时，人们往往觉得如果自己第一次没有中奖，那么第二次中奖的概率会增加，而实际上两者往往是没有任何相关性的。

（五）信度

信度（Reliability）是指测量结果的一致性和稳定性程度，可以用一组测量分数的真变异数与总变异数（实得变异数）的比率进行表示。信度系数越高，表示该测验的结果越一致、稳定与可靠。信度是一组分数或测验的特性，而非个人分数特性。真分数的变异数是不可被直接测量的，因此信度是理论上的构想概念，只能根据一组分数做出估计。信度估计的常用方法有重测、复本、分半、内部一致性系数等方法。进行信度估计时，要具体情况具体分析，没有一个百分百固定的方法。

（六）效度

效度（Validity）即有效性，是指一个测验或量表实际能测出其所要测的心理特质的程度。效度是针对测验结果和针对某种特定测验目的的；效度只在程度上有差异，即效度只有高低之分而没有绝对的“有”或者“无”。效度可分为三种类型：内容效度、效标效度和构想效度。

扩展知识

信度与效度的关系

信度是指测验结果的一致性、稳定性及可靠性。

效度是一个测验能够测量出其所要测量的东西的程度。

信度和效度的关系是:

信度是效度的必要而非充分条件。测量要有效度必须有信度，没有信度就没有效度；但有了信度不一定有效度。信度低，效度不可能高。因为如果测量的数据不准确，就不能有效地说明所测量的对象。信度高，效度未必高。一项测试有信度，它的效度有可能高，也有可能低；但是如果一项测试没有信度，则这次测试必然是无效的。

二、研究方法

前述文中已经指出，现代的心理学之所以能称其为一门科学的原因就是采用了科学的研究方法，下面一一介绍在民航服务心理学中常被采用的一些方法。

（一）观察法

观察法是指研究者直接观察记录个体或团体的行为活动，从而分析判断两个或多个变量存在某种关系的一种方法。观察法是在科学研究中最原始也是最广泛的一种方法，它为行为假设提供了丰富的资料来源，因此观察法也是探索人类行为及其成因的第一步。

观察法就分类来说可以分为自然观察和干预观察。自然观察是描述正常发生的行为并检验变量间的关系，采用自然观察法有助于提高研究的外部效度，且在伦理和道德无法进行试验控制时，自然观察是有效的研究策略。

当研究者为了促成自然情况下不常发生事件；系统改变刺激以研究有机体反应；获得进入通常不向科学研究开放的情景；设置条件，了解事件与行为的关系；比较不同自变量对行为的影响等这些目的时，往往就会采用干预观察的手段。

观察法是最常用的方法之一。但需注意的是，当观察者知道自己在被研究时，其表现出的行为并不能代表其日常的一般行为；另一个重要的问题就是，观察法所获得的数据往往是定性记录，而在对定性记录进行研究时往往容易出现遗漏与偏差。尽管观察法有上述这些问题，且不能解释行为发生的原因，但其对于发现问题并试探性地提出理论解释无疑是科学研究的前奏，因而观察法仍然是有非常重要的理论价值的。

趣味阅读

大卫·罗森汉的研究

1972年，大卫·罗森汉（David Rosenhan）在美国进行了旨在探讨精神病学诊断准确性的实地研究，他的研究得出了戏剧化的结论：在精神病院中，我们无法区分正常人和精神病人。

研究中，罗森汉召集了包括他自己在内的8名正常人（3女5男），他们分别是一位二十多岁的研究生、三位心理学家、一位儿科医生、一位精神病学家、一位画家和一位家庭主妇。罗森汉要求大家用假名和假职业进行登记，但是必须提供真实的个人经历。每个人的任务是假扮精神病人，努力以病人的身份被收容到五所美国的国立精神病医院中。首先均通过电话联系这些医院预约进行诊断，然后在接待处，他们需要陈述自己的头脑中出现陌生的声音。

结果，尽管这些人没有表现出精神分裂的症状，但所有的假病人都被诊断为精神病并被医院收治，其中7人为精神分裂症，1人为躁抑症。他们的住院时间最短为7天，最长为52天。平均大约持续19天，在这期间，他们将做出完全正常的表现。他们会将医院的经历写入日记，开始时偷偷摸摸这样做，后来则开始光明正大地记，因为没有人对此提出质疑。罗森汉发现，医院对他们的治疗记录上都写着同样的评论“病人忙于书写行为”。虽然他们没有被医院工作人员识破身份，但是其他病人却对他们产生了怀疑，有时会有人提出：“你没有疯，你只是一个来调查医院的记者。”

1973年，一篇名为《精神病房里的正常人》被刊登在最著名的期刊《科学》上。

（二）调查法

调查法是指采用一组提前设定好的问题，对一个或一组样本进行测试，以获取人的想法、观点与态度的方法。调查法可以采用邮寄、面谈、电话和网络的方式进行。邮寄调查法简单快捷，但是回收调查结果时存在反应偏差，即采用邮寄法所采集的样本并不能代表整体。可以采用让问卷显得更具针对性、减少调查对象的工作量、调查主题能引起调查对象的兴趣、加深与调查对象的关系等方法提高邮寄调查法的回收率。面谈法费时费力且难于对访谈者展开有效的监督记录，不准确或有意的引导将导致访谈者偏差；但采用访谈法时研究者能更好地控制调查过程。电话调查法最初饱受诟病，随着技术的发展，此方法可让研究者接触更广泛的样本；但样本范围可能是有电话、听力好、耐心的群体等，同时在国内的大环境下，电话调查法并不是非常推荐的方法。网络调查法是现在最常采用的方法之一，其优点是效率高、成本低；但在网络调查中只能接触使用网络的群体，且无法控制调查的情景与对象，这是使用网络调查时应始终注意的方面。

调查法的内容一般包括两个部分：第一部分是人口统计学资料，主要涉及性别、年龄、教育程度、职业、地域、经济状况等；另一部分则是填写对预设问题的回答，其可以采用是非、选择和简答的方式。通过调查研究，可以发现不同人口统计学特征的群体在观念、意见上的不同。但需注意的是，这些观念与意见上的差异与人口统计学变量仅是相关关系，而非因果关系。

由于调查法在研究中不可能对所有被试进行调查，所以决定调查法是否有效的最重要因素就是样本的代表性。样本的代表性决定了调查对象能在多大程度上代表整体。样本选择偏差，会导致样本对总体某些部分代表过度或代表不足。调查法的抽样方式可以分为非随机和随机两种。非随机抽样因为无法保证总体中的个体被抽取机会相同，所以常会导致该种抽样的样本代表性下降。抽样的另一种选择是随机的，但要完全实施随机抽样的难度也不小，因此完全随机抽样的一种改进就是分层随机抽样，即首先将总体单位按某一个标志分层，然后在各层按随机抽样的方法中分别抽出各层的样本的抽样方式。

就科学的方法而言，调查法并不是一种非常严谨的方法，但由于其方便、易行以及把握整体的特征，它在心理学、教育学和社会中依然较为常见。调查法与观察法一样，只能对行为的原因进行相关程度的解释，若要确定行为的原因则往往需进行试验研究。

课堂讨论

如何获取旅客对航空公司服务满意程度的评价

服务是航空公司生存与发展的基础，全球各大航空公司都非常注重获取旅客对其服务质量的评价。2019 年年初，由中国民航科学技术研究院、中国民航报社、中航信移动科技有限公司（航旅纵横）、中国民用机场协会四家单位共同推出的 2018 年年度中国民航服务旅客满意度评价报告正式出炉。报告显示，航空公司总体满意度为 4.30 分，机场总体满意度为 4.32 分。其中，旅客最为满意的是售票处服务、航司官网服务、乘务员服务和客舱安全演示；最不满意的是投诉响应及时性、投诉渠道通畅性和航延旅客安排。

要获取这样的数据应采取什么方法？在获取数据的过程中，应注意些什么问题？

（三）实验法

实验法指研究者根据研究目的，有组织、有计划地逐步变化条件，观察、记录、测定与此相伴随的现象的变化，从而确定条件与现象之间因果关系的方法。实验法与前述方法相比不仅能解释是什么，而且能解释为什么，因此，在科学的研究逻辑上实验法能促进研究者进行“因果推论”。所以，只有实验法能保证心理学实现陈述、解释、预测和控制这四个科学研究的目的。

需要注意的是，实验法能对因果进行推断仅是针对严格的实验室条件下而言的；若简单地将实验法的研究结果扩展到类似情景中，实验法所取得的结果可能并不能很好地解释人行为的原因。

扩展阅读

长时间飞行可能导致腿部血栓

2012 年 2 月，美国胸科内医师协会公布的第 9 版《抗栓治疗和血栓形成预防临床实践指南》，很明确地指出，目前没有确切证据支持长途飞行选择经济舱会增加腿部血栓的风险。虽然长途飞行中/后出现腿部血栓的病例并不多见，但还是有可能发生。该指南认为，以下因素可能在长途飞行中共同作用，增加腿部血栓风险。有腿部血栓病史，或者患有亲血栓性疾病；恶性肿瘤；近期有手术史或受过创伤；不活动；老年；使用雌激素，包括口服避孕药；妊娠；坐在靠窗位子；肥胖。

（四）个案研究

个案研究就是对单一的研究对象进行深入而具体研究的方法。个案研究的对象可以是个人，也可以是个别团体或机构。在以往的心理学研究中，儿童心理学、教育心理学和医学心理学经常采用个案研究的方法。在进行个案研究时，多半需要追溯个案的背景材料，并了解其生活历史，因此这种方法也被称为个案历史法。

与前述方法相比，个案研究除了强调是针对个体的研究外，往往还具有广集个案材料和兼采多种方法的特点。个案研究必须采集足够的个案资料，否则研究将无从入手，也难以解决个案的问题。从研究方法而言，个案研究法仅是以个案为研究对象的方法，并非指所选用方法的单一，所以在进行个案研究中，必须采用多种方法的结合，才可以取得研究所需的资料。

课堂讨论

乘客误放滑梯与安全管理措施

2017 年 6 月 12 日，厦门航空 MF8118 航班，在北京首都国际机场过站短停期间，左侧翼上逃生滑梯疑似被旅客误放，一场虚惊之下也导致该航班无法正常起飞。据了解，涉事乘客刚听完乘务员的提醒，只是想试试，于是动手误放逃生滑梯。误放逃生滑梯和擅自打开应急舱门往往被视作个别事件，但通过对大量个案的分析，往往能发现出现此类错误的旅客的共同特质，这对于提升客舱管理的有效性是非常有帮助的。

资料来源：http://comment.anhuinews.com/system/2017/06/15/007645786.shtml

本章小结

在民航运输出现之初并没有民航服务的概念,随着民航运输的发展,旅客服务才逐渐兴盛起来,而要做好民航服务的关键则是了解民航旅客的心理特点并提供有针对性的服务与管理,因此,民航服务心理学是乘务员的必备专业知识。

心理学迄今为止已有2000余年的历史,直至1879年冯特在德国莱比锡大学建立第一个心理学实验室,正式从事系统的心理物理学实验工作,科学心理学才正式出现。民航服务心理学是心理学在民航服务领域的具体应用,可被定义为:研究民航服务活动中人的心理与行为,并指导民航改进服务工作的综合性应用学科。民航服务具有商品性、不对等性、同步性、不可逆性、多维性的特点。

观察法、调查法、实验法和个案研究是民航服务心理学研究中常用的研究方法,每种研究方法皆有其优势,善加利用可进一步推进民航服务心理学的发展。

重要概念

心理学;民航服务心理学;商品性;不对等性;同步性;不可逆性;多维性;研究方法。

思考题

1. 科学心理学的起源是什么? 科学心理学出现的标志是什么?
2. 心理学的主要流派有哪些?
3. 民航服务心理学的定义是什么?
4. 民航服务的特点是什么?
5. 民航服务心理学常用研究方法的适用范围是什么?

第二章 认知过程与民航服务

课程目标

· 了解感觉与知觉是人心理过程的初始阶段及与心理过程的关系；

· 掌握知觉的概念和特性，记忆的类型；

· 运用概念分析民航服务过程中的知觉现象，提供各种有针对性的服务策略。

引言

民航服务只有被旅客感知才会对其行为产生影响。旅客形成何种知觉，既取决于感知对象，又与感知时的情境和旅客先前的知识与经验密切联系。本章重点讨论感知过程及影响感知的因素，同时探讨旅客对服务品质的知觉。民航旅客的感觉和知觉是旅客的初级认识活动（感性认识活动），也是旅客认识的起点，对高级认识活动（如思维）以及旅客行为都有直接的影响，还有注意和记忆对民航服务的影响也是显而易见的，因此，我们有必要了解关于认知过程的相关知识。

民航案例

服务就是兢兢业业做好基层服务

吉祥航空商务部一位员工参加工作以来，始终坚持吉祥航空“十分满意”的服务理念，扎根一线服务工作。在平凡的工作中，他始终保持对自己所从事职业的那份热爱和尊重，以自己专业的业务能力，处置突发事件，保障旅客安全顺利出行。2018 年 2 月 10 日，一位旅客在登机口突发疾病而昏倒，被该员工发现后，迅速处置，挽救了旅客生命。

资料来源：http://news.carnoc.com/list/490/490187.html

第一节 ◉ 认知过程

认知是人脑接受外界输入的信息，经过加工处理转换成内在心理活动的现象，是个体认识了解客观世界获取知识的过程。认知过程从低到高包括：感觉、知觉、记忆、想象、注意和思维，认知过程同样是民航服务行为形成的前提。

一、认知过程的定义

在普通心理学中，心理过程指心理活动的动态过程，也就是人脑对客观现实的反应过程，其中包括知、情、意等活动过程。现代认知心理学的主流研究方法是以信息加工观点研究认知过程，即是说认知心理学相当于信息加工心理学。它的普遍观点是将人看作一个信息加工的系统，认为认知就是信息加工，包括感觉输入的变换、简约、加工、存储和使用的全过程。按照这一观点，认知可以分解为一系列阶段，每个阶段是一个对输入的信息进行某些特定操作的单元，而反应则是这一系列阶段和操作的产物。信息加工系统的各个组成部分之间都以某种方式相互联系着。认知过程指人脑通过感觉、知觉、记忆、思维、想象等形式反映客观对象的性质及对象间关系的过程。认知心理学家研究的是作为人类行为基础的心理机制，其核心是输入和输出之间发生的内部心理过程。但是人们不能直接观察内部心理过程，只能通过观察输入和输出的东西来加以推测。所以，认知心理学家所用的方法就是从可观察到的现象来推测观察不到的心理过程。有人把这种方法称为会聚性证明法，即把不同性质的数据会聚到一起，而得出结论。

赫伯特·西蒙认为，人类认知有三种基本过程：（1）问题解决：采用启发式、手段-目的分析和计划过程法。（2）模式识别能力：人要建立事物的模式，就必须认识各元素之间的关系。如等同关系、连续关系等。根据元素之间的关系，就可构成模式。（3）学习：学习就是获取信息并将其贮存起来，便于以后使用。学习有不同的形式，如辨别学习、阅读、理解、范例学习等。

二、具体认知过程

（一）认知系统

当某个外界的刺激（如声音、文字、图像等）经由感觉器官输入后，经过一系列的处理，便会做出对刺激的反应。这个"一系列的处理"，牵涉两层次的问题：一方面是知识如何被存储以及存储的形式，也就是结构的问题；另一方面，知识如何被运作，也就是历程的问题。而结构和历程就综合成一个整体的认知系统。

（二）认知过程加工

认知心理学强调外部刺激与内部认知结构的相互作用，因此，它认为知觉的过程包含着相互联系的两种加工：自下而上（Bottom-up）的加工和自上而下（Top-down）的加工。

1. 自下而上的加工

认知心理学强调外部刺激与内部认知结构的相互作用，因此，它认为知觉的过程包含着相互联系的两种加工：自下而上（Bottom-up）加工和自上而下（Top-down）加工。

2. 自上而下的加工

自上而下的加工是指在知觉过程中，人们运用已有的一般性知识概念对当前的信息加工。在这种加工中，知觉依赖的是自身的信息，由此可以形成知觉期待，对知觉现象做出解释。

3. 两种加工的交互作用

（1）自下而上和自上而下的加工是密切联系在一起的，在实际的知觉过程中是结合起来同时进行的。如果只有自下而上的加工，则会由于需要识别的特征总量很大，使得加工的负担过重。

（2）两种加工是可以相互补偿的。在良好的知觉条件下，人们更多地依赖于感觉输入的直接作用，自上而下的加工作用就会减弱；相反，知觉条件困难，人们则更多地进行自上而下的加工，对感觉信息的直接依赖程度则降低。

（3）在两种加工的实际进行中，前面的加工可以为后面的加工所对应的对象提供信息；反之，后面的加工过程可以使人确认前面的加工对象。

另外，还可以从串行加工和并行加工来研究知觉的加工过程。两者同时进行，但是并不排除两者启动时间上的先后。

课外活动

1. 收集3~5家航空公司的宣传资料（如图片、文字、广告等），认真阅读后谈谈你对它们的评价。

2. 调查近几年最受旅客欢迎的航空公司是哪一家，并分析其受旅客青睐的原因。

3. 以身边的某个人为研究对象，谈谈你对他的印象，并分析形成这种印象的原因。

第二节 ◉ 感觉、知觉与民航服务

一、感觉和知觉的定义

在古典哲学文献中，知觉与感觉是混淆的。 17 世纪英国著名哲学家洛克最早提出感知的区别，认为感觉是单纯观念，而知觉是复杂观念。 18 世纪苏格兰心理学家里德（Reid）明确将感知划分开来。 他指出，感觉是在意识中体验到的感觉器官的活动，属于心灵；而知觉依赖于感觉，又不同于感觉。 知觉者不仅意识到自己的感觉经验，而且具有被知觉物体的概念，并对物体的客观存在具有瞬间发生的不可克服的信念。 例如，玩具熊作为一种感觉，存在于我们的心中，而作为一种知觉，它增加了玩具熊的概念和确信它的存在。 里德的这一划分，引起了许多心理学家对研究知觉的重视。 18 世纪英国联想主义（代表人物詹姆士・穆勒）受原子论的影响把感觉看成心理现象的元素，这些简单元素通过联想作用而构成复杂观念。

扩展知识

直接理论和认知理论

第二次世界大战后，知觉研究的领域出现了两个重要的研究方向：一是吉布森（J. J. Gibson）提出的直接理论；二是以布鲁纳（J. S. Bruner）和奈瑟尔（Neisser）等人为代表的认知理论。

直接理论：吉布生的直接理论（刺激物学说）的基本观点是，知觉是从刺激模式中直接提取有效的信息。 周围环境为我们的生存提供了充分的信息，而我们的感官的构成也使它有能力从周围环境中提取这些信息。 当环境信息作用于感觉时，既不需要以前的知识经验，也不需要从物体与人眼的关系中进行无意识推理，而是直接产生知觉经验。 知觉是刺激模式的函数，只要现实提供了一定的刺激模式，相应的知觉就会产生。

认知理论：知觉的认知理论可分为两种不同的倾向：一种倾向是所谓知觉的假设考验说（如布鲁纳，1957 和 Gregorg，1970）。 这种学说认为，知觉是一种包含假设考验的构造过程。 另一种倾向是强调感觉在知觉中的意义，认为知觉是一个复杂的信息处理过程。 它的主要目的在于认知外部世界中有什么东西，这些东西在什么地方，人的知觉系统怎样从这些特性中推导出外部世界的结构。在知觉加工的早期阶段，人的知识经验不起作用。

（一）感觉的定义

1. 感觉是脑的机能

感觉是指客观事物的个别属性在人脑中的直接反映。客观事物直接作用于人的感官，引起神经冲动，由感觉神经传导至脑的相应部位，便产生感觉。感觉可以通过训练提高，如盲人可以以耳代目、以笔代目等。

感觉分为两大类：

（1）外部感觉，指接受机体外部刺激，反映外界事物属性的感觉，包括视觉、听觉、嗅觉、味觉、肤觉等。

（2）内部感觉，指接受机体内部刺激，反映身体的位置、运动和内脏器官不同状态的感觉，包括运动觉、平衡觉、机体觉等。感觉不仅是人的心理活动的开端和来源，而且是人从事各种实践活动的必要条件。

感觉是人脑对刺激物个别属性的反映，反映的是特定感觉器官对刺激的接受及传递至特定脑部位的特性。感觉是最初级的认识过程，是一种最简单的心理现象，我们对客观事物的认识是从感觉开始的，大脑、神经系统和各个感觉器官是感觉的生物基础。例如：耳听为虚，眼见为实。当然感觉并不一定在某一时间内只反映一种属性，而是可以反映许多属性，但在感觉中，各种属性之间既无组织又无界限。人类是通过对客观事物的各种感觉认识到事物的各种属性。例如当榴莲作用于我们的感觉器官时，我们通过视觉可以反映它的颜色；通过味觉可以反映它的特殊味道；通过嗅觉可以反映它的气味。同时，通过触觉可以反映它长满刺的外表。感觉主要表现在两个方面：首先，感觉是一种直接反映，它要求客观事物直接作用于人的感官。从空间上看，感觉所反映的事物，是人的感官直接触及的范围；从时间上看，感觉所反映的对象是此时此刻正作用于感官的事物，而不是过去或将来的事物。其次，感觉所反映的是客观事物的个别属性，且任何一种感觉都是脑对事物个别属性的反映。

感觉是客观内容和主观形式的统一，感觉是客观的，它以客观事物为认识对象，但是带有主观色彩，例如：视而不见，充耳不闻。感觉是认识世界、获取知识的开端，是维持正常心理活动的必要条件。

感觉保证了机体与环境的信息平衡，通过看、听、嗅、触摸等，感觉提供了机体内外环境的信息。例如：痛觉等于报警系统，意味着身体警报，要引起注意，皮肤感觉和内脏感觉中都有痛觉，各种感觉器官中也有痛觉，这种痛觉遍布全身的所有组织中，并且不同器官部位痛的性质和定位存在差异。痛觉是个体对现实刺激和已储存的经验相互作用而产生的主观感受和体验。痛觉具有保护机体免受伤害的作用。痛觉的感受性存在很大的个体差异。原因在于早期经验对疼痛的影响，产生疼痛的原因和对造成后果的评价及文化教育的影响。所以感觉是认识的开端，也是一切较高级、较复杂的心理现象的基础。

知识扩展

感觉的相关概念

感受性（Sensitivity）：一个心理量，感觉器官对适宜刺激的感觉能力，也就是人对刺激的感觉灵敏程度。人的感觉能力可以通过训练加以提高。每个人对刺激物的感觉能力（即感受性）是不同的。感觉能力是通过感觉阈限来测量的。

感觉阈限（Sensory Threshold）：一个物理量，是能引起感觉的持续一定时间的刺激量。人要想感觉到刺激的存在或变化，刚刚能觉察出最小刺激量的感觉能力，这个临界值就叫感觉阈限。感受性的高低是用感觉阈限来度量的。

适宜刺激：某种感觉器官最敏感的那种刺激。

感受性与感觉阈限成反比。阈限值低，感受性高，反之亦然。

（E=1/R。其中，E代表绝对感受性，R代表绝对感觉阈限）

绝对感觉阈限：刚刚能引起感觉的最小刺激量，也称最小可觉差（简称j.n.d）。

差别感受性：刚刚能觉察出同类刺激最小差别量的感觉能力。

差别感觉阈限：刚刚能觉察出同类刺激的最小差别量。差别感觉阈限并不是固定不变的。它随着原来刺激强度的变化而变化，差别感觉阈限和原来刺激强度的比例却是一个常数，也称韦伯定律。

2.感觉的产生条件

（1）有直接作用于感觉器官的客观刺激物；

（2）有适宜的具有一定强度的刺激；

（3）有接受刺激的相应的感受器，并经由一定的分析器来完成。

各种分析器都是由反射弧前三个环节构成的：外周感受器是把外界刺激的能量转换为神经冲动的转换器；神经通道把神经冲动传给皮层；皮层感觉中枢是感觉器官的终端部分。感觉就是这样产生的。

知识扩展

人类重要感觉的绝对阈限

视觉：晴朗夜空48千米以外的烛光。

听觉：安静房间7米以外手表的滴答声。

味觉：7升水加入一茶匙白糖后有甜感。

嗅觉：一滴香水弥散三居室。

触觉：一片蜜蜂翅膀从 1 cm 距离落在面颊。

温冷觉：觉察出皮肤表面 1 ℃的差异。

（二）知觉的定义

在实际生活中，任何客观事物的属性并不是脱离具体事物而独立存在的，因此，我们在对事物的个别属性进行反映时，是把其个别属性作为生物的一个方面而与整个事物同时被反映的，这种对客观事物进行信息整合而形成客观事物的整体影像就是知觉。一般说来，感觉的材料愈丰富和精确，知觉映象也就愈完整和正确。知觉不是感觉材料简单的堆砌，而是按照一定关系将这些材料有机地统一起来。只要这些特性或部分的关系不变，知觉映象也不变；关系改变，知觉映象也改变。知觉是多种感觉器官协同活动的结果。如对物体形状的知觉是视觉和触觉、动觉等协同活动的结果。知觉过程受到主体以往的知识经验和当前需要、情绪等多种因素的影响，有明显的主观性和个别差异。知觉是人脑对刺激物整体属性的反映。反映的是人脑对各感官输入信息的联系和经验加工的特性。例如，有一个事物，我们通过视觉器官感到它具有圆圆的形状、红红的颜色；通过嗅觉器官感到它特有的芳香气味；通过手的触摸感到它硬中带软；通过口腔品尝到它的酸甜味道，于是，我们把这个事物反映成苹果，这就是知觉。

知觉是在人的实践活动中发展起来的。现代认知心理学家对知觉的一般看法可以概括为以下几个方面：（1）知觉是寻求对信息的最佳解释过程。（2）知觉过程具有积极主动性和选择性。（3）知觉依赖于过去的知识经验，是现实刺激和过去知识经验相互作用的结果。

知觉有不同的分类，按哪种感觉器官在知觉中起主导作用，可分为视知觉、听知觉、触知觉、嗅知觉和味知觉等。按知觉对象的不同性质，可分为空间知觉、时间知觉和运动知觉等；按知觉过程与主观意识联系程度的不同，又可分为无意知觉和有意知觉（观察）。

二、感觉和知觉的特点

（一）感觉的特点

感觉在个体身上的发展，与人的生活实践密切相关。工作要求不同，就要求有相应的感觉机能状况。例如：音乐家高度精确的听觉，调味师发达的味觉和嗅觉，盲人发达的触觉等。

1. 感觉现象

感觉适应性是由于刺激物对感受器的持续作用，从而使感受性提高或降低的现象，例如：人对光的暗适应是感受性提高，而对光的明适应是感受性降低，感觉对比是同一感受器接受（同类）不同刺激作用而使感受性发生变化，分为同时对比和先后对比。同时对比是不同刺激物同时作用于同一感受器产生的对比现象；先后对比是不同刺激物先后作用于同一感受器产生的对比现象，例如：梨和糖，苦药和白开水，视觉的明度、颜色存在对比，味觉、嗅觉都存在感觉对比。还有暖色的东西看上去显得大，有使视觉膨胀的作用；冷色使视觉收缩。最经典的一个例子是法国国旗上蓝、白、红三色等宽，但因冷暖色的视觉效果，看上去并不等宽，其中白色最宽，蓝色最窄，后来调整宽度，使蓝色最宽，白色最窄，才使旗子看起来三色等宽。还有两种现象：第一，免疫因刺激过久而变得迟钝，持续作用的强刺激使感受性降低，例如从暗的地方来到光亮处，如“入芝兰之室，久而不闻其香，入鲍鱼之肆，久而不闻其臭”。第二，因刺激缺乏而变得敏锐，持续作用的弱刺激使感受性增高。例如：从光亮的地方来到暗处。

扩展阅读

乘务员的离职率

说到乘务员很多人都会联想到：漂亮的制服、精致的妆容、优雅的举止、亲切的笑容、贴心的服务以及优厚的待遇。因此，乘务员这个职业成为很多年轻女孩向往的职业，竞争非常激烈。

与乘务员招聘火爆相对应的则是乘务员的高离职率，造成这样问题的原因不仅与乘务员工作强度大、缺乏个人时间、工作内容单一、昼夜节律扰乱等因素密切相关，同时也与“感觉适应性”密切相关。

2. 联觉

感觉的相互作用还进一步表现在联觉这类现象上，联觉是一种感觉引起另一种感觉的现象，即当一种感官受到刺激时另一种感官也出现了感觉和表象。例如视听联觉，对音乐有一定造诣的人听到一定的音乐会产生相应的视觉；色听联觉：听到某种声音（如某个音符）时就产生生动鲜明的彩色形象；味色联觉：有的人看见黄色就会产生甜的感觉，有的人看见绿色就会产生酸的感觉。还有“甜蜜的声音”“沉重的乐曲”“明快的曲调”“听其声，如见其人”等。红、橙、黄色使人觉得温暖；蓝、青、紫色使人觉得冷，这就是冷色感觉的关联性。人对某种刺激的感受性，不仅取决于感受器官的机能状况，同时也受其他感觉的影响。如重量和颜色、温度和滋味等。

知识扩展

颜色的魔力

在古代许多人相信颜色具有某种魔力，在今天科学家也认为颜色与人的大脑有着某种联系，不同颜色对人的身体、情绪、思想和行为有着深刻的影响。

红色：刺激和兴奋神经系统，增加肾上腺素分泌和增强血液循环。但接触红色过多时，会产生焦虑和身心受压的情绪，使易于疲劳者感到筋疲力尽。所以，在寝室或书房应避免使用过多的红色。

橙色：产生活力，诱发食欲，有助于钙的吸收，有利于恢复和保持健康。此色适用于娱乐室、厨房等处，对寝室、书房则不宜。

黄色：可刺激神经和消化系统，加强逻辑思维，但金黄色的装饰却易造成不稳定和任意行为。所以在寝室与活动场所，最好避免使用金黄色的家具摆设。

绿色：有益消化，促进身体平衡，并能起到镇静作用，对好动或身心受压抑者有益。自然的绿色对晕厥、疲劳与消极情绪均有一定的克服作用。

蓝色：能调节体内平衡，在寝室使用蓝色，可消除紧张情绪，有助于减轻头痛、发热、晕厥失眠。蓝色的环境使人感到幽雅宁静。

紫色：对运动神经、淋巴系统和心脏系统有压抑作用，可维持体内钾的平衡，能让人变得平静。

靛蓝色：可调和肌肉，能影响视觉、听觉和嗅觉，可减轻身体对疼痛的敏感作用。该色不适于装饰，但若用于布料，可使人产生安全感。

3. 不同感觉的相互影响

感觉适应是某种感觉器官受到外界刺激的持续作用，而对其他感觉器官的感受性发生变化造成的影响。例如：微痛的刺激可以使视觉的感受性提高；微光刺激能提高听觉的感受性而强光刺激则降低听觉的感受性；在噪声听觉影响下，黄昏视觉的感受性降低到受刺激前的20%；在噪声听觉影响下，暗适应的眼睛对绿蓝色光的感受性提高，对红橙色光的感受性降低；轻微的肌肉工作、凉水擦脸，可使黄昏视觉的感受性提高。

适应规律：持续作用的弱刺激能提高另一种感觉的感受性，持续作用的强刺激则降低另一种感觉的感受性。

课后讨论

如何在民航服务过程中应用知觉理论

在民航服务过程中，可能发生因考虑不周、一时疏忽而引起旅客误解和不快的情况，这便要求乘务员能够细心观察旅客的动作、表情等，从中推测出旅客的需要、个性等信息，并能随旅客应变，为旅客提供相应的民航服务。

（二）知觉的特点

1. 知觉的选择性

知觉的选择性是指人受自己的需要和兴趣等因素的影响，有意或无意地把某些刺激信息或刺激的某些方面作为知觉对象而把其他事物作为背景进行组织加工的过程。然而，知觉对象与知觉背景之间的关系是相对的，在一定条件下，它们可以相互转换。这一特点在图像上表现为通过不同的直觉选择，不同的图形可以成为知觉对象，也可以成为背景。图 2-1 是一副奇妙的图画，以玫瑰花为对象时，画框是背景，以玫瑰花为背景时，可以看到画中的一对恋人。然而，由于细节的巧妙运用，玫瑰花、恋人和画框三者之间又分不清对象和背景的差别。知觉的选择性具有以下特点：

（1）受客观刺激物特点的影响：第一，刺激物强度大、对比明显、颜色鲜艳时容易成为知觉对象；活动性的刺激物在相对静止的背景上容易成为知觉的对象；第二，刺激物在空间上接近、连续或形状相似时，容易成为知觉的对象；第三，刺激物符合“良好图形”原则时，容易成为知觉的对象，比如对称、连续或结构简单的图形；第四，刺激物轮廓封闭或趋于闭合时，容易成为知觉的对象。

（2）知觉的选择性受人的主观因素的影响。比如我们在看图 2-1 时，如果是喜欢玫瑰花的人，则趋于将玫瑰花作为对象，如果是正处于热恋中的人，则趋于将图中的恋人作为对象。

图 2-1　玫瑰与恋人

同一时刻进入我们感官的刺激十分丰富，人对同时作用于感觉器官的所有刺激并不都发生反应，我们总是根据自己当前的需要，有选择地对其中某些刺激进行反应，而忽视其他刺激。知觉的选择性能够排除干扰，选择少数刺激或刺激的重要方面，把知觉的对象从背景中分离、辨别和确认出来，有利于人们有效地认识外界事物，适应外界环境。被我们选择进一步加工的刺激，称为知觉对象；而同时作用于我们感官的其他刺激就叫作知觉背景。知觉对象与知觉背景的区别在于：知觉对象有鲜明的、完整的形寓，突出于背景之前；是有意义的，容易被记忆。知觉对象与知觉背景是相对而言的，此时的知觉对象也可以成为彼时的知觉背景；被选择为知觉对象的刺激也可能在那个人眼中就成为知觉背景，这要看知觉者的主观因素（如知识经验、兴趣爱好、愿望目的等）。

2. 知觉的理解性

知觉的理解性是指在知觉过程中，人根据自己已有的知识经验对客观事物进行解释，并用词语加以概括与标志以赋予其意义的组织加工过程。人在感知知觉对象时，总是用以往的知识经验对所获得的感觉信息提出假设、推断并做出最佳的解释，然后把它们标示出来。

比如，在听一段音乐的时候，非专业的听众会听出“好听”或者“不好听”，更进一步者能听出这段音乐里表达出了怎样的感情，而专业的音乐学习者则能听出其中每个乐章代表的不同含义，这段音乐使用了多少种乐器进行演奏，甚至听几遍就能学会并演奏这段旋律。这是听觉上的例子，在视觉和其他感觉中也是如此。在视觉上，我们看到图2-2中不规则的墨块，居然一下子看不出这是什么，但是在以往的经验上，我们曾经见过“狗”这种动物，便会反应出这是狗。

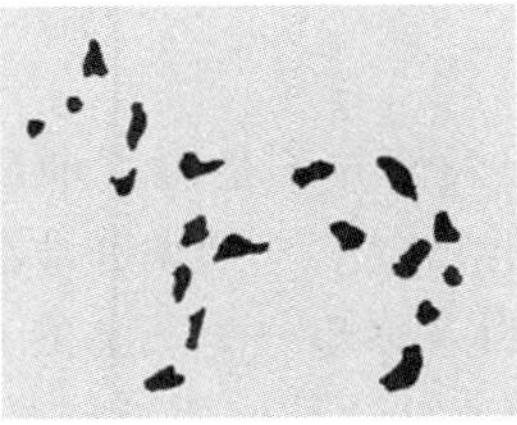

图 2-2　不规则墨块

因为知觉的理解性受到已知经验的很大影响，容易形成知觉定式。知觉定式是指个体由于已有知识经验、动机或暗示等形成的某种知觉期望，有准备地按照特定的方式进行知觉的过程。这是一种自上而下的信息加工过程。有时候（常为实验状态下）定式的产生依赖于先前刺激呈现的时间长短，如果过长，被试会产生疲劳效应，定式作用消失。

人们在知觉过程中，会根据自己的知识和经验，对感知到的事物进行加工处理，并用语词加以概括，赋予确定意义。知觉的理解性受知觉者的知识经验、实践经历、接受的言语指导以及个人的兴趣爱好等影响，对同一事物可以表现出不同的知觉结果。在知觉信息不足或复杂情况下，知觉的理解性需要语言的提示和思维的帮助。一块像小狗的石头，也许开始看不出来，但如果有人提醒，就会越看越像。以下就是一个不可能图形（如图2-3所示）。

正是由于知觉理解性的特点，乘务员在完成服务工作时应注意言行的恰当性，避免由于不恰当的言语而造成不必要的误会。

图 2-3　不可能图形

趣味阅读

送餐中的误解

一次飞行中，当餐车推出去前，乘务员确认餐食的品种："乘务长，是鸡肉饭、鱼肉饭吗？"乘务长回答："对，没错。"于是当餐车推到旅客前，乘务员张嘴就问："有鸡肉饭、鱼肉饭，请问您吃啥？"旅客不答，过了一会儿，该旅客意味深长地问乘务员："有人吃的饭吗？"

同学们请分析，究竟是什么地方出问题了。

3. 知觉的整体性

在对周围世界的知觉过程中，人们并不是孤立地反映刺激物的个别属性，而是反映事物的整体与关系，这就是知觉的整体性。 知觉并非感觉信息的机械相加，而是源于感觉又高于感觉的一种认识活动。 当人感知一个熟悉的对象时，只要感觉了它的个别属性或主要特征，就可以根据经验而知道它的其他属性或特征，从而整个知觉它。 如果感觉的对象是不熟悉的，知觉会更多地依赖于感觉，并以感知对象的特点为转移，而把它知觉为具有一定结构的整体。 当客观事物作为刺激物发生作用的时候，是它的部分属性分别或者先后作用于我们的感官，有时甚至只有其中的一部分对我们发生作用。 尽管它们在客观上是不完备的，但在人的主观上却能全面地知觉它，即客观上的缺陷能在人的主观上弥补起来。 如图 2-4 中，粗看之下只是四条线段和四个缺角的圆，但是中间却形成了一个白色的正方形，这也是一种"主观轮廓"的知觉。

知觉的整体性具有以下特点：

（1）知觉的整体性不仅与刺激物本身的特征及各部分之间的成分密切相关，还受到人的主观状态，特别是人原有的知识经验的影响。 如果我们没有"正方形"这个概念，那么也不会形成图中的白色正方体。

（2）刺激物的各个部分、各种属性对整体知觉的作用不同。 这是针对刺激物的每个部分都会对人的理解产生不同的影响。

图 2-4　不规则圆

知识扩展

乘务员代表公司形象

很多空中乘务专业的学生有这样一个疑问：为什么航空公司对乘务员的形象有统一要求?

从前述服务的定义与特点来看，乘务人员的形象也是航空公司提供给旅客的重要服务内容之一，因此在工作中的乘务员的职业形象不仅代表个人形象，更代表着航空公司形象，在一定意义上展示着乘务人员的精神面貌和航空公司的企业文化。所以，统一的形象要求是提升航空公司服务质量的前提。

4. 知觉的恒常性

知觉的恒常性是指人在一定范围内，不随知觉客观条件的改变而保持其知觉映像的过程。它简称为“知觉常性”，是人长期实践活动的结果，也是人认识世界的需要。它表现为知觉条件在一定的范围内发生变化时知觉映象仍然保持相对不变。如一台挂在墙上的钟，在 0.5~10 米的距离内，不论我们从正面、侧面或上面看，尽管在视网膜上的像是不同的，但我们总把它感知为圆形。在视觉范围内，知觉的恒常性有：大小恒常性、形状恒常性、方向恒常性、明度恒常性和颜色恒常性等。

总的来说，便是在不同的角度、不同的距离、不同明暗度的情境之下，观察某一熟知物体时，虽然该物体的物理特征（如大小、形状、亮度、颜色、方向等）因受环境影响而有所改变，但我们对物体特征所获得的知觉经验却倾向于保持其原样不变。

知觉的恒常性对人类的生存和发展有着十分重要的意义。知识经验对知觉的恒常性有着重要的作用。我们在知觉某事物时，总会利用以往的知识经验去感知，反映事物固有的面目，从而保证了我们根据客观事物的实际意义来适应环境。如果人类的知觉不具有恒常性的话，那么人类适应环境的活动就会变得十分复杂和烦琐。所以，知觉的恒常性不仅使我们获得了对客观事物本身面貌的精确知觉，而且也使我们拥有了适应周围环境的一种重要能力。

扩展阅读

国际航空公司的形象定位

中国国际航空公司在其公司品牌内涵中进行了如下的定位：

· 中国唯一载旗的航空品牌
· 为国家领导人出访安排专机的航空品牌
· 承担着各种特殊使命和社会责任的航空品牌（如非典、雪灾、抗洪抢险等）

这样的品牌定位，一旦在人们心中形成，无论执飞的机组、乘务组和机型如何变化，人们对中国国际航空公司的认识依然不会改变，这就是知觉恒常性在航空公司品牌定位的具体表现。

综上所述，知觉的四种特性有一些共同点：它们的形成都受到人的主观因素和以往经验的影响，同时也受到刺激物本身特点的影响，两者是相互作用的。这些知觉的特性既是人在认识和实践的过程中形成的，也是人类认识世界的重要方法。

三、感觉和知觉对民航服务的影响

社会知觉是指对他人、对群体、对社会现象的直观判断和反映，其核心是对人的知觉，通过人的外部行为把握人的内心世界。社会知觉也叫人际知觉，是人们在社会交往中通过获得对方外部信息，从而给对方做出判断，正确认识并使用人际知觉是做好民航服务工作的前提条件，培养社会知觉能力，有助于乘务员更好地认识旅客行为的特点。

（一）知觉过程受个性倾向性的影响

个性倾向性对知觉过程有制约作用。正如前面所说，知觉是个体在自己的知识、教研、兴趣、爱好的基础上对信息的解释与理解。因此，不同的人在接触相同的信息时，也可能会有不同的解释，这就是个性倾向性对知觉的影响。

民航案例

知觉过程受个人经验的影响

厦门航空空中乘务部一名乘务员已身为人母，在一次执行航班时有一位只身出行的孕妇脸色惨白，呕吐不止，该乘务员赶紧为孕妇旅客倒了一杯温水，送去温热的毛巾。可是，旅客的额头依然不断冒汗，手背冰凉，人几乎要晕厥过去。乘务员立马通过广播，在客舱中寻找医生，然而并没有得到回应。时间宝贵，容不得一刻耽搁，她运用平时培训中学到的医疗知识，组织乘务组为旅客吸氧，帮助旅客调整呼吸，最后安全完成本次飞行。这就是经验及时帮助乘务员发现并正确理解旅客当前状况的例子。

资料来源：http://news.carnoc.com/list/489/489647.html

（二）社会知觉偏差

社会知觉偏差是社会知觉受其对象的复杂性、知觉者的主观性以及知觉者加工信息能力的有限性等因素的影响，人们在知觉他人或自己时不可避免地会产生偏差。在人际交往中，一些常见的认识偏差，如首因效应、近因效应、晕轮效应、定式效应等广泛存在，在一定程度上给人际交往和管理造成了影响。下面简要介绍几种知觉偏差效应及其应对策略。

1. 首因效应

首因是首次或最先的印象。当人们第一次与某物或某人相接触时会留下深刻印象。在对方的头脑中形成并占据着主导地位，这种效应即为首因效应。首因效应也叫第一印象效应，是输入信息的先后次序不同而产生的一种认知偏差。第一印象作用最强，持续的时间也长，比以后得到的信息对于事物整个印象产生的作用更强。

首因效应之所以会引起认知偏差，就在于陌生的人第一次接触时彼此都有一种新异的探究之心，对言行举止特别敏感，更容易形成印记。个体在社会认知过程中，通过第一印象最先输入的信息对客体以后的认知产生的影响作用。这种印记一旦形成，就具有相对稳定性，不易消除，只有重大事件之后才会被新的印记掩蔽，从根本上改变对对方的看法。认知是根据不完全信息而做出判断的。首因效应留下的印象是深刻的，但往往是不准确的或者与现实不相符合的，因而是有偏差的。首因效应在人际交往中的影响表现在多方面，首先，它会使人际认知具有表面性。由于接触时间短暂，只能认识某些方面，容易出现以貌取人、以偏概全的现象。素不相识的两个人初次相识，往往造成以貌取人，使认知变得表面化。一旦第二次接触与初次接触的时间相隔甚远，则第一印象在人们心里会更加固化，从而影响以后的人际交往。

知识扩展

第一印象与航空服务

航空服务人员的个人形象是航空公司的名片；航空服务要在仪容、仪表、仪态、语言方面有一定的要求：航空服务的职业特点造就了服饰必须与职业吻合。良好的仪容，会令人产生美好的第一印象，从而对航空公司产生积极的宣传作用，同时还可能弥补某些服务设施方面的不足；语言是航空服务中至关重要的；旅客对服务质量的要求是一致的，但旅客的性格是多种多样的。航空服务人员仪态方面必须符合航空公司服务标准，站有站姿、坐有坐相，面部表情尽量保持自然的微笑，表现出自信但不张扬的表情。举手投足间表现出作为一个航空公司服务人员该有的精神面貌。例如，旅客对第一次乘坐某航空公司的客机、接触的一个空乘人员，以及吃的第一餐饭等，留下的印象都会特别深刻，甚至会影响整个乘机过程的心情。航空服务人员一定要时刻注重自己的仪容、言谈、举止和态度，给旅客留下良好的第一印象。

资料来源:https://baike.so.com/doc/10013031-10360905.html

2. 近因效应

近因是指个体最近获得的信息。与首因效应相反，近因是指在多种刺激一次性出现的时候，印象的形成主要取决于后来出现的刺激，即交往过程中，我们对他人最近、最新的认识占了主体地位，掩盖了以往形成的对他人的评价，因此，近因效应也被称为“新颖效应”。假如人们先知道某人第一个信息，隔较长时间后才了解到第二个信息，这第二个信息便是最新的。这最新的信息就会给人留下较深刻的印象。

近因效应在人际交往中是很常见的，比如一位平时业绩很好的乘务员，在犯错以后就容易给人留下负面的印象，具体说来就是因为在对他人的长期了解过程中，最近了解的东西往往占据优势，并会掩盖对该人的一贯了解。在知觉的过程中，新近发生的事对人产生的一种认知偏差，最后给人留下的印象最为深刻，对以后的印象起着强烈的影响，近因效应影响着我们在人际交往中对人和事做出正确、客观的判断，妨碍我们客观地去看待人和客观事实，也会造成人际冲突。例如：一个朋友总是让你生气，可是如果让你说起他让你生气的原因，你也大概只能说上两三条，这也是一种近因效应的表现。最近的研究表明，在人与人的交往中，交往的初期，即在延续期还生疏阶段，首因效应的影响占据了很重要的地位；而在交往的后期，就是在相互之间已经比较熟悉的时期，近因效应的影响也变得同样重要起来。这也是我们会发出“士别三日当刮目相看”的感叹的原因，对于自己很熟悉的人，突然出现了一些新奇的表现，我们就会把这些新奇表现放在自己评价这个人的首要位置。当然，如果一个人有了新的变化，就肯定会有好的变化和坏的变化之分。要是变化向积极方面，就会增进双方的了解，并且加深相互之间的认识，双方一起创造出比以前更愉快的合作环境；相反，就会掩盖以前的良好的印象，产生坏的印象，当然不利于相互之间的和睦相处。

知识扩展

补救性服务

补救性服务就是近因效应灵活应用的例子。服务补救是指服务提供者在发生服务失误后所做出的一种即时和主动性反应,主要强调及时性和主动性这两个特点。下面是一个成功的案例。

一些度假者在从纽约至墨西哥的旅程中遭受了困扰。航班延误了 6 个小时，中途意外地降落了两次，并在最终降落前盘旋了 30 分钟。鉴于所有这些延误和意外，飞行超过了预计时间长达 10 小时，而且食物和饮料均消耗殆尽。最后，飞机终于在凌晨两点到达了目的地，而且降落过程十分颠簸，以至于氧气面罩和行李都从头顶上坠落下来。糟糕的旅程使乘客们觉得自己的假期还没开始就遭到了破坏。在旅客中，有一位律师已经开始收集顾客的姓名和住址，准备提起集体诉讼。

该行程的组织者立刻采取了以下补救性服务：在旅客还没下机前，就制定了补救策略，带领工作人员在机场等候顾客。同时，还把这些顾客吸纳为会员，为他们准备了乐队和香槟，还为他们准备了欢迎晚宴，消除了旅客的不满，提升了旅客的忠诚。

3. 晕轮效应

晕轮效应最早是由美国著名心理学家爱德华·桑戴克于 20 世纪 20 年代提出的。他认为，人们对人的认知和判断往往只从局部出发，扩散而得出整体印象，也即常常以偏概全。晕轮效应又称“光环效应”（Halo Effect），或“成见效应”“光圈效应”“日晕效应”“以点概面效应”，是指当认知者对一个人的某种特征形成好或坏的印象后，他还倾向于据此推论该人其他方面的特征。本质上是一种以偏概全的认知上的偏误。这就像刮风天气来临之前晚间月亮周围的大圆环（即晕轮）是月亮光的扩大化或泛化一样；又如：“一叶障目，不见泰山。”

趣味知识

晕轮心理实验

美国心理学家凯利在麻省理工学院的两个班级分别做了一个实验。上课之前，实验者向学生宣布，临时请一位研究生来代课。接着告知学生有关这位研究生的一些情况。其中，向一个班学生介绍这位研究生具有热情、勤奋、务实、果断等项品质，向另一班学生介绍的信息除了将“热情”换成了“冷漠”之外，其余各项都相同，而学生们并不知道。两种介绍间的差别是：下课之后，前一班的学生与研究生一见如故，亲密攀谈；另一个班的学生对他却敬而远之，冷淡回避。可见，仅介绍中的一词之别，竟会影响整体的印象。学生们戴着这种有色眼镜去观察代课者，而这位研究生也被罩上了不同色彩的晕轮。

晕轮效应是一种将信息泛化，扩张的心理认知方式，这在普通大众的人际交往中是无处不在的，它造成了我们在人际交往中以偏概全的主观心理臆测。例如，在认识一个人时，人们会不由自主地选择一种突出的品质，并因这种品质的影响，使人们看不到这个人的其他品质，从而由一点做出对他人的片面的判断。如果认知对象被标明是“好”的，他就会被“好”的光圈笼罩着，并被赋予一切好的品质；如果认知对象被标明是

"坏"的，他就会被"坏"的光圈笼罩着，他所有的品质都会被认为是坏的。它要么全盘肯定，要么就全盘否定，掩盖了人或事物的本来面貌。当我们看到一个长相端正的人，就会潜意识地认为这类人的品行也很好，而看到一个长相猥琐的人，就会条件反射地产生不好的想法，但是人的品行的好坏不是由外貌来决定的。

晕轮效应与人的认知特点有关，出现以偏概全现象，光环掩盖了对本质的认识。名人效应是一种典型的光环效应。不难发现，拍广告片的多数是那些有名的歌星、影星，而很少见到那些名不见经传的小人物。因为明星推出的商品更容易得到大家的认同。一个作家一旦出了名，以前压在箱子底的稿件全然不愁发表，所有著作都不愁销售，这都是光环效应的作用。

在航空服务过程中乘务员应尽量给旅客留下良好的印象，当旅客对航空公司某些特性形成好的印象之后，就会倾向于据此推断其他方面的特性。

民航案例

明星代言各大航空公司

航空公司对于邀请明星代言乐此不疲。企业聘请明星代言的初衷就是想利用明星的光环效应，将某知名的、令人喜爱的、权威的人物与企业产品实现密切关联，将前者的价值迁移到后者上来。据澳洲新闻网报道，继澳洲航空邀请休·杰克曼（Hugh Jackman）代言之后，阿联酋航空也于近期发布了由好莱坞明星詹妮弗·安妮斯顿（Jennifer Aniston）出演的广告片，主要宣传空客 A380 上的头等舱豪华套间服务。有分析人士指出，选择明星做代言，确实有助于提高双方知名度，带来品牌效应。这波好莱坞明星代言人的"战火"，由以奢华著称的两家中东航空业者率先点燃，阿提哈德航空豪掷了上千万美元，找来妮可·基德曼代言；阿联酋航空也不甘示弱，邀来詹妮弗·安妮斯顿裹着浴袍营销空客 A380 头等舱。

一家国内航空公司的负责人也告诉记者，请明星是行业竞争中的手段之一，与明星合作，也会让一些投资商对企业产生兴趣。"自古以来，名人效应都是存在的，它也确实在企业竞争中起到了一些积极作用。"

明星代言并不是毫无风险的，尤其是丑闻爆发的时候。环法自行车赛的传奇——兰斯·阿姆斯特朗（Lance Armstrong）被曝出兴奋剂丑闻时，邀请其代言广告的耐克、Trek 和 Giro 三家公司唯恐避之不及。马来西亚航空首席执行官克里斯托福·穆勒（Christoph Mueller）近期对其代言人澳大利亚网球选手吉克奥斯（Nick Kyrgios）的态度可谓冷淡，甚至将其丑闻与 MH370 相提并论。另外，值得一提的是，一直以来，花巨额代言费和广告费的背后，还会存在一个问题，那就是，大规模的投资背后，如果将投资成本均摊在了消费者头上，久而久之，也会引发消费者的不满。这样反而会与最初的目的背道而驰。

资料来源：http://3g.163.com/news/15/1026/11/B6RMR8IS00014P42_2.html

4. 定势效应

每个人都生活在社会中，他的行为既可能影响他人，也可能受他人所影响，是对他人的行为做出的反应。在认知他人、形成有关他人印象的过程中，由于各种环境因素，很容易发生这样或那样的认知偏差，如果这种偏差发生在对一类人或一群人的认知中，就会产生社会刻板印象。“社会刻板印象”一方面能让人对某个群体产生最基本的认识，例如英国人传统保守、法国人温柔浪漫、德国人严谨认真、美国人开拓进取等，这些基本的认识可以让我们很快地了解一个民族、国家；另一方面，它也产生了巨大的消极作用。例如，对某个群体形成一种概括而固定的看法后，人们会据此去推断这个群体的每个成员的特征。由于刻板效应，有些人总是习惯于把人进行机械的归类，把某个具体的人看作某类人的典型代表，把对某类人的评价视为对某个人的评价，因而影响正确的判断。刻板印象常常是一种偏见，人们不仅对接触过的人会产生刻板印象，还会根据一些不是十分真实的间接资料对未接触过的人产生刻板印象。

知觉偏差更多的时候是体现在认识事物本质的基础上对这一事物某一个或几个特点的某种放大认识。正因为如此，在乘务员进行印象管理的过程中知觉偏差可以说是一把双刃剑：对自己有利的知觉可以建立更加优秀的印象，对自己不利的知觉偏差则更容易损害自己的印象。为实现有效的、积极的印象管理，乘务员要善于运用知觉偏差开展有利于自己的印象管理。同时要尽量避免在人际交往中降低知觉偏差的副作用，同时充分运用晕轮效应的影响来增强自身的吸引力。与旅客交流时应采取先入为主的策略，让旅客了解乘务员的优势，以获得积极的评价；在评价旅客时，乘务员应善于用积极的、欣赏的眼光看待旅客。唯有如此，才会使乘务员工作中的人际交往变得更加和谐而高效。

第三节 ◉ 注意与民航服务

一、注意的定义

注意(Attention)是心理活动对一定对象的指向和集中，是伴随着感知、记忆、思维、想象等心理过程的一种共同的心理特征。注意是一种特殊的心理状态，不是独立的心理过程，它不能离开一定的心理过程而独立存在。人们常说的“注意”，其实是把注意所指向和集中的心理过程内容省略了，实际上应该是“注意听”“注意看”等，如果把心理过程比作一艘航船，那么“注意”不仅掌管着启航，还负责领航、护航。注意贯穿于各个心理过程的始终。一旦注意中止，心理过程将偏离目标，甚至终止。现代认知心理学把注意视为对信息作用的筛选，它是由感觉登记向知觉分析和由知觉分析向信息贮存转化的重要条件。

20 世纪 60 年代以来，认知心理学提出了各种各样的注意信息加工模型。他们认为，注意属于认知活动，但又不是一种单独发生的过程，它有自己的一套程序。近年来，认知心理学把注意模型分为两类:一类是以过滤理论为依据的模型,代表人物是英国的布罗德本特。1958年他提出一种注意选择模型,认为注意犹如一个滤波器,在信息加工过程中对输入的信息具有筛选的功能,并分为早期选择模型、中期选择模型和晚期选择模型三种。另一类是以容量理论为依据的模型。代表人物是20世纪70年代美国的卡恩曼等人。该理论认为,加工系统的智源有限,不能加工所有的信息,只能有目的、有选择地加工一定的信息,其他被忽略的信息则因未得到足够的加工而意义不明确。由此提出了资源限制模型。

注意从其发生来说,就是有机体的一种定向反射。注意是心理活动对一定事物的指向和集中,注意是一种内部的心理状态,可通过人的外部行为表现出来。在注意时人类会发生一系列生理变化,例如:血液循环和呼吸发生变化,肢体血管收缩,头部血管扩张,吸气变短,呼气变长等。而行为表现也会发生变化,例如:感官朝向某个对象高度注意时,还可能出现某些表情动作,如托住下颌,凝神远望,目光呆滞在某处等。

(一)注意的基本特性

1. 指向性

心理活动或意识在某个瞬间选择了某个对象,而忽略了另外一些对象。

2. 集中性

心理活动或意识在某个方向上的活动的强度和紧张度,是全神贯注地聚焦在所选择的对象上。

注意不是被动的,而是积极、主动的。注意作为一种内部心理状态,它和行为并不总是一致的。因此,只用注意的外部行为表现来说明一个人的注意状态,可能会得出错误的结论。

(二)注意的功能

注意是整个心理活动的引导者和组织者,它使心理活动处于积极状态并获得必要的驱动力。注意有以下三种功能:选择功能,保持功能,调节和监督功能。

1. 选择功能

注意的基本功能是对信息选择。它使心理活动选择有意义的、符合需要的和与当前活动任务相一致的各种刺激;避开或抑制其他无意义的、附加的,干扰当前活动的各种刺激。

2. 保持功能

外界信息输入后,每种信息单元必须通过注意才能得以保持,如果不加以注意,就会很快消失。因此,需要将注意对象的一项或内容保持在意识中,一直到完成任务,达到目的为止。

3. 调节和监督功能

有意注意可以控制活动向着一定的目标和方向进行,使注意适当分配和适当转移。注意在调节过程中需要进行监督,使得注意向规定方向集中。

（三）注意的分类

根据产生和保持注意时有无目的以及意志努力程度的不同，注意可分为：

1. 无意注意

无意注意是事先没有目的，也不需要意志努力的注意，是一种消极被动的注意。动物也有无意注意，它是注意的一种初级表现形式。无意注意的影响因素：刺激物自身的特点（强度、对比关系、运动变化、新异性）；人本身的状态（人的需要、情感、兴趣、过去经验、期待）。

2. 有意注意

有意注意是有预定目的，需要一定意志努力的注意。有意注意的影响因素：目的与任务：①目的明确，任务具体。②兴趣：间接兴趣（对活动结果的兴趣）活动的组织；过去经验；人格、顽强、坚毅等性格特点。

3. 有意后注意

有意后注意是事前有预定的目的，但不需要意志努力的注意。有意后注意是注意的一种特殊形式；在有意注意的基础上发展起来的；是一种高级类型的注意，具有高度的稳定性，是人类从事创造性活动的必要条件。

根据注意的功能，注意可分为：

（1）选择性注意。它是指个体在同时呈现的两种或两种以上的刺激中选择一种进行注意，而忽略另外的刺激。

（2）持续性注意。它是指注意在一定时间内保持在某个客体或活动上，也叫注意的稳定性。

（3）分配性注意。它是指个体在同一时间内对两种或两种以上的刺激物进行注意，或将注意分配到不同的活动中。

课堂讨论

乘务工作中的顾此失彼

乘务员在工作中常有这样的现象，在工作负荷比较高的阶段，容易出现“顾此失彼”的现象，在了解了注意的定义与特点以后，请分析为什么会出现这样的现象以及如何进行有效的管理。

二、注意的品质

注意有四种品质，即注意的广度、注意的稳定性、注意的分配和注意的转移，这是衡量一个人注意力好坏的标志。

(一)注意的广度

注意的广度（Attention Span）又称注意的范围，是指一个人在同一时间能清楚地把握对象的数量。它反映的是注意品质的空间特征。

心理学家很早就开始研究注意广度的问题。1830 年，心理学家汉密尔顿（Hamilton）最先做了这方面的实验。他在地上撒了一把石子儿，发现人们很难在一瞬间同时看到六颗以上的石子儿。如果把石子儿两个、三个或五个组成一堆，人们能同时看到的堆数和单个的数目一样多。通过速示器进行的研究表明，成人在 1/10 秒内一般能注意到 8 ~9 个黑色的圆点或 4 ~6 个没有联系的外文字母。

扩大注意广度，可以提高工作和学习的效率。在生活中，排字工人、打字员、驾驶员等职业都需要有较大的注意广度。当然，不同的人具有不同的注意广度。一般来说，孩子的注意广度要比成年人小。但是，随着孩子的成长及不断地有意识训练，注意广度会不断得到提高。影响注意广度的因素有以下几个：

1. 知觉对象的特点

注意的广度因注意对象的特点的变化而有所不同。一般说来，注意对象的组合越集中，排列越有规律，相互之间越能成为有机联系的整体，注意的范围就越大。形状、大小、数量相同，规则排列的对象要比大小不一、排列无序的对象更容易清晰把握。

2. 任务的性质和类型

用速示器呈现一些英文字母，其中有些存在书写错误，要求一组学生在短时间内判断哪些字母书写有误，并报告字母的数量，要求另一组学生报告所有字母的数量，结果，前者知觉到的字母数量要比后者少得多。可见，活动任务越复杂，越需要关注细节的注意过程，注意的广度会大大缩小。

3. 个体的知识经验

一般来说，个体的知识经验越丰富，整体知觉能力越强，注意的范围就越大。专业素养深厚的人在阅读专业资料时可以做到“一目十行”，非专业人士即使逐字逐句阅读也不见得能正确理解。我们知道，围棋高手扫视一下棋盘，就能把握双方的形势和局面变化，这就借助了良好的注意广度，一个初学者由于经验欠缺，就只能一部分一部分来关注棋势。

（二）注意的稳定性

注意的稳定性也称为注意的持久性，是指注意在同一对象或活动上所保持时间的长短。这是注意的时间特征。但衡量注意稳定性，不能只看时间的长短，还要看这段时间内的活动效率。注意的稳定性并不等于注意长时间地固定在一个物体上，实际上人对同一事物的注意是无法长时间地保持固定不变的，它包含着注意的一系列周期性的起伏波动，我们称为注意的起伏（Fluctuation of Attention）。

1. 注意的稳定性分类

狭义的注意的稳定性是指注意在某一事物上所维持的时间，如长时间看电视、读一本书等。但人在注意同一事物时，很难长时间地对注意对象保持固定不变。例如，把一块表放在耳边，保持一定距离，使他能隐约听到表的滴答声。结果被试时而听到表的滴答声，时而又听不到。注意这种周期性变化的现象，叫作注意的起伏。在注视双关图时，可以明显体验到注意的起伏。

广义的稳定性是指注意在某项活动上保持的时间。在广义的稳定性中，注意的具体对象可以不断变化，但注意指向的活动的总方向始终不变。例如，学生在听课的时候，跟随教师的教学活动，一会儿看黑板，一会儿记笔记，一会儿读课文，虽然注意的对象不断变换，但都服从于听课这一总任务。在许多学习和工作中，我们都强调广义的注意的稳定性。

知识扩展

注意分散

注意分散：指注意离开了心理活动所要指向的对象，而被无关的对象吸引去的现象。

注意的分散是和注意的稳定性相反的注意品质，又称分心，无关刺激的干扰容易引起无意注意，妨碍有意注意的活动，单调刺激的作用是指有意注意的活动如果千篇一律、毫无新意，会引起主体的疲劳和精神松懈，也会产生分心。但过于复杂、变幻莫测的对象也容易使人产生疲劳，导致注意的分散。

2. 影响注意的稳定性的因素

（1）注意对象的特点。注意对象本身的一些特点影响到注意在它上面维持的时间长短。一般来说，内容丰富的对象比单调的对象更能维持注意的稳定性。相对于一个透明的玻璃茶杯，人们可能会花更多时间来关注一幅色彩丰富的图画。此外，活动的对象比静止的对象更能维持注意的稳定性。相对于一幅画，人们又可能花更多时间关注活动的电视画面。对新生儿研究表明，他们注视人脸和复杂图形的时间远比注视墙壁和灯光的时间长。但并不是说事物越复杂，刺激越丰富，注意力就越稳定。

（2）主体的精神状态。除了外部刺激物的特点之外，个体的主观状态也影响注意的稳定性。一个人身体健康，情绪良好，精力充沛，就会在学习和工作中全力投入，不知疲倦。相反，若一个人处于失眠、疲劳、疾病状态，或者情绪受挫的情况下，注意则无法保持稳定，活动效率也会大大降低。

（3）主体的意志力水平。对选择的主体的意志力水平维持时间越长，注意越稳定。注意的稳定性实际上就是保持良好的有意注意，因此也需要有效地抗拒各种干扰。主体具备坚强的意志力，就可以战胜各种困难，克服自身缺点和不足，始终如一地保证活动的进行和活动过程的高效率。

但是，在稳定注意的条件下，感受性会发生周期性地增强和减弱的现象，这种现象叫注意的起伏，或注意的动摇。

知识扩展

注意的起伏

注意的稳定性并不等于注意长时间地固定在一个物体上，实际上人对同一事物的注意是无法长时间地保持固定不变的，它包含着注意的一系列周期性的起伏波动，我们称为注意的起伏（Fluctuation of Attention）。注意的起伏不同于持续性注意，它是指注意在短暂时间内的起伏波动。动摇是由于感觉器官的局部适应，使对物体的感受性交替而短暂下降，或者由机体的节律性活动所引起的。

（三）注意的分配

注意的分配（Distribution of Attention）是指在同一时间内把注意指向几种不同的对象或同时从事不同的活动上。注意的分配在人的实践活动中有重要的现实意义。如飞行员需要一边驾驶飞机，一边观察航线状况。事实证明，注意的分配是可行的，人们在生活中可以做到“一心二用”，甚至“一心多用”。

注意分配的条件包括：

（1）同时进行的几种活动中至少有一种是高度熟练的。一般说来，所从事的活动中必须有一些活动是非常熟练的，甚至于已经达到了自动化的程度，当一种活动达到自动化的熟练程度时，人们就可以集中大部分精力去关注比较生疏的活动，保证几种活动同时进行。个体可以做到边听课边记笔记，就是由于写字这个活动对于个体已经达到熟练甚至自动化的程度了。例如，工作经验丰富的乘务员能同时进行的任务数量比新进乘务员的任务数要多，也就是这个道理。

（2）同时进行的几种活动有内在联系。几种活动之间应该有内在的联系，有联系的活动才便于注意分配。这是因为活动间的内在联系有利于形成固定的反应系统，只要经过一定训练就可以掌握这种反应模式，可以同时兼顾几种活动。例如，某些人有时自弹自唱同一首歌，甚至能够边唱歌边写字，也是利用了这几种活动间的内在联系，或者人为建立起这几种活动间的联系，以达到注意的分配的目的。

课堂活动

试一试

左手画方，右手画圆。你能做到吗？

（四）注意的转移

注意的转移（Shifting of Attention）是根据活动任务的变化，主动地把注意从一个对象转移到另一个对象。例如，在学校课程安排上，如果先上高数，再上英语，学生就应根据教学需要，把注意主动及时地从一门课转移到另一门课。注意转移的速度和质量，取决于前后两种活动的性质和个体对这两种活动的态度。

1. 几个概念的区别

注意的转移可以发生在同一活动的不同对象之间。

注意的转移不同于注意的分散。注意转移是有意地根据任务的要求主动变化，转移是根据任务的要求，主动地转换注意对象，目的是提高活动效率，保证活动的顺利完成，如看完一堂录像教学课，要求学生转而互相讨论。后者是由于外部刺激或主体内部因素的干扰作用引起的，是消极被动的。分散是离开了当前的任务。注意的分散违背了活动任务的要求，偏离了正确的注意对象，降低了活动效率。如果两个学生在看教学录像的过程中交头接耳，互相说笑，而没有关注录像的内容，显然是注意分散的表现，注意的转移不同于注意的分散。注意的转移是根据任务的需要，有目的地主动地把注意转向新的对象，使一种活动合理地为另一种活动所代替，是注意的积极品质；注意的分散是由于某些刺激的干扰，使自己的注意离开了需要稳定注意的对象，不自觉地把注意力转移到与完成工作无关的活动上，是注意的消极品质。

2. 影响注意转移的因素

良好的注意转移表现在两种活动之间的转换时间短，活动过程的效率高。影响注意转移的因素有以下四个方面：

（1）对原活动的注意集中程度。个体对原来活动兴趣越浓厚，注意力越集中，注意的转移就越困难。一个沉迷于电脑游戏的孩子，很难让他转移注意力去拿起书本温习功课。当然，如果对原活动的注意力本来就不够集中，就比较容易随活动任务的要求而转移。新注意对象的吸引力。如果新的活动对象引起个体的兴趣，或能够满足他的心理需要。

（2）注意的转移就比较容易实现。假如那个正玩电脑游戏的孩子，听到自己喜欢的动画片开演了，可能会离开电脑，将注意力转移到电视上。

（3）明确的信号提示。在需要注意转移的时候，明确的信号提示可以帮助个体的大脑处于兴奋和唤醒状态，灵活迅速地转换注意对象。文艺演出中报幕员的角色，其实也发挥着这方面的作用，这种提示信号，既可能是物理刺激（如铃声、号角），也可以是他人的言语命令，甚至是自己的内部言语的提醒。

（4）个体的神经类型和自控能力。神经类型灵活性高的人比不灵活的人更容易实现注意的转移，自控能力强的人比自控能力弱的人更善于主动及时地进行注意的转移。主动而迅速地进行注意的转移，对各种工作和学习过程都是十分重要的。有些工作要求在短时间内对各种新刺激做出迅速准确的反应，对注意转移的要求尤其高。例如，据统计，一个优秀的飞行员在起飞和降落时的五六分钟内，注意的转移就达 200 次之多。

三、注意对民航服务的影响

注意贯穿于心理活动的始终，但它本身不是一个独立的心理活动，而是一种心理状态。 善用心理操作规律去把握对象和熟练运用某些感知策略会扩大注意的广度。 对于一般航空旅客而言，注意的对象包括环境的装饰、清洁卫生、服务态度、机票价格以及齐全服务设施。

提高航空服务人员的注意力需要以下几点：

（一）提高注意的稳定性

首先，要明确航空服务人员应完成服务工作的意义；其次，培养航空服务人员对工作的兴趣；再次，还要排除来自外界和航空服务人员自身身体状态的各种干扰。

（二）注意范围的扩大

在 1/10 秒的时间内，成人注意的平均广度是：黑色圆点 8~9 个，外文字母 4~6 个，几何图形 3~4 个，汉字 3~4 个。 经验丰富的乘务员其注意范围较大，并非因为其注意的广度产生了根本性的变化，而是因为他们丰富的工作经验帮助他们将类似的目标进行组合，从而达到扩大注意范围的目的。

（三）注意分配能力的提高

乘务员在工作过程中，也就是在同一时间内，需要把注意分配到两种或几种不同的对象或活动上，在同时面对多位旅客时，为了更好地完成任务，乘务员就更应调整自己的注意分配能力。

第四节 ◉ 记忆与民航服务

一、记忆的定义

记忆就是过去的经验在头脑中的反映。 从心理角度定义：记忆是通过识记、保持、再认或回忆的三个基本环节在人脑中积累和保存个体经验的心理过程。 从该定义不难发现，良好的记忆不仅包含相关内容的保存，也包含对所需回忆内容的提取。

二、记忆的类型

按照信息编码、储存和提取的方式不同，以及信息储存时间长短的不同，记忆分成瞬时记忆、短时记忆和长时记忆三个记忆系统。

（一）瞬时记忆

瞬时记忆又叫感觉登记或感觉记忆，指外界刺激以极短的时间一次呈现后，一定数量的信息在感觉通道内迅速被登记并保留极短时间的记忆。

瞬时记忆的特点：

（1）编码：按刺激的物理特性在感官内保存下来，具有鲜明的形象性；

（2）时间：感觉记忆中的信息保持时间极短，图像在0.25~1秒，声像少于4秒；

（3）容量：记忆容量较大，9～20个字节；

（4）记忆痕迹容易衰退，信息传输与衰变取决于注意。

（二）短时记忆

短时记忆（Short-term Memory）又称操作记忆或工作记忆，指信息一次呈现后，保持时间在一分钟之内的记忆。短时记忆与感觉记忆不同，感觉记忆中的信息是不被意识、未经加工的，而短时记忆是操作性的，是正在工作的、活动着的记忆。在没有复述的情况下，短时记忆保持时间为15~30秒，最长不超过1分钟。

短时记忆的名称虽然很多，但它的基本特点主要是信息储存具备的短暂性，与意识相联系，处在操作活动之中。对乘务工作而言，最常使用的就是短时记忆。

短时记忆的特点：

（1）短时记忆的容量有限，7±2个组块（组块：是过去经验中已变为相当熟悉的一个刺激独立体。可以是一个成语、字母、数字等。组块化：在编码过程中，将几种水平的代码归并成一个高水平的、单一代码的编码过程）。

（2）语言文字材料在短时记忆中多为听觉编码，非语言文字的材料主要是形象记忆；此外，还有少量的语义记忆。

（3）短时记忆中的信息是当前正在加工的信息，是可以被意识的。

（4）短时记忆的信息经过复述可转入长时记忆。

课堂讨论

工作经验对短时记忆的影响

就常理而言，随着年龄的增加人的工作记忆会逐渐减退，但在工作中常有这样的现象，工作经验丰富的乘务员会比工作经验少的乘务员在短时记忆方面有更好的表现。

这样的现象与常理相悖吗？是什么样的原因使得这样的现象出现？

（三）长时记忆

长时记忆是指学习的材料经过复习或复述之后，在头脑中长久保持的记忆，或存储时间在 1 分钟以上的记忆容量是无限的。储存的信息一般是不会意识的。在需要时，只有将长时记忆储存的信息再被提取到短时记忆中才能被人们意识到。

课堂讨论

能依靠记忆完成飞行前准备吗？

人的长时记忆容量是无限的，保存时间是永久的，因此可以只依靠乘务员的记忆完成飞行前的准备。

这样的观点正确与否，理由是什么？

长时记忆的信息提取有两种基本形式，即再认和回忆。

1. 再认

再认是指人们对感知过、思考过或体验过的事物，当它再度呈现时，仍能认识的心理过程。影响再认的因素：对事物识记的巩固程度；当前事物与以前经验过的事物的相似程度；再认依赖于时间间隔，间隔越长效果越差。

2. 回忆

回忆是指人们过去经历过的事物在人们的头脑中重新出现的过程。联想是回忆的基础。由一个事物想到另一个事物的心理活动称之为联想。回忆困难也叫“舌尖现象”，在回忆过程中，经常会发生提取信息的困难，这可能是由于干扰所引起的。克服这种现象的简便方法是当时停止回忆，经过一段时间后再进行回忆。再认过程比回忆简单、容易。有的事情能再认，但不能回忆。记忆量随时间的变化如图 2-5 所示。

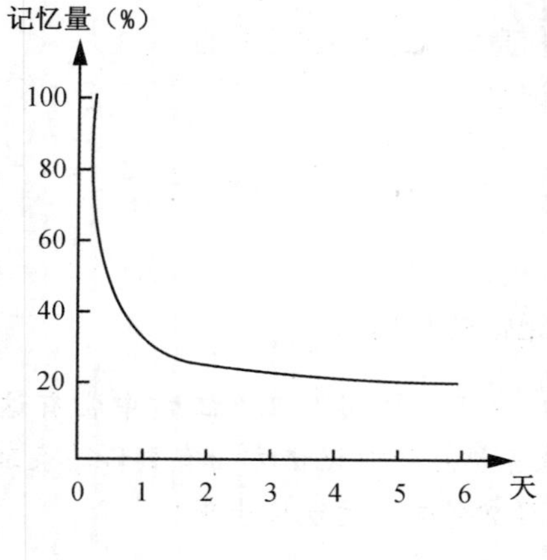

时间间隔	记忆量
刚刚记忆完毕	100%
二十分钟之后	58.2%
一小之后	44.2%
八至九个小时后	35.8%
一天后	33.7%
两天后	27.8%
六天后	25.4%
一个月后	21.1%

图 2-5　记忆量随时间的变化图

课堂讨论

填空题为什么比选择题要困难？

在考试过程中，同学们常有这样的体会，就是选择题相对比较容易；而填空题就相对比较困难。

这样的体会正常吗？ 为什么？

长时记忆的特点：

（1）记忆容量无限；

（2）编码有语义编码和形象编码两类；

（3）储存的信息如果不是有意回忆，人们是不会意识到的。

（4）遗忘或因自然衰退，或因干扰造成。

三、记忆的品质

（一）记忆的敏捷性

记忆的敏捷性是指一个人在识记事物时的速度方面的特征。 能够在较短的时间内记住较多的东西，就是记忆敏捷性良好的表现。 记忆的这一品质，与人的暂时神经联系形成的速度有关：暂时联系形成得快，记忆就敏捷；暂时联系形成得慢，记忆就迟钝。 在敏捷性方面，有的人可以过目不忘，有的人则久难成诵。 但每个人的特点不同。 有的人记得快，忘得也快；而有的人记得慢，忘得也慢。 记忆的敏捷性是记忆的品质之一，但它不是衡量一个人记忆好坏的唯一标准。 在评价记忆的敏捷性时，应与其他品质结合起来才有意义。

（二）记忆的持久性

记忆的持久性是指记忆内容在记忆系统中保持时间长短方面的特征。 能够把知识经验长时间地保留在头脑中，甚至终身不忘，这就是记忆持久性良好的表现。 记忆的这一品质，与人的暂时神经联系的牢固性有关：暂时神经联系形成得越牢固，则记忆得越长久；暂时神经联系形成得越不牢固，则记忆得越短暂。 在持久性方面，有的人能把识记的东西长久地保持在头脑中，而有的人则会很快地把识记的东西遗忘。 一般来讲，记忆的敏捷性与记忆的持久性之间为正相关，记得快的人，保持的时间较长。 但也不尽然，有的人记得快，但保持的时间短。

（三）记忆的准确性

记忆的准确性是指对记忆内容的识记、保持和提取时是否精确的特征。它是指记忆提取的内容与事物的本来面目相一致的程度。记忆的这一品质，与人的暂时神经联系的正确性有关：暂时神经联系越正确，记忆的准确性就越好；暂时神经联系越不正确，记忆的准确性就越差。准确性是记忆的重要品质，如果离开了准确性，则敏捷性、持久性就失去了意义。

（四）记忆的准备性

记忆的准备性是指对保持内容在提取应用时所反映出来的。记忆的目的在于在实际需要时，能迅速、灵活地提取信息，回忆所需的内容并加以应用。记忆的这一品质，与大脑皮层神经过程灵活度有关：由兴奋转入抑制或由抑制转入兴奋都比较容易、比较活跃，记忆的准备性的水平就高；反之，记忆的准备性的水平就很低。在准备性方面，有的人能得心应手，随时提取知识加以应用；有人则不然。记忆的这一品质，是上述三种品质的综合体现；而上述三种品质，只有与记忆的准备性结合起来，才有价值。

四、记忆对民航服务的影响

记忆联结着人的心理活动的过去与现在，凭借记忆，人们才能获得知识、经验，形成概念，适应复杂多变的环境。记忆是一切智慧的根源，是心理发展的奠基石。培养良好的服务记忆力对服务人员是非常有必要的，航空旅客服务工作对于从业人员的记忆力提出了很高的要求。例如，对于服务人员，公司贵宾旅客的姓名、性格、旅客家庭、个人经历、爱好等情况需要记忆；对于一线的乘务员需要记忆的有：几种外语的日常用语，飞机的服务设施情况。因此，良好的服务记忆力具有以下几个方面的作用：第一是提供优质服务的基础；第二可以事半功倍地提高服务效果；第三可以提供可持续性的服务、促进服务体系的建立。

本章小结

知觉和感觉一样，都是当前的客观事物直接作用于我们的感觉器官，在头脑中形成的对客观事物的直观形象的反映。客观事物一旦离开我们感觉器官所及的范围，对这个客观事物的感觉和知觉也就停止了。但是，知觉又和感觉不同，感觉反映的是客观事物的个别属性，而知觉反映的是客观事物的整体。感觉是知觉的基础，知觉以感觉为前提，并与感觉一起进行而产生。但知觉不是把感觉简单地相加，知觉的产生还要借助于经验和知识的帮助，也就是说，知觉是经验参与其间的纯粹的心理活动，是对感觉信息的整合和解释。具有竞争力的航空旅客服务队伍是各个航空公司立足的基点，了解旅客心理，提供满意服务；了解乘务员自身的心理，有效加强沟通，有利于服务水平的提高。当旅客开始踏上旅行，对航空旅行进行感知的同时，乘务员也在对旅客进行感知，而且只有服务人员对旅客的感知越准确、越全面,集中注意力,加强记忆力,给旅客提供的服务才能越细致、越周全,甚至超前。所以,乘务员必须具备良好的感知觉能力。记忆是指人脑对过去经验的反映,包括识记、保持、回忆或再认三个基本过程。从信息加工的观点来看,记忆是人脑对外界输入的信息进行编码、储存和提取的过程。对信息的编码相当于识记过程,对信息的提取相当于回忆或再认过程。存在于人脑中的信息在应用时不能提取或提取发生错误则为遗忘现象。记忆不仅在人的心理活动中具有基石的作用,而且在人的各种实践活动中具有积累和借鉴经验的作用。掌握航空旅客的心理是做好航空服务的基础。旅客拥有不同的国籍、民族、职业、性别、性格和情绪,如果不注意这些,势必影响航空服务质量。

重要概念

感觉和知觉的概念和特点;影响知觉的主观、客观因素;社会知觉现象;注意的品质;记忆力。

思考题

1. 知觉和感觉的区别有哪些?
2. 什么是知觉?影响民航旅客知觉的因素有哪些?
3. 什么是注意?举例说明注意的品质。

第三章 情绪情感与民航服务

课程目标

· 了解情绪、情感的定义、分类以及在航空旅客服务中的影响；

· 掌握情绪、情感间的区别与联系，如何利用情绪、情感为民航服务，分析旅客情绪变化的原因，培养良好的情绪及情绪、情感在沟通中的重要性，正确认识情绪并掌握情绪管理的方法、过程、特点、类型、影响因素，服务情感的激发与培养；

· 运用情绪、情感在民航服务中的重要性，探究影响民航服务的主要因素，积极掌握并认识情绪、情感在民航服务中的地位，有利于民航服务质量提升。

● 引言

民航满意度在于用心做服务，情绪也就是人的内心情感的外部体现。情绪低沉，心神忧伤；情绪高昂，心情愉悦，都反映人的心情状态。民航服务中我们要知道旅客最喜欢的和最讨厌的是什么，要通过热情、周到的服务，达到与旅客之间情感的交流与沟通。情绪和情感是影响旅客及民航服务者态度的重要因素，它们总是以外显的形式表现出来，因此，乘务员情绪、情感会直接体现在工作中对待旅客服务的行为表现上，良好的情绪、情感是企业树立形象，提高旅客满意度的必要条件。

民航案例

晚上，在乘务组全部工作结束后巡视客舱，12F 的一名旅客问正在巡视客舱的男乘务员："现在飞到哪儿了？"乘务员表情僵硬地回答："我也不知道。"旅客听后对于乘务员的回答非常不满，就埋怨了一句，便将目光转向窗外，乘务员因为没听清就回头问了一下，旅客当时正看着窗户外，于是乘务员就伸手拉了下旅客的衣服，继续询问："先生，您刚才说什么，有什么事吗？"于是旅客就说："没你什么事。"乘务员听后有些生气，没有控制住情绪便与旅客发生了争执，最后该旅客要意见卡投诉乘务员，在乘务长的努力调节下该旅客接受了道歉。

试分析：该案例中乘务员有错吗？ 错在哪里？ 有效的补救措施有哪些？

资料来源：https://www.jinchutou.com/p-108406421.html

第一节 ◉ 情绪与情感概述

"人非草木，孰能无情"，人是情绪与情感的主宰者，亦是承载者，积极的情绪情感推动人们内心的动力高效地完成各项任务，消极的情绪情感抑制人的大脑使其背离初衷无法完成任务指标。因此，人的情绪和情感在工作中的意义非同寻常，利用好情绪和情感在民航服务中的作用，显得尤为重要。

一、情绪与情感的定义

情绪和情感是人对事物态度体验的外部表现，是人内心得到满足与否的体现。情绪情感有别于认识过程和意志过程，它经常以面部表情和精神状态表现出来。

知识扩展

从表情看情绪

查尔斯·达尔文在他的《人和动物的感情表达》一书中指出："眼睛和嘴巴张大、眉毛扬起是惊讶的表情；害羞时会脸红；在愤怒或挑衅时会昂首挺胸，皱起眉头，并把拳头握紧；在沉思问题或极力想解开疑团时，会皱起眉头或眯起眼睛。"

（一）情绪的定义

对于情绪（Sentiment）的确切含义，学术界心理学家和哲学家们已经辩论了近百年。今天我们共同来探讨一下情绪和情感的真正含义，便于在工作中的应用。

情绪是指对待客观事物时伴随着人的感知觉、记忆、想象、思维以及意志是否满足个体需要而产生的态度体验，是人脑对客观事物与主观愿望之间的反应状态，是以个体需要为媒介的一种心理活动。它的表现既短暂又强烈，是一种个体的主观态度、条件反应、理性认知的互动与融合后表现出来的特定的行为。例如，“美国心理学家 W. 詹姆斯和丹麦生理学家 C. 朗格于 1884 年和 1885 年先后提出的一种关于情绪的学说，认为产生情绪的原因是内部的、生理的或神经的过程，而不是心理的或精神的过程”。美国哈佛大学心理学教授丹尼尔·戈尔曼认为：“情绪意指情感及其独特的思想、心理和生理状态，以及一系列行动的倾向。”根据《牛津英语词典》的解释，“情绪”的字面意思是“心理、感受、激情的激动，任何激烈或兴奋的精神状态”。情绪受外界刺激影响较大，凡是能满足人的需要，符合人的愿望的客观事物，就能产生肯定的情绪，如高兴、满意、快乐、喜欢等；凡是不能满足人的需要或者背离人的愿望就会产生消极的情绪，如忧伤、讨厌、不满、恶心等。例如旅客在安检时由于人员拥挤，人们容易产生激动、易怒等情绪；旅客在航班上未得到适当休息，容易产生烦躁、不满等情绪。

（二）情感的定义

情感（Emotion）的确切含义，《心理学大辞典》中解释：“情感是人对客观事物是否满足自己的需要而产生的态度体验。”情感是个体对外界刺激事物能够满足个体需要而产生的一种比较持久的态度体验，它与态度自身特点的强度、稳定性、价值性具有协调的一致性，是态度在生理上一种较复杂而又稳定的生理评价和体验。情感是人对诸如道德、艺术、审美等具有一定文化价值的事物所怀有的一种比较复杂而又稳定的主观体验，具体包括道德感、美感、理智感、价值感、爱和恨的体验等。一般的普通心理学认为情感是一种生理的态度体验，主观色彩浓重。而管理心理学认为员工对所从事工作的情感取决于领导者对员工绩效的奖励是否符合员工需要，尽量使员工心理少受挫折，最大限度发挥员工潜能，使其产生积极情感，凝心聚力。

由于情绪与情感表达极易混淆，所以在情绪和情感定义中，情绪和情感的关系是辩论争议的重要方面，因此，情绪和情感是人对客观世界的一种特殊的反映形式，是人对客观事物是否符合自己需要的态度的体验。

知识扩展

情绪相关理论

詹姆斯—兰格理论

观点：情绪激起了生理反应，生理反应进一步导致情绪体验的产生。

评价：看到了情绪与机体变化的联系，强调了植物性神经系统在情绪中的作用，推动了对情绪的生理机制的研究。但是过分强调植物性神经系统的作用，忽视了中枢神经系统的调节控制作用。

坎农—巴德理论

观点：

A. 情绪中枢并不在外周神经系统，而在中枢神经系统的丘脑（丘脑是网状结构的一部分，对控制觉醒和意识状态有重要作用，所以对情绪的觉醒和意识状态也有重要的作用）。

B. 外界刺激引起感觉器官的神经冲动，传到丘脑，再由丘脑同时向上传到大脑产生情绪的主观体验，向下传到交感神经系统，引起机体的生理变化。

C. 丘脑是中心，情绪体验和生理变化都受丘脑控制，丘脑可预测躯体和心理反应的独立性。

二、情绪与情感的区别与联系

一直以来，情绪和情感都被作为一个统一的心理过程来讨论，经常被混用，但是，在某些特殊的环境下，它所表达的含义不尽相同，但是这种区别是相对的。人们通常把强烈而短暂的具有爆发性的感情反应看作情绪，如愤怒、焦躁、恐惧、狂喜等；而把比较稳定而持久的具有冗长性的感情反应看作情感，如初心使命感、责任担当感、处事热情、与亲友的爱等。实际上，强烈的情绪反应中也有主观体验；而情感也在情绪反应中表现出来。我们通常所说的感情既包括情感，也包括情绪，它们不是孤立存在的整体，因此，二者既有区别又有联系。

（一）情绪与情感的区别

情绪与情感从产生的基础和特征表现上来看，二者又有一定的区别。情绪发生较早，人出生时就会有情绪反应，但没有情感；而情感出现较晚，是随着年龄增长而逐渐发展起来的。情绪是人与生俱来的，而且多与基础的生理性需要相关，也就是说在个体发展中，情绪反应出现在先，情感体验发生在后，情绪多与人的生理性需要相联系。例如婴儿渴了、饿了就会哭，吃饱了就会笑等基本情绪。情感是在幼儿时期，随着心智的成熟和社会认知的发展而产生的，多与求知、交往、陶冶情操、人生追求等社会性需要有关。例如婴儿出生一个月后就出现了愉快、痛苦的情绪反应，他们最初的面部表情具有反射的性质，而随后发生的社会性情绪反应就带有体验的性质，则产生了情感。在母子交往中，母亲哺乳引起婴儿食欲满足的情绪；母亲的爱抚引起婴儿欢快、享受的情绪，当婴儿与母亲形成了依恋时就产生情感了。这种依恋具有相对稳定而平缓的特性。主要区别首先在于情绪更多的是与人的物质或生理需要相联系的态度体验。其次，情绪具有情境性和暂时性；情感则具有深刻性和稳定性。情绪常由身旁的事物所引起，又常随着场合的改变和人、事的转换而变化。所以，有的人情绪表现常会喜怒无常，阴晴不定，很难持久。情感可以说是在多次情绪体验的基础上形成的稳定的态度体验，如对一个人的爱与尊敬，可能是一生不变的。因为，情感特征常被作为人的个性和道德品质评价的重要方面。最后，情绪具有冲动性和明显的外部表现；情感则比较内敛沉稳。人在情绪左右下常常不能自控，高兴时手舞足蹈，郁闷时垂头丧气，愤怒时又暴跳如雷。情感更多的是内心的体验，深沉而且久远，不轻易流露出来。中国大部分的心理学教科书与《心理学大辞典》中都认为情绪与人的自然性需要相联系，具有情景性、暂时性和明显的外部表现；情感与人的社会性需要相联系，具有稳定性、持久性，不一定有明显的外部表现。

（二）情绪与情感的联系

情绪情感都是人脑对客观现实的主观态度反应。情绪是情感的基础，情感是在稳定情绪的基础上形成的，是对情绪的深化，同时又通过情绪反应得以表达。爱国主义的情感，在具体情境下是通过情绪得到体现的。面对祖国的繁荣富强，我们高兴、欢欣鼓舞；面对分裂国家主权的不法分子，我们愤怒、同仇敌忾，这些表现出来的都是情绪，而每当这些情绪发生时，又体现了深深的爱国情感。情感是在多次情绪体验的基础上形成的，情感的产生伴随着情绪反应，并通过情绪表现出来；相反地，情绪的表现和变化又受已形成的情感的约束，情绪的变化的程度也受情感的控制。情绪和情感虽然不尽相同，但却是不可分割。因此，人们时常把情绪和情感通用。当人们工作的时候，总是体验到轻松、愉快，时间长了，就会爱上这一行；当人们对工作建立起深厚的感情之后，会因工作的出色完成而欢呼，也会因为工作中的疏漏而忧伤。由此可以说，情绪是情感的基础和外部表现，情感是情绪的深化和本质内容。情绪与情感的区别与联系如表 3-1 所示。

表 3-1　情绪与情感的区别与联系

情绪	情感
人与动物皆有	人类才有
先天遗传	后天习得
外显、生理反应明显	内隐、生理反应较弱
多与生理需要联系	多与社会需要联系
易变、强烈而短暂	稳定、平缓而持久

课后讨论

情绪情感与民航服务有什么联系？

情绪情感的状态影响着民航服务的质量与效果，客我之间交往的顺利与否，也影响着旅客对民航服务的整体印象。情绪情感与民航服务有哪些必然联系？在应对个体情绪情感时，如何对情绪进行有效管理，避免造成不必要的影响呢？

第二节 ◉ 情绪与情感的分类

由于情绪与情感的复杂多样性，国内外众多学者、名家从不同的角度对情绪情感进行了分类。荀子的“六情说”把情感分为好、恶、喜、怒、哀、乐6大类。法国哲学家笛卡儿认为爱、憎、喜、悲、赞美等是基本的情感，其他情感是由这些情感派生的。英国哲学家罗素提出了环形情绪分类，形成4个基本类型：高兴、厌烦、轻松和惊恐。

近年来的研究将情绪情感划分为兴趣、愉快、痛苦、惊奇、愤怒、厌恶、惧怕、悲哀、害羞和自罪感。这些基本情绪随着出生便会体现出来，成年人除基本情绪以外，还有许多复合情绪，例如对自己的态度有骄傲感与谦逊感；与他人相联系的有爱与恨、羡慕与妒忌；对情境事件有求知、好奇心等，这些都是两种以上基本情绪的混合，那么，焦虑和忧郁可能带有异常性质的情绪，也是几种基本情绪的合并模式。人类复杂的情绪情感是人与人之间交往必不可少的因素，人与社会和谐共生更离不开情绪情感。

一、情绪的分类

情绪在人的生活中伴随着浓厚的感情色彩，根据情绪的特点，我国古代把人的情绪分为喜、怒、哀、乐、爱、恶、惧七种基本形式，现代心理学把这些情绪分为快乐、愤怒、悲哀、恐惧四种基本形式。根据这些情绪发生的强弱程度、反应速度和持续时间的长短，又可分为心境、热情、激情和应激四种状态。从航空旅客服务的特殊性来讲，我们在此介绍与乘务员相关的人的心境、热情和应激三种状态。

（一）心境

心境（Mood）是指强度较低但持续时间较长的情感，它是一种持久而微弱、平静的情绪状态，如绵绵柔情、郁郁寡欢、耿耿于怀等。它是由一个人的生活环境和早期经验所造成的个人独特、稳定的心境，受社会环境和气候变化等影响。心境即是平时我们所说的心情，“世界那么大，我想去看看”“来一场说走就走的旅行”，一切全凭心情来决定，因此，它往往在一长段时间内影响人的言行和情绪。我们在工作中的成败、生活中的物质条件、身心健康状况等，都会对心境产生不同程度的影响。

了解心境特性更能让我们掌握心情的变化。心境具有弥散性和长期性，心境的弥散性是指当人具有了某种心境时，这种心境表现出来的态度体验会朝向周围的一切事物，具有感染性。一个人工作回来满面春风，心情愉快，回到家里同家人会谈笑自若，遇到邻居会笑脸相迎，走在路上也会觉得阳光明媚；而当遇到挫折郁闷时，情绪低落，无精打采，甚至会“感时花溅泪”，对影独酌自伤情。古语中说人们对同一种事物，“忧者见之而忧，喜者见之而喜”，也是心境弥散性的表现。心境的长期性是指心境产生后要在相当长的时间内主导人的情绪表现。虽然基本情绪具有情境性，但心境中的喜悦、悲伤、生气、害怕却要维持一段较长的时间，有时甚至成为人一生的主导心境。如有的人一生历尽坎坷，却总是豁达、开朗，以乐观的心境去面对生活；有的人总觉得命运对自己不公平，或觉得别人都对自己不友好，结果总是保持着抑郁愁闷的心境，走出抑郁心境，将是柳暗花明。

课堂讨论

伊本·西纳的公羊

伊本·西纳，被称为世界医学之父，他曾经做过一个实验：把两只公羊分别系在两个不同的地方，一只公羊待的地方是平静、安稳的草坪，另一只公羊待的地方旁边关着狼群。第二只公羊整天提心吊胆，不久就死了，而前一只公羊一直活得很好。

第二只公羊为什么很快就死了？如何有效控制情绪对乘务工作的影响？

（二）热情

热情（Fervour）是一种热烈的、有力的、稳定的情感，是对学习、工作等具有巨大推动力的积极情感。它是指强度较高但持续时间较短的情感，是对待特定的人或事所表现出来的积极、主动、友好的情感或态度，如兴高采烈、欢欣鼓舞、孜孜不倦等。热情应当是服务人员具备的基本情感，是真情实感的流露，只有对服务对象充满真心和关切，积极助人，有主人翁意识，才能最大限度地表达出自己的热情和温暖。热情是一个人的外向性格体现。热情则充满了浓厚的感情色彩，是热烈的温柔，是潜能的发源地，是成功的助推剂。对工作和事业充满热情的人，必将会创造出属于自己的天地，因此，激发民航服务人员的热情，有利于保持服务工作的积极态度和饱满情感，助推民航服务事业更上新台阶。

（三）应激

应激（Stress）亦称压力、紧张，是一种在出乎意料的紧急情况下，在人的生命或精神处于威胁情境下，采取必要决定行动时或无力应付受威胁的处境时产生的情绪状态。长时期持续的应激则能引起精神创伤，危及身体健康。

当外部压力施于个体，人体应激反应呈现出三个阶段，即警觉、抵抗和衰竭阶段。应激是一种复合情绪，是由多种情绪组成的，包括恐惧、愤怒、紧张、焦虑、忧伤甚至狂喜。当人处于警觉阶段，恐慌占主导心境时，血糖降低，会导致脸色苍白。如果是愤怒占主导心境时，血糖升高，会导致面红耳赤。在抵抗阶段，人体会修复由应激引起的生理和心理的创伤。如果应激一直存在，那么人体将长时间处于警觉状态，当持续应激情绪较长时个体明显感到身心不适，最终精力下降而导致衰竭。例如，飞机在故障时飞行一直受阻，空中乘务人员将长时间处于应激状态，最终会导致应激的最后阶段衰竭，思维迟缓、观察事物能力下降，甚至放弃寻找解决方案，这对于空中乘务人员来讲是非常危险的。

民航案例

热水引发的对话

某航班，一对夫妇携孩子（儿童）乘机，乘机过程中孩子想要一杯水，乘务员为其倒了一杯开水，孩子在喝水过程中飞机颠簸，致使热水洒出，不幸被烫伤。

乘务人员不论责任在谁，发生烫伤第一时间首先做紧急处理，如确认伤势、冷敷、联系医生或地面等，并做好安抚旅客及其家人的工作。

试分析：案例中乘务人员的做法有哪些不当之处？ 该如何做？

知识扩展

压力也算工伤

在荷兰，除了肢体重复性劳损算工伤外，因工作压力过大而引起的抑郁、焦虑、烦躁、失眠等心理疾病都可以算工伤。 生病的员工可以在家休息，也可要求雇主进行内部工作调整及改善工作条件等。

如果因此而完全无法工作，第一年的休养期，雇主要继续向员工支付全额工资，一年后，经医疗机构评估，如果员工身体仍然无法适应工作要求，则可进入社会福利系统，领取生病前工资额的70%。

当然，与宽松的休假制度和人性化的法律规定相对应的，是荷兰人紧张的工作状态和自觉的工作态度。 工作日的每一分钟他们都百分之百地用在工作上，很少人浮于事。

资料来源：（【荷兰趣闻】假期比赚钱重要？ 环球移民荷兰移民 2017-05-31）

二、情感的分类

人的情感较情绪复杂多样，可以从不同的观察角度进行分类。 根据情感的倾向性可以划分为正面情感与负面情感。 正面情感是指积极的情感，是人对价值的增加或减少所产生的情感，如愉快、信任、感激、庆幸等。 正面情感就是鼓励人们上进，激励人为自己的愿望和理想而奋斗的精神支柱，是人类不断向前发展、不断进步的动力之源。 负面情感是指消极的情感，是人对负面价值的增加而产生的情感，如痛苦、鄙视、仇恨、嫉妒等。 积极的情感能化解冬日的严寒，消极的情感就是夏天也会变得寒冷。 因此，提高正面情感比率，消除负面情感的概率是企业文化中一项重要的精髓。

根据主体对象的不同，情感可以划分为个体情感、群体情感（集体情感）和社会情感。个体情感是指个体对事物所产生的情感；群体情感是指群体成员对事物所产生的合成情感；阶层情感是一种典型的群体情感；社会情感是指社会成员对事物所产生的合成情感；民族情感是一种典型的社会情感，比如爱国主义情感。根据情感的社会情操可以划分为道德感、理智感和美感。按照情感对民航服务的影响，在此只介绍情感的道德感、理智感和美感。

（一）道德感

道德感是每个人都应该具备的社会情操。道德感是个人依据一定的社会道德标准和规范来评价自己和他人的言行时所产生的内心体验。具体说是用一定的社会道德标准去评价自己或他人的思想和言行时产生的情感体验。文明礼貌、助人为乐、爱护公物、保护环境、遵纪守法等一切符合社会秩序、社会公约的行为情感都称为道德感。道德感在不同的时期、不同的时代有不同的标准，在新时代下通过道德作为行为标尺，实现人们对美德的向往，满足人们在向上向善的实践中，感悟到真善美，体会到“立德树人守初心”的重要性，感受到社会公德的使命和责任，感受到礼遇与尊重的愉悦，在良好的社会风气中，分享友善、真诚和仁爱之美。人的道德感更多的是在崇尚爱国主义和集体主义的互助互帮中，在理解的基础上产生的情感体验。

课堂讨论

机场“吻别事件”

美国媒体2010年1月9日报道称，28岁的中国博士生蒋海松7日在纽瓦克机场送别女友，因不舍而非法闯过检查站，与女友吻别，这起事件造成机场关闭其中一个航站楼达6小时之久，数以千计的旅客行程受到耽搁。

按小组分析以下问题：

1. 该博士生对规矩、法制观念、道德操守的认识。
2. 你是否认同该生的做法，为什么？
3. 一个独立的自然人应该遵守哪些社会道德？

资料来源：http://news.sohu.com/20100110/n269475316.shtml

知识扩展

生活中谨防道德弱化

人类远离了自己熟悉和熟悉自己的环境，自认为社会约束力减少了，此时的好奇心和不安情绪都有所增长。旅客会认为在异地暂时弱化一下道德感没什么大碍，由于一定程度的隐蔽性和匿名效应的作用，人们常常会选择以牺牲道德规范为代价来保持自己的个性，真正做到解放天性，放飞自我，多数旅客可能会出现道德弱化现象，引起不必要的麻烦。

（二）理智感

理智感（Rational Feeling）是人们依据一定的道德需要和规范来评价自己和他人的言行时所产生的一种情感。 它是人们对事物的认知、理解和掌握事物发展规律的动力。 人的世界观、价值观对理智感有重要的作用，“通情达理”一词是最好的验证。 列宁说过：“没有‘人的情感’，就从来没有也不可能有人对于真理的追求。”人的求知欲、好奇心、进取心都属于理智感的范畴。 在旅客服务中，理智感显得尤为重要。 交流建在情感基础上，所讲的道理才能无遮无掩，才能更有效地提供个性化服务，产生思想共鸣。

（三）美感

美感（Aesthetic Feeling）是对客观现实及其在艺术中的反映进行鉴赏或评价时所产生的情感体验。 信任的亲切感、主动、细致、愉快地与旅客沟通，都会使双方身心愉悦，启迪心灵，获得美感。 比如服务人员的微笑、亲和力，休息室装饰色彩丰富、具有朴素的美感等。 我们不得不承认，一家好的航空公司拥有着重新定义空中旅行方式的能力，持续创新、追求个性完美的服务都能赢得旅客信赖和热爱，为旅客带来层出不穷的感官享受。

知识扩展

乘务员化妆的规则

乘务员的妆面需要有统一的格调，下面来介绍有关化妆方面的一些规则。

· 化工作妆以淡妆为主，简约、清丽、素雅，具有鲜明的立体感。 它既要给人以深刻的印象，又不显得脂粉气十足，不能化彩妆，不能浓妆艳抹。

· 应当避免过量地使用芳香型化妆品。 通常认为，与他人相处时，自己身上的香味在 1 米以内能被对方闻到，不算是过量。 如果在 3 米开外，自己身上的香味依旧能被对方闻到，则肯定香水使用过量了。

· 应当避免当众化妆或补妆。 尤其是在工作岗位上，更不可当众这样做，否则是对他人的不尊重。

· 不要非议他人的化妆。 由于文化、肤色等差异，以及个人审美观的不同，每个人化的妆不可能是一样的。 切不可对他人的化妆评头品足。

· 乘务员之间不要借用他人的化妆品，否则既不卫生又不礼貌。

资料来源：https://baijiahao. baidu. com/s? id = 1606470491817443870&wfr = spider&for =pc

三、情绪情感的功能

（一）信号功能

在人际交往中，人们需要用语言或非语言来传递信息，因此信号成了彼此联络情感的媒介。情感的信号功能可以在个体交流交往过程中传递信息，表达意愿，将自己的要求、愿望、态度等传递给对方，达到个体间的有效沟通。在民航服务事业中，情感的信号功能起着承上启下的作用。它既沟通了服务人员与旅客之间的情感，满足了旅客的需要，又助推了民航事业个性服务发展上一个新台阶。

（二）适应功能

情绪情感的适应功能有助于个体适应环境，能够使个体针对不同的刺激事件产生灵活自如的适应性反应，调节自身的行为，从而达到与外界环境的平衡与协调的作用。比如，友爱、微笑能帮助个体与他人友好交流相处，提升个体对社会的适应性。恐惧与愤怒可以帮助人们应对危险的处境，提高适应环境的能力。因此情感的适应性对客我双方都有调节作用。

（三）保健功能

情绪的生理特性告诉我们，保健功能指的是情绪情感对人的身心健康具有增进或损害的功能。情绪可通过神经系统、内分泌系统和免疫系统作用于身体各个器官。乐观、积极稳定的情绪、情感有利于健康，而抑郁、焦虑等消极情绪则会使人免疫力下降，影响个体的身心状况。因此，时刻保持好心情，微笑是保持身心健康的不二法则。

案例讨论

因延误导致的不满

某航班在没有告知旅客延时飞行的情况下延误两个多小时之后通知取消该航班，导致了上百名旅客封堵了一个登机口。次日，安排旅客乘另一航班飞行，到达目的地后多名旅客要求赔偿，该航空公司最终做出每人给予200元的经济赔偿。

讨论：1. 分析增加旅客不满情绪的原因是什么？航班的取消给旅客造成哪些没有预料到的损失？

2. 焦虑会给旅客带来哪些负面影响？生活中你如何调节自己的负面情绪？

3. 为了避免此类情况再次发生，你认为航空公司应如何应对？

第三节 ◉ 情绪情感与民航服务概述

一、乘务员情绪情感的调节与控制

个体的情绪情感表现为态度体验及相应的行为。 民航服务人员在为旅客服务的过程中，应该正确地感知自己的情绪情感及重视服务工作中对自身的情绪情感的管理和调节，让旅客体验优质的乘机服务，提升民航服务质量。

（一）情绪情感的调节

1. 情绪情感的积极作用和消极作用

人有积极情绪和消极情绪之分。 积极情绪是指个体由于受主客观事物刺激满足个体需要而产生的伴有愉悦感受的情绪，主要表现为乐观、积极、开心。 积极情绪能够调动人的动力，激发人的潜力，对于认知具有启动和扩展效应，能够建立个体的资源网，平衡并抵消负面情绪带来的影响，提高个人的活动效率，凝聚众多力量，扩大影响力。

消极情绪是指个体由于受主客观事物刺激，个体需要未得到满足时而产生的压抑、痛苦等情绪。 与积极情绪不同，消极情绪会使人感到难受，抑制人的潜能，降低人的自控能力和活动效率。 个体会受到自身和外界环境的影响，而产生积极或消极的情绪，这是个体的正常的情绪反应，但是在服务工作阶段，应该管理和控制自身的消极情绪。

分享链接

乘务员如何管理自己的情绪

1. 试着改变事情。 有一句话说得好，“我们没有办法阻止事情发生，但我们可以决定这件事带给我们的意义”。 你可以选择是“问题”，亦可选择是“机会”，结果总是如你所愿。

2. 改变人物画面。 专家研究发现，人的头脑对数字、文字很难记忆，但对画面却是历久弥新、永难忘怀。 你为什么过得不快乐，是因为脑海中有不愉快的画面？

3. 改变对己问话。 不知道你是否有经验：当他人说你好，但你认为不好时，结果一定是不好。 当他人说你不好，但你认为好时，结果永远是好。

4. 改变学习人物。 情绪情感是容易被感染和传播的，要想快乐，请与快乐者为伍。

2. 调节乘务员的情绪情感

调节乘务员的情绪情感，可以通过调动积极情绪来消除负面情绪和消极内心带来的压抑情感。首先，从认知上进行调整。应该摆正工作态度，将工作与生活分开，如果由于自身因素或外界环境影响，情绪较为低落、不开心的时候，要主动、积极地去调整情绪状态，达到工作要求的服务水平。其次，塑造自身良好的性格。要对自身的个性心理特征有所了解，掌握自身的优点和缺点，让自己更加符合职业的要求，符合服务行业的要求。

知识扩展

情绪宣泄的方法

宣泄情绪的方法有很多，可以使用以下几个方法：

做自己感兴趣的事情，让自己变得阳光快乐，也变得积极乐观起来。比如出去看风景、看祖国的大好河山、呼吸新鲜空气，这些方法都可以。也可以和好朋友聚会、聊天、吃美食、看电影等等，这些活动都可以让自己的生活丰富，让自己的情绪稳定。

适当的运动，尤其是规律的运动，比如每周 2~3 次的有氧运动，可以跑步、散步、打球、游泳、做瑜伽等等。这些运动都能够让自己心情好转，尤其是有效缓解焦虑、抑郁、烦躁等负面情绪，而且可以让自己变得富有活力，身体素质更好。

积极的沟通，尤其是当自己心情不好时，及时与自己的朋友聊天，倾诉负面的情绪问题，而不是压抑在心底，憋在心里，反而越来越严重。

3. 培养乘务员的情绪情感

民航服务人员情绪情感的管控能力提升的途径主要有：民航服务人员自我调整和航空企业的相关培训。民航服务人员自我调整的方式有：调整自身认知、遇到困惑或压力多与朋友和家人倾诉和交流、寻找情绪释放的通道等，使消极情绪能得到释放或转化为相对积极的情绪状态。航空企业可以开展一系列的培训，让民航服务人员深入了解服务行业的要求，着重培养员工主动、热情、善于倾听、耐心、关爱等品质，同时可以请心理方面的专家针对情绪情感控制能力方面进行培训。

知识扩展

飞机上的幽默

一则

“各位先生、各位女士，请您留在座位上直到班机完全停好，机长将安全带的指示灯关掉。我们不希望您比本班机还要早抵达停机坪。”

二则

空姐：“您好，请问喝点什么？”乘客不好意思地说道：“不喝，不喝。”于是空姐小声地说道："免费的哦。"乘客："啊？ 免费的啊！ 那我要一杯橙汁、一杯可乐、一杯咖啡，还要……"边说边从包里拿出一个瓶子："再给我灌点豆浆在里面！ 我要把飞机票喝回来！"

案例分析

美丽女士跳海

有一个女士长得很漂亮，经过漫长的选择终于和一个男士结婚了，没想到两年后她被男士抛弃了，更不幸的是孩子也死了。 女士万念俱灭，准备自杀。 她选择了跳海，就上了一个老人的船，船开到大海中，她准备跳下去……

提问：1. 请你们告诉我，这个老人怎么和女士沟通，女士才能不跳海？

2. 试分析这位女士对生活抱有什么情感。

（二）情绪情感的控制

个体要主宰自己，就要学会做情绪情感的主人。 民航服务中控制情绪对服务人员来讲尤为重要，民航对员工要规避刺激情景，适时进行心理疏导，倡导优秀企业文化等员工情绪管理方法，可有效减少员工工作期间情绪失控行为。 这不仅关系到客我之间沟通的利弊，同时也关系到乘务员综合素质的展现与企业树立的形象。

1. 有意识地控制情绪

有意识地控制情绪就是要能觉察自己的情绪是什么，是愤怒，是焦虑，是忧伤委屈还是失落。 首先，要明确产生情绪的根源。 适当接受情绪带来的负面影响，少安勿躁。 人类无法避免事件发生，但却可以控制事件结果的方向。 荀子曰"怒不过夺，喜不过予"，意思是君子喜怒不过火，皆有所分寸，强调道德高尚的人对于自身情绪情感的管理。 当你的情绪体验符合客观事件时，接受负面情绪带来的影响，并暗示自己，我现在的情绪是正常的，这样情绪张力就会下降，内心自然就会恢复平静。 很多时候人的痛苦并不是来源于情绪本身，而是来源于对情绪的抵触。 其次，适当疏导情绪。 情绪是内心情感的一种外部体现，遇事三思而后行，在发泄情绪的同时，要考虑后果是否改变了现状，是否会带来负面影响，权衡利弊，对自己情绪负责，也是对旅客服务的负责。 遇事三思而后行。 最后学会转变思维。 多积累实践经验和加强内涵建设，读书是提升内涵最简捷的途径，转变思想，换位思考，调整行为方式，注重自我革新。 热爱生活，热爱所从事的工作，保持积极的心态。

知识扩展

控制怒气

生活中，常有坎坷和挫折，令人气愤的事并不鲜见。愤怒伤身，所以必须克制自己，尽量不要发怒；怒气一旦出现，要善于制怒。下面介绍几种制怒的方法。

1. 让步。遇到让人愤怒的人和事，应该想到，发怒并非良策，反而会增添新的烦恼；理智地让步，不仅可以使心理上获得解脱，还会得到他人的谅解和同情。

2. 升华。遇到令人气愤、不顺心的事，或长期处于逆境之中，要善于支配自己的感情，化气愤为干劲，在逆境中奋发。这样，一方面使自己得到解脱，另一方面也推动自己在事业上不断进取。

3. 宣泄。令人气愤之事一旦发生，为了不使悲愤进一步加剧，必须设法排解悲愤。可以找信赖的朋友或亲人，尽情地倾诉自己的不满和委屈，求得对方的开导和安慰；或是和朋友一起唱唱歌、乐一乐，把“气”放出来；也可痛哭一场。

4. 转移。人在发怒时大脑处于强烈的兴奋状态，可以在大脑皮层建立另一个兴奋灶，用以削弱或抵消发怒的兴奋灶，转移怒的刺激物，这是一种积极的制怒方法。例如，当要发怒时，可强迫自己去做一些平时感兴趣的事情，如有意识地唱歌、听音乐、欣赏书画；或到有利于放松自己的环境中去，如跟小孩玩耍，到公园去感受清新的空气、和谐的气氛。这也是息怒的有效办法。

5. 意控。发怒时，先行意识控制，以自己的修养使消极的愤怒不发生或降低情绪反应。例如，在发怒时，心中可默念：息怒！息怒！犯不着这样！这样可使心理活动的动力系统产生抑制作用，从而达到制怒的效果。

6. 回避。生活中如遇到怒的刺激，要主动避开，眼不见则心不烦，以免发怒。儒家提倡“非礼勿视，非礼勿听”，确能起到回避制怒的作用。

总之，在生活中，愤怒的情绪难以完全避免，但只要理智地对待，掌握各种制怒的方法，就可以减少愤怒的发生，还你一个精彩人生。

2. 有意识地承担责任

“国家兴亡，匹夫有责”。企业形象，你我共创。我们要用自己的努力，用自己的实际行动来承担起责任，责任是使命的召唤、是能力的体现、是制度的执行。每个人在日常工作生活中，都应当加强自身的责任意识，主动承担相应的责任，对工作、生活负责。只要我们学会承担起自己的责任，做一个顶天立地之人，一切将变得积极美好。个体要有意识地做企业的主人，主宰自己，你的认知决定你的人生品质，所以无论发生任何事，问自己两个问题：一个是，这件事带给你什么样的经验及教训？另一个是，你该如何做才能将这件事处理得更好？因此积极主动承担社会责任，才会实现个人的社会价值。

二、民航旅客情绪情感的管理

（一）影响情绪情感变化的因素

人们在现实中所接触的一切，无论是外部对象还是人体的内部刺激，都会引起情绪的变化。了解引起情绪变化的原因，有利于人们创造或消除某些条件，以诱发良好情绪而避免不良情绪的产生。

1. 旅客需要是否得到满足

需要是个体内心由于某种欠缺或者不平衡希望达到满足的一种心理状态，比如，冷了、饿了；受到不公平待遇、歧视等都会引起旅客的负面情绪。可以说旅客的需要是否得到满足，决定着情绪的方向和性质，满足的程度决定着情绪的强弱。需要通常以对某种客观事物的欲念、愿望、兴趣等形式表现出来。根据美国著名社会心理学家亚伯拉罕·马斯洛提出的融合美学思想的马斯洛需求层次理论，人类的各种需求被分成生理需求、安全需求、社交需求、尊重需求和自我实现需求五类。

满足旅客的需要是服务行业正在做的事。对待旅客诉求要倾听他们的声音，满足他们的愿望。例如，由于想休息需要一条毛毯的愿望没有被满足，旅客的情绪低落，脾气暴露，气氛凝结。因此，学会热情服务，察言观色，是乘务员应该具备的素质，满足不同旅客不同的需求，要做到对性格与自己不合的人心存宽容，对旅客时时报以宽容的态度。学会尊重他人，礼貌待人，是一个人修养好的表现，是一种文明的社交方式，是顺利开展工作、建立良好的社交关系的基石。只有与旅客建立良好的沟通渠道，才能提高工作效率。总之，在服务中，满足他人基本需要，工作就会多一分和谐，多一份快乐。

根据旅客需求，特别是要尊重老年、儿童和残疾旅客，为其提供满意的应对服务显得尤为重要。因此，航空公司应竭尽全力满足旅客的合理需要，以提升旅客的满意度。

分组讨论

人生需要引路人

在美国，一位颇有名望的富商在散步时，遇到一个瘦弱的摆地摊卖旧书的年轻人，正缩着身子在寒风中啃着发霉的面包。富商怜悯地将 8 美元塞到年轻人手中，头也不回地走了。没走多远，富商忽又返回，从地摊上捡了两本旧书，并说："对不起，我忘了取书。其实，您和我一样也是商人!"两年后，富商应邀参加一个慈善募捐会时，一位年轻书商紧握着他的手，感激地说："我一直以为我这一生只有摆摊乞讨的命运，直到你亲口对我说，我和你一样都是商人，才使我树立了自尊和自信，从而创造了今天的业绩……"不难想象，没有那一句尊重鼓励的话，这位富商当初即使给年轻人再多钱，年轻人也断不会出现人生的巨变，这就是尊重的力量啊！

小组讨论：

1. 以切身经历的事情，举例谈一谈“尊重”。

2. 试分析人生需要引路人的含义。

3. 你将如何成为他人的引路人？

2. 旅途环境的影响

机场大厅、候机厅、客舱等区域的设施条件和环境也是民航服务质量的重要指标。以候机厅为例，随着越来越先进的 IT 技术的应用，机场的服务效率也有了很大提升，旅客对个性化信息的需求变得更加强烈。在候机过程中旅客由于无法及时获得排队信息而产生焦躁、紧张等不满情绪。为了避免旅客在候机过程中不满情绪的发生，候机楼的幽美环境则会对人的心理活动和情绪产生很大的影响。环境与人是整体与个体的关系，个体不能改变环境，而环境是可以影响人的心情。个体进入一个特定环境后，一定会受环境以及环境内群体行为的刺激，因为人都向往美好的事情，一个邋遢肮脏的环境，会让人感到不适。如果你处在一个干净整洁、光线充足的环境，心里就会感到惬意，这就是人的视觉效应。人的感官对于色彩有不同感觉，不同场合的色彩也会让人局促不安，例如当心情烦躁不安时，红色会使人紧张、疲惫；当人感到压抑、失落时，蓝色会使人悲观、抑郁。对于其他方面也有不同感觉。比如，在光线好、路面顺畅的道路上，驾驶员的心情就会好一些。而在路面破败、交通拥挤，且周围鸣笛声十分多的时候，驾驶员就会十分烦躁，注意力不集中。

良好、舒适的乘机环境，一定程度上给旅客带来较好的乘机感受，也会减少消极情绪的产生。

民航案例

人在旅途，请看护好你的情绪

2016 年，一中国男子在荷兰飞北京的航班上行为失常的报道受到广泛关注。据报道，该乘客先是把自己关在厕所里，自残轻伤。后来在靠近驾驶舱附近时，突然情绪失控，持利器开始攻击身边的人。机组人员和乘客齐心协力将这名肇事者制服，铐在飞机座椅上。飞机没有因此迫降，照常飞行，副机师在此过程中受轻伤。尽管对这位男乘客行为冲动的原因尚不清楚，但是他的反常行为显然与以往“任性”的乘客并不相同。

资料来源：https://m.hexun.com/news/2016-01-18/181858220.html

在航空客运高峰时期，旅客容易出现各种负面情绪。人容易受身边人的情绪影响，尤其是不良情绪更容易感染身边的人。人在旅途，无论是在飞机上，还是在火车、汽车、游轮等其他交通工具上，无论是出于商务出行、旅游出行，还是因个人事务往来出行的人，在出行前都应该注意对情绪的管理，戒骄戒躁，还内心一份安宁，给社会带来一份和谐。

民航案例

环境影响情绪

某日北京—杭州航班上的头等舱客人，在地面向服务人员询问时得知，头等舱只有几位旅客。但登机后发现头等舱里有很多旅客，并有多名儿童。旅客认为自己付了高价值的机票，就是想得到良好的乘机环境，没想到同那些只花普通舱价格的人乘坐同一舱位。在向乘务长再三询问下，乘务人员向旅客解释说是因为经济舱超售。旅客认为头等舱旅客的权益受到了侵害，工作人员应提前向头等舱旅客说明情况或解释致歉。

资料来源：http://news.carnoc.com/list/119/119260.html

3. 身体状况的影响

情绪对人的影响非常大，而负面情绪会影响人的心理和身体健康，进而影响人的行为。有句话说，身体是革命的本钱，没有健康的身体作为基础，何谈其他。我们的身体像是有记忆似的，藏着我们所有的过往，它通常以疾病的形式提醒着我们注意健康。

社会压力导致人的情绪起伏大，人与人之间缺乏信任感等都是负面情绪的体现。情绪以一种信息形式在大脑神经系统间传导，当某种情绪过大，传导神经就会受到破坏，堵在那里，从而形成一个记忆。哈佛大学曾有过一个调查：90%的病来自我们的内在，来源于我们的情绪，大部分癌症病人与父母关系不好，负性情绪过多，抱怨消极情绪在生命中占大多数。如果我们长期处于情绪当中，它会形成一种物质留在我们的身体里，阻碍我们吸收正常的身体养分，发生身体器官功能失衡，从而破坏身体内部平衡系统，造成疾病。

从生理学上说，如果我们不断重复做某件事时，我们某些神经细胞之间就会建立起长期且固定的关系。比方说，如果我们每天都生气，每天都觉得悲惨痛苦，每天都对这个世界充满了抱怨与愤恨，那么，我们就是每天都在重复地为那张神经网络接线和整合，编织着一个固定的情绪模式。当我们在身体喜忧参半或是大脑皮层产生某种情绪或感受时，我们的下丘脑会马上组装一种化学物质——多肽。多肽会随着血液跑到我们身体里的每一个细胞，被细胞周边的上千个感受器所接受。日积月累，我们体内的感受器对某种100%多肽就有了特定的胃口，会产生饥饿感。如果我们很久不产生那种固定的情绪，我们的细胞就会让我们有生理需求想要产生这种情绪。简而言之，一旦一个人连续受挫折，而此人如果不关注自己内心需求的这种特殊性，那么，他的处境会持续下去；同样，一个人习惯了处于令自己欣喜的状况，并且了解了自己的多肽，大可以安逸地享受其中，接纳并消化掉负面情绪，便可以保持健康积极情绪，从而提升航空旅客服务质量。

民航案例

焦虑对情绪影响

刘某，女，大一学生。父亲查出鼻咽癌后，刘某害怕自己得病，对身体健康过分担忧导致情绪不良。心理测试结果显示有轻度焦虑，轻度抑郁情绪。诊断为对自己身体过分关注引起情绪不良的一般心理问题。咨询师采用合理情绪疗法和放松训练，经过四次心理咨询，求助者改变了错误的认知观念，学会以合理的、积极的信念看待问题，问题得到基本解决，取得了较好的咨询效果。

资料来源：http://www.cnki.com.cn/Article/CJFDTotal-JYJU201221176.htm

三、调整民航旅客情绪的技巧

情绪既能给旅客带来积极作用，也能给旅客带来很多不利影响。民航服务人员通过一定的心理策略和机制，使旅客的情绪情感在生理活动、主观体验、表情行为等方面发生一定的变化。

1. 旅客注意力的转移法

旅客注意力的转移法是指有目的地、有计划、及时地把注意力从一个对象转移到另一个对象上，即通过事物之间的内在联系，转移旅客注意力。如果你在工作和生活中因为某个人或者某一件事情感到心情烦躁郁闷，而注意力又无法集中，这时你就不要强迫自己了，应该换一种方式放松一下烦躁郁闷的心情，运动是转移注意力最好的方法，这样做就会分散一下紧张的注意力，让烦躁郁闷的心情能够及时得到缓解和放松。

2. 平衡旅客需求的补偿法

平衡旅客需求的补偿法是因欠缺某种东西而迅速给予精神的或物质的补偿，以满足旅客某种需求，使旅客心情好转的一种方法。它是经常用于旅客因内心需要未达到满足的情况下给予精神上或物质上的补偿，使其填补内心的欠缺从而达到平衡的一种方法。

3. 旅客情绪情感的分析法

旅客情绪情感的分析法就是将与旅客情绪情感密切相关的各种因素进行剖析的方法，即分析旅客情绪不满发生的原因和事物客观存在的特殊原因，着重分析旅客情绪变化，如无法补偿时，服务人员要将事情讲清楚，分析道理，讲明原因，安抚为主，适当缓解旅客情绪。

课堂讨论

民航投诉，对事不对人

民航服务中，我们要把投诉旅客也作为亲朋好友来看待，要理解他们投诉的是在购买我们民航服务这一产品后，所感受到我们的服务质量存在不足，与预期效果不同，不能与他们购买的支付性价比相符，因此产生心理落差而引起投诉的发生。

本章小结

情绪情感都是外界客观事物是否符合主体内心需要产生的态度体验，也是客观事物作用于大脑后，主体做出的反应状态。情绪情感两者间既有区别又有联系，相辅相成。积极的情绪情感是使工作高效完成的促进剂，是保持客我沟通的前提，是维持良好人际关系的保障，是自我修养的体现。情绪情感的状态极易感染周围的人，我们要表达情绪情感的时候，在一定环境内，要合情合理。在受到他人给予积极的情绪时，也应该给予同样的情感。在与人交往中，调动情绪，使其处于一种积极愉悦的情感中，处于一种兴奋、愉快的状态中，更容易感染给身边的人。热情、微笑是服务行业始终不变的品牌，我们秉承服务第一，微笑关键的理念，时时调整好心情，保持良好的情绪，为民航旅客高质量服务提供保障。时刻牢记民航服务的理念，热情、细致，永远保持微笑；对旅客应该周到、有礼，并乐于完成旅客提出的任何合理性要求；虚心听取旅客诉求时，不计较他们的口气轻重，以倾听意见是否合理为主。始终保持良好的心理状态，积极创设条件，实现自我调节、自我调整，为民航服务贡献力量。

重要概念

情绪；情感；心境；热情；应激；注意的转移；补偿法；分析法。

思考题

1. 谈谈情绪、情感的区别与联系。
2. 情绪分为哪些类？情感分为哪些类？
3. 影响情绪情感变化的因素有哪些？
4. 调整民航旅客情绪的技巧有哪些？
5. 论述生活中如何调节自己的情绪情感。

第四章
需要与民航服务

课程目标

- 了解需要的概念；
- 掌握马斯洛需要层次理论；
- 掌握各种类型旅客的需要，及民航各部门服务与旅客需要满足的关系；
- 运用民航各部门对旅客的服务原则，切实提高民航服务质量。

引言

没有需要，就没有生产。人类正是因为有了需要，才推动了历史的发展进程。需要是有机体感到某种缺乏而力求获得满足的心理倾向，是人们与生俱来的基本要求。不同类型的人有不同的需求，人们的工作与生活过程就是需求不断得到满足的过程。

在民航服务中，对于旅客需求满足是一项重要的工作。要提高对旅客的服务质量，就需要针对不同类型的旅客来采取相应需要的满足措施。因此，对旅客服务是对旅客需要满足的过程，优质的服务对树立企业形象是很有帮助的。

民航案例

一封来自一线旅客的表扬信

我在外交部工作，2014 年 10 月 20 日结束在新加坡的半年学习后乘国航 976 航班回国。当我在行李大厅望眼欲穿地等到几乎最后一件托运行李并检查行李票时，才发现我有一件行李根本没被带上本次飞机。因为我压根就少了一张行李票。我当时的第一反应就是“找不回来了”。这件行李的自身价值不算高：一个伴随我在异国他乡拍下无数照片的高级三脚架和几件零星日用品。但若弃之，总是不免遗憾。在同事的鼓励下，怀着“死马当活马医”的侥幸心理，我找到了北京首都机场中国国际航空公司地面服务部行李查询办公室，当班工作人员热情耐心地接待了我，当然也说明了这件行李“失而复得”的难度，对此我十分理解，因为我没有任何凭证。令我吃惊的是，三天后我收到了机场打来的电话，说东西找到了，即日从新加坡运来。第二天又通知我行李已到北京。更令我吃惊的是，当我与机场商量自取的方式时（因为我想象不到还有其他可能的方式），得到的答复竟是可以“送货上门”！现在“死马”不仅变成了“活马”，而且已被送到了主人身边。对此我感慨很多。我高兴的不只是我心爱的三脚架失而复得，而是从中看到了我们祖国的无限希望。我加入外交队伍 30 余年，长期在发达国家工作，对祖国所取得的每一点进步都有着常人体会不到的欣慰和激动。但在曾经的很长一段时间内，对比一些发达国家的优质服务，对国内服务业的一些不尽如人意之处只好急在心里。我在新加坡学习期间，有一天课堂上老师让我们举例说明自己曾经历过的“一次十全十美的服务”时，我想了半天还是举了一个在国外的例子，可心里却想“要是国内也能这样多好”。这件事以后，我可以自豪地告诉世人：我经历了一次最十全十美的服务是在我的祖国的首都——北京首都机场。我非常感谢 10 月 20 日接待我的那位工作人员（是位女士，可惜我不记得她的尊姓大名了，所附登记单有其笔迹，可查），她的热情服务让我即使找不到失物也会感到阵阵的温暖。但更让我感慨的是，此事说明，一个与国际接轨的优质服务体系已在我国民航服务中建立起来，这才是最为鼓舞人心的。我向机场领导和全体职工表示衷心的感谢！首都机场是祖国的窗口，我由衷地祝愿它越办越好。

资料来源：http://news.ccaonline.cn/Article/2014-01-15/3622240_8.shtml.

第一节 ◉ 需要以及需要层次理论

一、什么是需要

人类在社会生活中，早期从维持生存和延续后代，形成了原始的需要。我们饿了就需要食物；冷了就需要衣服；累了就需要休息……然而仅仅是温饱的需要还不够，我们为了生存和发展还必然产生社会需要。例如，通过劳动创造财富，改善生存条件；通过人际交往沟通信息，交流感情，相互协作。这些生理需要和社会需要反映在个体的头脑中，就形成了我们的需要。随着人类社会生活的日益进步，物质文化水平的提高，逐步形成了高级的物质需要和精神需要。为了这些需要，人们就必然去追求、去争取、去努力。

因此，正如一些心理学家所说，"需要是积极性的源泉 ""需要是人的思想活动的基本动力"。没有它的存在，人们有意识、有目的的行为就不可能发生。所谓需要，就是指人在社会生活中所必要的事物在头脑中的反映，是人产生行为的原始动力，是人与人之间共同一致的，具有普遍意义的激起心理活动的动力。需要是个体感到某种要求缺乏而力求获得满足的心理倾向，是个体的心理活动与行为的基本动力。

二、马斯洛的需要层次理论

在有关需要的研究中，美国著名的人本主义心理学家马斯洛的需要层次理论影响是最大的。在心理学及心理学分支学科中，一谈到需要，就必须提及马斯洛的需要层次理论。我们研究民航服务与需要之间的关系，也必须对这一理论进行深入的了解和分析。

扩展知识

马斯洛需要层次理论的基本论点

马斯洛（Abraham Harold Maslow，1908—1970），是 20 世纪 50 年代中期兴起的人本主义心理学派的主要创始人。他的理论既不同于行为主义的外因决定论，又不同于弗洛伊德的生物还原论，而是"第三势力"学说即人本主义心理学。他的动机理论体现在《动机和人格》一书中。马斯洛认为，人的动机是由五种需要构成的，这些需要存在于个人内部，由低到高有层次高低之分。

马斯洛需要层次理论有两个根本论点：一是，人是有需要的动物，人的需要产生人的动机，而人的动机导致和影响人的行为，同时，人的需要取决于他已经得到什么，只有尚未满足的需要能够影响行为。换言之，已经得到满足的需要不再能起激励作用；二是，人的需要都有轻重层次，某一层次需要得到满足后，另一层次需要才出现。

马斯洛将需要分为五级：生理的需要（physiological needs）、安全的需要（safety needs）、归属与爱的需要（belongingness and love needs）、尊重的需要（esteem needs）、自我实现的需要（self-actualization needs）。

（一）生理的需要

任何动物都有需要，但不同的动物，其需要的表现形式是不同的。就人类而言，人们为了能够继续生存，首先必须满足基本的生活要求，如对食物、衣着、住所和配偶等的需要。马斯洛认为人的生理需要是最重要的，只要这个需要还未得到满足，他就会无视或把所有其他的需要推到一边去。马斯洛指出，“如果一个人极度饥饿，那么，除了食物外，他对其他东西都无兴趣。他梦见的是食物，记忆的是食物，想到的是食物。他只对食物发生感情，只感觉到食物，而且也只需要食物……”这类需要是人与动物共有的，因此是最原始、最基本的需要，这类需要对人的生存而言，固然很重要，但也是较低层次的需要。尽管如此，在民航系统服务中，却是应该首先满足旅客的此种需求，即在机场、售票处、飞机客舱等场合里有方便和充足的水和食物，以满足旅客的生理需要，也才会让旅客满意。

（二）安全的需要

安全的需要是指人们对物理空间、心理安全感等方面的需要。这类需要一般是生理需要得到相对满足之后产生的。首先，是生活环境的确定，有安身之处、交际场所、工作地点；其次，是生活秩序的稳定，生活有规律、活动有计划、有条不紊；再次，还需要人际关系可靠、可依、可预测、安全相处、无后顾之忧，吵架、离婚、意外事件、突然袭击，都使人自危、紧张、不安。安全不仅满足机体的物理空间需要，而且还可减少机体心理上的恐惧感。马斯洛认为，安全的需要虽然在一生中无时不有，但其需要的程度以童年最为强烈。在民航服务中，如果服务人员对旅客本人很照顾、很细心，包括对旅客的财物、行李等也有到位的关照，如人身保险、财险的销售；为他们提供相应的知识渠道了解民航的安全规定、操作方式等；提供旅客喜欢或常见的食品饮料，仔细介绍新的服务产品等，都会满足旅客的安全心理需要。

（三）社交的需要

社交需要译自英语，直译为归属与爱的需要。当生理需要与安全需要得到满足后，对归属与爱的需要就出现了。这主要是指渴望自己成为团体的一员，使自身有所归属，以及与他人和睦相处，别人能够爱自己，自己也有机会爱别人等需要，如家庭、单位、朋友、同事等方面的信任、关心、友谊等，这都是健康的人际关系所必需的，如无法得到满足，则会感到孤独、空虚和失落。马斯洛说，“现在这个人开始追求与他人建立友情，即在自己团体里求得一席之地。他会为了这个目标而不遗余力。他会把这个看得高于世界上任何别的东西，他甚至会忘记了他当初饥肠辘辘时曾把爱当作不切实际或不重要的东西嗤之以鼻。”马斯洛认为，“爱的需要涉及给予爱和接受爱……我们必须懂憬爱，我们必须能教会爱、创造爱、预测爱。否则，整个世界就会陷于敌意和猜忌之中”。同一般人的社交需求一样，民航旅客也有社会交往的欲望。团体旅客会好一些，但单身旅客或新旅客会希望得到民航服务人员的关心安慰、支持与照顾。在这方面，民航服务会面临更复杂、更细致、更难做的工作，因为每个旅客的社会需求都是独特的，会因其年龄、性格、学历、民族、国家等不同而呈现出不同的需求。

（四）尊重的需要

当社交需要获得满足后，尊重的需要便出现了。尊重的需要是指得到人们的尊重、拥护、注意等。马斯洛把人们对尊重的需要分为两类——自尊和来自他人的尊重。自尊包括对获得信心、能力、本领、成就、独立和自由的愿望。来自他人的尊重包括:威望、承认、接受、关心、地位、名誉和赏识。一般来说，人们这一层次的需要很少能得到完全的满足，但人们为了满足它，常常会付出巨大而持久的努力，因为它所能给予人们的愉悦感是前几个层次所无法比拟的，特别是有较高追求和修养的人，更是如此。

（五）自我实现的需要

自我实现的需要是指实现个人的理想抱负，使个人得到不断充实、完善、最大限度地发挥个人潜能的需要。按马斯洛的话说:“音乐家必须演奏音乐，画家必须绘画，诗人必须写诗，这样才能使他们得到最大的满足，是什么样的角色，就应该干什么样的事情。我们把这种需要叫作自我实现。”他还指出，自我实现者是实现“完满人生”的人，即实现了友爱、合作、求知、审美、和谐、创造等的人，这是一种永恒的爱。

马斯洛将这五个层次的需要做塔状排列，最底层为生理需要，最高层为自我实现需要。他认为，一般情况下，人们的需要是由低到高逐级发展的，即由生理而安全、有归属感、自尊、自我实现，低层次需要得到满足感，高一层次的需要便会产生。而且只有当前面的需要得到充分的满足后，后面的需要才显出其激励作用。任何一种需要并不因为下一个高层次需要的出现而消失，只是高层次需要产生后，低层次需要对行为影响变小而已。但这种需要不是绝对的，有时只要低层次需要得到了基本满足，便可能产生高层次需要，甚至可以跳跃发展。不仅如此，马斯洛还重点指出了七种例外之人，认为这些人由于种种原因，可能发生需要层次的颠倒和缺失。

第一种:把自尊看得高于一切的人。这种人缺乏爱，只想突出自己。

第二种:具有天赋创造性的人。这种人把创造性动机看得比其他相对决定因素更重要，甚至在基本需要尚未得到充分满足的情况下，仍有创造性需要。

第三种:抱负水平可能永远低下或受压抑的人。这种人由于受了打击或各方面条件长期匮乏，因而抱负很低，偶尔有所抬头，也会很快受到压抑。他们只要有很低水平的满足，便会知足常乐，高层次的需要发展缓慢，甚至终生无高层次需要。

第四种:具有某种病态人格的人。如，有的人，由于遭受打击过大或长期受折磨等原因，永远丧失了爱别人和被别人爱的需要，心灵中充满了仇恨，以报复虐待他人、甚至虐待自己为乐事。

第五种：有某些需要得到长期充分满足的人，他们往往对这种需要的价值估计不足。如长期生活在爱心环境中的穷人，往往对珍贵的人间亲情弃如敝屣，却对物质享受视为人生第一乐事，从而，或是忙乱一生虽获巨额财富，却已亲情不再，遗憾终生；或是因物质引诱而误入歧途，悔时已晚。这是明显的需要错位。

第六种：受到压力较大，无法按自己的需要和愿望行事的人。这种人的需要和行为结果往往是不一致的，因而，不能完全用正常的标准去衡量他们，应多考虑他们的处境和主客观条件等。

第七种：理想远大，有崇高社会目标的人。他们为了实现这种崇高目标，为了追求真理，可以牺牲个人的一切，他们只着眼高层次目标。

马斯洛还认为，除了这七种例外之人，由于各人所处的环境、生活经历、教养、性格、信念、人生观和年龄、职业等的不同，其需要的模式也不一样，大体上可分为三大需要结构模式，即生理和安全需要占优势的需要结构模式、以归属和爱的需要占优势的需要结构模式和以自我实现占优势的需要结构模式。马斯洛认为，这三种需要结构类型模式，是预测人们行为发生概率的工具，很有实际意义。

第二节 ◉ 民航旅客的服务需要

民航旅客的需要是人的一般需要在消费活动过程中的一种反映，其中包含着生理需要、社会需要，与马斯洛的需要层次理论有吻合的地方。民航服务人员的工作性质就决定了他们必须了解旅客的各种需要。

● 一、民航旅客的一般需要

（一）生理需要

生理需要是指旅客对衣着、座位、饮食、环境、休息等方面的需要。受我国经济发展及人民生活水平的影响，乘坐飞机者大都是有着一定的社会地位或经济条件较好者，他们对衣着都有着一定的要求，比较注意个人着装和外在风度，讲究整洁、大方。有的旅客追求品牌与时尚。他们普遍希望食品、饮料可口、味美，机舱环境优雅、整洁，空乘小姐服务热情。绝大多数旅客都希望自己的座位临窗，这样可以透过机窗，俯瞰窗外翻滚的云海，鸟瞰大地的宽广、高山的渺小，以及城镇、河流、田野等，饱览与地面所视不同的景象。他们希望旅途舒适，身心愉快、放松。很多旅客选择乘坐飞机，就是因为它快捷、省时间。因此，旅客最不情愿碰到的事情就是飞机延迟起飞。他们希望能够安全、迅速、准时地到达目的地。

民航案例

赢利了，请在航食上多花心思

“2004 年旅客话民航”用户评价结果公布，过去一年中除了航班延误问题成为旅客反映焦点外，机上餐饮也成为旅客诟病的热点问题。经常往返于上海与巴黎的郭先生说:“国内航空公司多以一冷一热的正餐和一两份零食及饮料为‘标配’，而且冷冻味十足，味道不鲜美。但一些外航就不错，像法航光经济餐正餐就有熏鱼、海鲜派、意式通心面、五香培根肉、炒饭等可供选择。”郭先生的话颇能代表相当一部分旅客的心声。内地民航航食品种太单一，让旅客抱怨连连。一位旅客告诉记者，春节前一周他因公司业务赶赴北京两趟，因为机票紧张，买的都是 1000 多元钱的全价票，结果前面一个来回，同一家航空公司提供的正餐选择都是咖喱牛肉和鸡丁，他吃不惯咖喱就只好吃鸡丁；两天后他再次飞北京，摆在面前的又是同样的菜谱。还有的旅客抱怨，内地航空公司的餐食一般是定量供应:一人一份，胃口好的旅客只能节食。有旅客吃了一份不够,想再要一份，却被告知餐食是定员的，没有多余的备份。飞机上提供的饮料也多是可乐、茶水等，果汁类很少，有时候多要两杯，空姐的脸色马上晴转阴。“航空公司怎么这么小气呢，而与此形成鲜明对比的是，不少外航都很会照顾旅客胃口，比如新加坡航空用精选的各款佳酿葡萄酒，为旅客佐餐;马来西亚航空推出具备民族特色的菜肴——炭烧牛排和用当地佐料精心制作的串烧鸡……采访中有旅客向记者诉说了一个愿望:“哪一天我到新疆去，在飞机上能品尝到当地特色小吃，我一定多坐这家公司的飞机!”

资料来源:http://www.wcarn.com/41/41170.html

（二）安全需要

在人们的理智判断与选择中，飞行是最安全的交通方式，但是在人们的印象中，却普遍认为火车比飞机安全，飞机危险系数比较高。虽然这是一种不科学的误解，但多数人乘坐飞机时会因此经常感到担心和紧张，身心总是处于紧张和焦虑状态。旅客最大的愿望就是能够安全地、准时地到达目的地。因此，天气的变化、起飞时间的延迟、飞机机械故障等情况的发生，会使旅客的情绪有很大的波动。另外，由于飞机运输的特殊性，一旦发生问题或空难，旅客的生命会受到很大威胁，所以，民航服务人员要理解旅客购票乘机时会选择大飞机或大民航空公司的心理，对此要尽量满足需要。另外，旅客在出行中，对自身人身安全、财产安全的需要也是很强烈的，而且对这方面安全的期望值也是很高的，民航在这方面的服务应该达到旅客的期望。

民航案例

共同维护客舱安全

在客舱服务时，乘务员经常会为客舱安全的原因劝阻旅客的一些违规行为。而旅客经常不明就里地和乘务员理论，造成一些不必要的争执。其实，乘务员所做的一切都是出于安全考虑。为了让大家了解客舱安全的重要性，我们不妨通过一些例子与广大旅客一起学习客舱安全知识，共同营造一个既舒适又安全的飞行环境。

超大超重行李的危害

2001年的一个夏日，某航班旅客正在登机，乘务长和安全员发现一位旅客肩扛着一个大行李（三边之和远大于115厘米）出现在登机口。乘务长告知旅客，如此大的行李不可以放入行李架，应该托运。可是，这位旅客却觉得坐飞机带个行李是天经地义的事，振振有词地与乘务长理论。乘务长和安全员晓之以理，耐心地向他介绍、解释客舱安全的重要性，该旅客才勉强答应托运该超大行李。更为离谱的是，在某个航班上，有位旅客竟然一个人身上挂着、手上提着、背上背着，拖拖拉拉地带了五件大行李，而地面工作人员对此却没有采取适当的措施。也许，旅客并不知道超大超重行李进入客舱的危害，如果超重行李存放在行李架内，会给客舱带来很多安全隐患。一方面，这样可能会给飞机起降配载数据带来错漏计算，影响飞机的起降安全；另一方面，当飞机遇到紧急迫降后，会给撤离工作带来极大的妨碍，使紧急撤离时客舱准备工作无法进行，也无法确保紧急出口和过道上畅通无阻。在紧急撤离的情况下，如果行李没有存放好而散放在过道上，势必影响撤离的时间。按照国际航协和FAA的安全规定，在紧急撤离情况下，完成全部人员的撤离，在陆地上时间为90秒、水上撤离时间为120秒。根据这个撤离时间要求，如果过道上出现障碍物，必然会影响旅客和机组及时、安全地撤离，其后果不堪设想。

紧急出口处的限制

一次，旅客已开始登机就座，一位乘务员发现一位行动不便的残疾旅客坐在紧急出口处。乘务员礼貌地告知该旅客："这是紧急出口，遇到紧急情况时……"话还没说完，这位旅客大为光火地说："我也是人，也是旅客……，我坐这里位置宽，又靠窗，可以看外面的风景……"

在旅客看来这是一件很小的事，他们觉得上了飞机，坐在哪里还不都一样，其实不然。他们并不知道，如果出现紧急撤离的情况，在紧急出口处有限制性旅客（行动不便的残疾旅客、老人、儿童等没有自我保护能力的人）就座，会影响撤离时间。这是因为，一方面，紧急撤离时不能及时打开紧急出口，而且其行动不便容易造成紧急出口撤离过缓；另一方面，其没有自我保护能力，在紧急撤离跳紧急滑梯时，会容易对其造成较大的伤害。根据国际民航运输的安全规定，限制性旅客是不允许坐在客舱的出口、紧急出口、靠客舱通道旁的座位的。同时，机组成员对限制性旅客在紧急撤离过程有一套专门的救护措施和撤离方式。

飞机飞行是全程禁烟禁火的

在飞机上，遇到最多的是屡禁不止的吸烟旅客。在《中华人民共和国民用航空法》中有明确规定，严禁在航空器上吸烟点火，违者将被罚款，造成严重事故者将受到法律的制裁。

飞机上吸烟带来的危害相当严重，极易造成机毁人亡的重大灾难。客舱内容易造成火灾的原因有：①容易引起飞机上的燃油起火；②客舱内相当干燥，尤其是客舱壁板内的空调槽，里面存有大量的尘灰，国际民航安全协会曾做过一个实验，对壁板槽内的尘灰点火，发现火速竟可达到0.5米/秒，这是一个可怕的数据；③如果有旅客偷带易燃易爆物品登机，也容易造成火灾；④客舱内有一套供氧系统，密闭的客舱里含氧程度相当高，氧气遇到火源是极易被点燃的，甚至会发生爆炸的现象。

客舱安全关系着旅客和国家财产的安全，一些看似无关紧要的问题，也有可能给客舱服务带来安全隐患。让我们防微杜渐，不放过一丝微小的安全问题，平安飞行。

资料来源：（王圆成，《民航飞行与我》第310页，中国民航出版社，2004年11月）

（三）尊重需要和自我实现的需要

民航旅客作为消费者，在消费过程中希望能够获得服务人员的理解和尊重、关心和帮助。其直接的表现方式就是民航服务人员为其提供周到、细致的服务和人性关怀。旅客希望自身的价值得到认可和尊重，自己的主体地位得到体现，从而实现自我肯定，实现自我发展的需要。

思考

对于4小时以上长时间航班延误，旅客最需要什么?

恶劣的天气环境导致航班长时间延误现象多发，并且出现了几起较大的群体性旅客纠纷，在此背景下民航资源网联合飞友网开展了一项针对民航业内人士和旅客朋友的调查："您认为延误4小时以上航空公司应该提供什么服务?"希望通过调查了解到长时间航班延误情况出现后航空公司如何服务，旅客又期望得到怎样的服务。对待4个小时以上的长时间航班延误的服务，民航业内人士与旅客在延误赔偿的问题上的投票结果分析如下：

对酒店休息、饮料餐食取得了一致，两项在民航业内和旅客中都排名在前两位，业内人士和旅客投票比例分别达到了26.30%、24.60%和22.50%、20.60%。

在接下来排名第3、4位的选项上出现了分歧，15.3%的业内人士主张赔偿要按不同延误原因来定，10.90%的人则认为干脆赔300元了事，但旅客最需要的却是延误真实原因的通报、给旅客道歉，比例达到了17.40%和13.80%。

在涉及现金赔偿时，旅客选择最多的是300元现金赔偿，虽然这个比例只有

11.20%，但低于300元的赔偿选项只有不到5%的比例，这也体现了如果真需要经济赔偿，旅客希望得到上限赔偿。根据调查结果，业内应该关注的是旅客在延误4小时以上时最需要的服务，它们依次是：

1. 酒店休息服务（2.50%）。

2. 饮料，餐食（20.60%）。

3. 及时发布真实消息（17.40%）。

4. 端正态度，给乘客道歉（13.80%）。

5. 300元赔偿（11.20%）。

二、民航旅客的特殊服务需要

（一）不同类别旅客的需要

随着我国改革开放的发展、交通的改善、人民生活水平的提高和国内外交流的增多，乘坐飞机的人越来越多。国外旅客与国内旅客的需要有着明显的不同。

相对来讲，受我国计划经济及思想观念等多种因素的影响，国内旅客的需要，逐渐从低层次向高层次发展，从物质需要逐步向精神需要发展。除了满足基本的物质需要外，对于精神需要，如尊重、友善、理解等方面也有了越来越高的要求。他们希望在旅行过程中能够得到民航服务人员人格的尊重、善意的关怀、周到的照顾，从而获得心理的满足与平衡。随着人们文化素质水平的提高，这种希望越来越强烈。随着我国对外开放的进一步深入，境外来华的旅客越来越多。在这些旅客当中，有一部分属于华侨，他们对衣、食、住、行方面的需要不强烈，对祖国的历史、文化、民族和现状等有着深刻的了解，对爱和尊重的需要特别强烈。除此之外，境外来华的其他旅客，或旅游观光，或文化交流，或商贸往来，由于他们对中国的情况了解不多，所以他们的需要倾向于安全、稳妥、方便。他们中的有些人对衣、食、住、行崇尚豪华和舒适，讲究地位和身份，对中国的历史、文化、民族和政治特别感兴趣。因而，他们对服务的质量和水平要求很高，对尊重的需要、自我实现的需要特别强烈。

（二）不同阶层、不同性别和不同年龄的旅客的需要

不同的社会阶层有不同的需要。如果按照上上、上下、中上、中下、下上、下下这六个不同的阶层来划分，大体上可以认为，中上阶层以上的旅客，需要舒适的交通工具和一流的服务，对服务的质量和水平要求很高。而中下阶层以下的旅客，以经济实惠为主，重内容不重形式，更加着重于物质需要的满足。不过，事实上，中下阶层的人乘坐飞机的较少。

旅客的需要，在不同性别上也有很大的差异。一般来说，男性旅客讲究时髦，喜欢新奇，讲究身份和地位，比较注重尊重等精神的需要。而女性旅客，比较感性，着眼于安全与舒适，具有明显的求美和从众心理，相对于男性来说，比较注重物质需要的满足，

对服务比较讲究和挑剔。年龄不同，民航旅客的需要也不同。儿童的需要，简单易变动，时而喜欢，时而讨厌；易感染，容易被别人的需要所感染。生理需要和安全需要的满足对他们来讲很重要。青年是人生中从少年向中年过渡的阶段，他们追求自我成熟和个性。对爱的需要、尊重的需要、自我实现的需要很强烈。人到中年，他们讲究稳妥有序，变得平实、成熟、稳定，不再吹毛求疵，希望得到别人的理解和尊重，也容易理解别人。

三、民航服务中特殊旅客需要的满足

特殊旅客是指在乘机过程中由于各种各样的原因需要得到特殊服务与关注的旅客，包括病残旅客、老年体弱旅客、无人陪伴儿童、初次乘机旅客和重要旅客等。

（一）病残旅客需要的满足

病残旅客主要是指身体残疾的和在飞行过程中突然发病的旅客，包括两类旅客：一类是残疾旅客，如行动不便的旅客、失聪旅客和失明旅客等；另一类是飞行中突发疾病的旅客，如突发心脏病、癫痫病旅客等。

1. 残疾旅客需要的满足

残疾旅客最明显的心理特点是自尊心特别强，不愿意别人把他们当成弱者，不会主动地请求服务人员的帮助，但事实上这类旅客的自理能力较弱，需要别人给予特殊照顾。服务人员在满足这类旅客需要时，应注意以下几点：

（1）了解残疾旅客的具体情况，注意旅途中需要帮助的事宜。

（2）向残疾旅客讲解机上的旅客服务组件的使用方法，特别重要的是呼唤铃的位置和使用方法，让旅客需要帮助时能够及时告知服务人员，其次是辅助设施卫生间的位置。

（3）向残疾旅客、残疾旅客的陪伴人员介绍紧急出口位置和应急设备的使用，若该旅客没有陪伴人员，交代坐在其邻座的旅客帮忙关注。

（4）在旅途中，负责残疾旅客的乘务员应随时关注旅客的动态，但不要过度关注旅客的残疾部位，以免对旅客造成心理伤害。

（5）对于乘坐轮椅的旅客，在下机前要帮忙联系摆渡轮椅。

2. 突发疾病旅客需要的满足

对于突发疾病的旅客来说，最重要的是及时抢救生命。这对乘务员的基本要求莫过于过硬的机上急救知识，根据旅客发病的表现以及通过对陪同家属对该病人情况的补充，进行判断、抢救。

民航案例

小旅客机上突发癫痫，南航空姐沉着化“惊”险

2014 年 6 月 8 日由银川飞往北京的 C26118 次航班顺利关门后正常起飞，平飞后乘务组进行正常的餐饮服务工作。此时，“叮咚”，客舱里响起了一声呼唤铃。乘务员彭贝抽出身来走向这位旅客。这是一位 30 多岁的青年女性，只见她怀里的孩子上半身在抖动，胳膊手指都在抽搐着，头歪向妈妈的胸前，嘴角的口水和白沫流在妈妈的衣服上。彭贝立刻拿来氧气瓶给婴儿吸氧，并且回到服务间拿来毛巾，帮他擦掉嘴角和衣服上的污物，同时也把消息传递给乘务长周蕾。后来得知这个婴儿仅仅八个月大，乘务长周蕾快步从前舱赶来与孩子妈妈一起观察孩子的病情。通过询问，了解到该小孩有癫痫病史，登机前刚刚吃过药物。乘组坐组员各尽其责，有的安抚围观旅客，有的广播寻找专业医护人员，周蕾立即将情况报告给了机长。在听到广播后赶来的医生了解病情，并表示无法预知该小旅客病情发展后，机长派出副驾驶出来确认客舱情况，本着旅客生命第一的原则，决定 25 分钟后备降呼和浩特白塔机场。乘务员的解释得到了旅客极力支持与理解。

23 时 10 分，飞机降落在呼和浩特白塔机场。舱门开启后，机场医护人员立即上机对这名小旅客实施现场急救。旅客们都很有秩序地给医护人员让出一条通道。看着小旅客被救护人员简单救治后，由妈妈抱下飞机赶往医院，大家都松了口气，客舱里响起了掌声。从事情的发生到结束，一个多小时过去了。最后，飞机平稳地起飞了，刚才的那一幕却留在大家的脑海里。这是飞行中少遇的一次“惊”历。一名合格的乘务员不仅业务能力要强，更要在生活、工作中积累经验，以便在以后的工作中碰到突发事件后能更好地处理和面对，那样也会更安全、更尽心地为旅客服务。

【同步思考】

根据案例分析，面对突发疾病的特殊旅客，空乘人员的专业素养体现在哪些方面？

（二）年老体弱旅客需要的满足

随着人年龄的增长，老年期是人的各方面机能衰退的时期。从生理上讲，老年人的认知能力变弱，体力、精力都不如青年人，行动变得迟缓，反应能力差;从心理上讲，生理的变化必然引起心理的不适应，老年人孤独感较明显。

年老体弱旅客需要的满足包括：

（1）旅客上机时，应主动地提供服务，帮忙找座位、放置行李、帮其系安全带；下机时扶老人下机。

（2）与老年体弱旅客交流时，应尽量大声，语速降慢，主动向其介绍旅客服务设施及其使用方法，交代邻座旅客帮忙照顾，有事呼叫乘务员。

（3）老年旅客的体温一般较低，应主动送上毛毯。

（4）注意餐食的供应，应为其提供热饮和容易消化的食物。

（三）无陪儿童旅客需要的满足

无陪儿童主要指 5 周岁到 12 周岁的单独乘机的儿童。 无陪儿童旅客本身年龄小、性格活泼好动、好奇心强、胆子大且不考虑行为后果，单独乘机时没有家长的监控和约束，这些特点更加凸显。 他们在飞机上容易对新鲜事物产生兴趣，乱蹦乱跳，喜欢自由，喜欢吃零食。

无陪儿童旅客需要的满足包括：

（1）无陪儿童需要全程交接，在地面由家长交接给地服人员，再由地服人员交接给空乘人员，全程有人陪护。

（2）在飞机起飞、下降和颠簸时，注意无陪儿童旅客是否系好安全带，并帮忙系好安全带，随时关注其动态。

（3）主动为其提供小食品和饮料，但注意饮料不能太烫、过满。

（4）可以通过聊天方式，了解小旅客的生活习惯、身体情况和兴趣爱好，以更好地为其服务。

（四）初次乘机旅客需要的满足

初次乘机旅客，顾名思义是指那些第一次乘坐飞机的旅客。

初次乘机旅客的需要一般体现在两个方面：一是好奇心的满足，二是对机上服务质量的期待。 首先，第一次乘机会出现紧张感和具有好奇心，因为毕竟对飞机这种交通工具不甚了解，对飞机的设备、客舱环境有一种新奇感，进而伴随紧张感，怕触碰到机上的不能随意触碰的设备;其次，第一次坐飞机的旅客，普遍认为好不容易坐一次飞机，要好好感受一下空乘人员优质的服务，特别对飞机餐有很高的期待。

初次乘机旅客需要的满足包括：

（1）初次乘机旅客缺乏乘机常识，不知道乘机流程，地面服务人员应该细心地讲解在什么地方换登机牌和托运行李，安检入口的位置在哪里等。

（2）乘务员应细心观察，主动帮助旅客找座位、安置行李，并让其有任何需要随时告知。

（3）乘务员应主动介绍飞机的机型、飞行的高度和航班的情况。

（4）初次乘机的旅客对客舱内的设施设备不了解，但有好奇心，因此，乘务员一定要详细地介绍旅客服务设施，如呼唤铃的位置及使用方法、如何调整座椅靠背、安全带的使用、通风口和阅读灯的使用等，介绍卫生间的位置以及如何打开卫生间等，介绍应急设备的位置和使用。

（5）随着飞行高度的变化，气压发生变化，可能造成压耳现象，初次乘机旅客可能感到不适。 乘务员可提前告知这一现象，让其通过打哈欠或吞口水的方式来减轻不适。

（五）重要旅客需要的满足

重要旅客一般来讲是有身份地位、有社会名誉的国内一定级别的官员、知名人士或驻外领事馆提出需要接待的人群。

重要旅客一般乘机的次数较多，需要层级较高，更注重环境舒适度和服务人员的服务态度，自我意识较强，需要受人尊重。

重要旅客需要的满足包括：

（1）乘务员一般会提前对重要旅客的信息进行了解，当然包括重要旅客的姓名和职务，当乘务员服务时，应该尽量带上姓氏，用上尊称来称呼重要旅客，要让旅客感受到被重视和尊重。

（2）注重保护重要旅客的隐私，不是该舱位的乘务员不要进入该舱位，以免打扰该旅客的休息。

（3）保证其机上安全的同时，随时与重要旅客的随同人员交流，以关注重要旅客新的需求。

四、民航服务过程中旅客需要的满足

能否满足旅客的需要，体现在民航服务过程的每个环节。让旅客感到满意是通过民航每个具体部门的服务人员共同努力而得以实现的。

（一）民航售票处服务与旅客需要的满足

1. 民航售票处旅客的需要

在民航售票处的旅客，其需要主要体现在三个方面：其一，有无票。也就是说当前还有没有旅客想买的时间段的机票，这关系到旅客是否能够顺利出行的问题，特别对于比较热门的城市且常年没有折扣的机票。其二，有无打折票。当保证有票的情况下，大多数旅客会觉得心情大好，立即对比性价比，选择乘坐哪个航空公司航班，航空公司的折扣率大不大，根据自身倾向性进行选择。其三，咨询相关细节。随着科技的发展，很多航空公司也推出了各种订票方式，如网上订票服务、微信平台订票服务、电话订票服务，旅客可能会对订票方式进行咨询。有的旅客也会想是否有送票服务，是否有机场大巴定点接送服务，有无里程积累等。

2. 民航售票处的服务工作

针对旅客的上述需要，民航售票处应做好以下工作：

（1）应配备相应的硬件设施，满足旅客在民航售票处购票时的基本需要，提供干净的环境、休息的座位和合适的室温。

（2）服务人员应注意自身着装和仪容仪表、对待旅客的态度，要有微笑的表情和热心的问候。特别要注意旅客情绪的波动，如果旅客没有买到满意的机票时，应注意及时和旅客进行沟通，避免发生冲突。

（3）严格按照相关规定和程序出票，做到专业、快捷和准确地服务，避免因人为的差错所造成的服务质量问题。

（4）作为民航的“窗口”单位，服务人员要熟悉相关的业务知识，了解新客规、新航线政策，及时、快捷地为旅客答疑。

（二）民航值机处的服务与对该处旅客需要的满足

1. 值机处旅客的需要

值机处的主要工作是为旅客换登机牌、交运旅客的托运行李、为旅客安排座位等。尽管目前有网上值机、手机值机和自助值值机柜台值机等方便、快捷的办理登机手续方式，但国内主流的值机方式还是人工值机。民航值机处的旅客需要主要体现在三个方面：一是快捷、顺利地办理登机手续；二是选择满意的机舱座位；三是乘机的其他信息咨询，相对于售票处，旅客在值机柜台咨询的问题要多且具体。旅客可能会比较关心航班是否能够正常起飞，旅客从哪个入口过安检，还有一些与值机不太相关的问题等。

2. 民航值机处的服务工作

针对旅客的上述需要，值机处应做好以下工作：

（1）值机处的服务人员，要满足旅客求快、求顺利的需要，必须明确值机工作性质，按时准点到达工作岗位，爱岗敬业，提前做好值机前的各项准备工作。

（2）值机处的服务人员对旅客应该表示出热情、主动的服务意识。应该主动、积极地帮助旅客解决问题，耐心地回答旅客的疑问。

（3）值机处的服务人员应该具有处理突发事件的能力。在地面，地服人员与旅客最大的矛盾冲突，来自飞机的延误，处理不好会引起大面积旅客的不满和激动的情绪，从而给航空公司的形象带来损害。旅客一般会存在从众行为，地服人员一定做好带头旅客的工作，对其他旅客应该客观、理智、真诚地做好解释工作，切忌发生肢体冲突。

（三）民航候机室服务与旅客需要的满足

1. 民航候机室旅客的需要

民航候机室的服务是旅客享受地面服务的最后一个环节，大多数旅客在候机室的时间长于售票处和值机处。民航候机室的旅客需要主要表现在两个方面：一是在候机室时间较长，需要消磨等待的时间。因为各种原因，大多旅客一般可以提前 2 个小时左右进入候机室，在等待期间如何消磨时间是旅客关心的问题；二是当不正常出现航班延误或取消航班的情况，旅客会出现情绪焦躁和不稳定的情况，这时需要安抚和得到合理的处理。

2. 民航候机室的服务工作

针对旅客的上述需要，候机室应做好以下工作：

（1）在航班正常的情况下，旅客的需要通常比较好满足。候机室的环境一般比机场大厅的环境舒适、安静，提供饮水机，有单独的吸烟区，座位的富余也避免了很多旅客没有座椅的尴尬局面。总之，旅客能够安静地等候登机。候机室有购物商店，也能转移旅客的注意力，消磨时间；候机室的信息传递速度很快，旅客能够第一时间了解航班的状况。

（2）在航班不正常的情况下，旅客通常会表现出焦躁不安、情绪波动大的特点，常在言语和行为上表现出来，随着等待时间的延长而愈加凸显，对服务人员的一言一行都感到厌烦。这时服务人员采取消极的应对方式更会增加旅客的不满,因此,服务人员能够做的就是根据延误的种类和原因,从旅客自身安全的角度出发,耐心地解释,尽量安抚旅客的心情。面对某些旅客的过激言行要正确处理,拿出专业素养,切忌表现出忽略和不耐烦的神情,也不要和旅客发生口角和肢体冲突。

(四)空中飞行中的服务与旅客需要的满足

空中服务是民航运输过程中最重要的一部分,是民航服务质量和服务水平高低的直接体现,关系到旅客对航空公司的印象以及对民航服务的整体评价。

1. 空中飞行中旅客的需要

要做好空中服务,必须清楚旅客在这一阶段的最主要需要。应从以下几个方面进行把握:其一,生命安全的需要是最强烈的。在空中,和安全的需要相比,其他任何需要显得格外的渺小,安全永远是排在第一位的。当然,除了乘客生命安全的需要外,还有乘客财产的安全也需要得到保证。旅客的随身行李都是放置在客舱行李架内,行李架是没有锁的,任何人都能随意地打开它。人们在飞行期间不可能时时刻刻监控自己的行李,可能去卫生间,也可能睡着了,这给小偷的行窃带来了可乘之机。其二,舒适的需要。相对于其他出行工具而言,机票价格较贵,旅客对机舱的舒适度的追求较高,如对客舱温度的调节、座椅靠背的调节、灯光的控制和垫腰枕等,旅客都会提出各种要求使自己在乘坐时更舒服。其三,尊重的需要。旅客需要乘务员在其需要关心、照顾时,第一时间得到回应。尊重的需要还体现在客舱服务的细节上。

2. 空中飞行中的服务工作

空中飞行中的服务工作主要是靠空乘来完成的,针对旅客的上述需要,空乘应做好以下工作:

(1)针对旅客安全的需要,首先要向旅客介绍机上安全设备的位置及在什么情况下使用;严格执行起飞和着陆前的五项安全检查,认真检查旅客的安全带有无系好,不会系的给予示范讲解,座椅靠背有无调整等;时刻监控应急出口的情况,并向出口座位旅客告知出口座位须知等以保障旅客的安全。其次是乘务员定期关注或对旅客多次强调注意保管自己的财物,一旦机上失窃,一定清楚是机上丢失还是旅客自己把物品遗留在机场地面,根据具体情况做出相应的对策。

(2)针对旅客舒适的需要,乘务员一定要细心观察,主动为旅客提供服务,如主动打开通风口和阅读灯,发放毛毯,发放餐食时注意卫生等。

(3)考虑旅客尊重的需要,对于经常乘机的旅客而言,对服务的要求更高。他们不会关心今天的飞机餐是牛肉饭还是鸡肉饭,他们更加看重的是机上的服务态度,是否尊重旅客的需要,可能一个真诚的微笑、一个温馨的问候更能打动他们。对于不经常乘机的旅客,他们可能对乘机知识一知半解,常会提出各种各样的问题。这些问题可能是和乘机有关的,也可能是毫无联系的,乘务员要耐心地解答才能使旅客满意。

民航案例

乘客误将飞机逃生门当厕所门打开

重庆永川人的吴女士第一次和丈夫坐飞机到三亚旅游。当时飞机刚刚在跑道上滑行，考虑到飞机的行程可能要两个多小时，她便打算先去上个厕所。但因第一次坐飞机，不知道厕所在哪，走了一遍都没找到，其丈夫周某告诉她一直往后面走就对了。吴女士走到机舱尾部还是没有找到厕所。这时，她看见机舱尾部座位上有两名空姐，便上前询问"厕所在哪里"。而后，对方告诉她，"往右走，扭开门就对了"。随后，她走到一扇门前，将门上的一个红色把手扭开了。这时，突然传来了"砰"的一声巨响，逃生门便打开了。"当时我都不知道发生了什么事，门打开后，旁边的空姐就对我说：'你怎么把这个门打开了啊，惹大麻烦了！'"她说："现在我的腿还发软！"据吴女士回忆，事发后，才知道原来自己打开的不是厕所门而是逃生门，导致飞机不能正常起飞。随后，民警将她带到派出所要求协助调查。吴女士表示，发生这样的意外，自己也感觉很愧疚。但她纳闷的是，当时自己问了空姐厕所在哪儿，为什么她们就在旁边却没有帮自己开门，也没及时阻止她。"空姐服务不到位是导致事件的原因之一。"

资料来源：http://www.baike.com/

【同步思考】

根据案例分析，空乘存在哪些不到位的服务，要怎样做才能避免该事故的发生？

（五）行李查询处服务与旅客需要的满足

1. 行李查询处旅客的需要

行李查询处是整个民航客服的最后环节，这个环节的结束意味着旅客能否对民航服务做圆满总结，稍微出错将前功尽弃。此时，旅客的需要主要体现在个人托运的物品是否到位，是否安全抵达。一旦发现行李丢失或是有破损等情况，会出现以下的心理状态：其一，着急找行李。发现行李不见了，第一反应是"行李去哪儿了，我里面有重要物品，一定要给我找到，不然这事儿没完"。其二，情绪激动。未见自己的行李或看到行李出现破损，肯定非常着急和气愤，一般会要求立刻给予处理。

2. 行李查询处的服务工作

针对旅客的上述需要，行李查询处应做好以下工作：

（1）表现出积极处理事情的态度，立即进行行李查询的工作。只要旅客找到服务人员，服务人员就应该认真负责地对待，急旅客之所急。

（2）服务人员应该控制好自身情绪。当旅客言行举止都较为激动时，服务人员一定要换位思考，不要受到旅客不良情绪的影响，而激化双方的矛盾。

（3）面对旅客提出赔偿时，一定要按章办事。对于旅客行李的补偿方面，民航局是有相应规定的，但是往往和旅客的赔偿预期有出入，旅客要求更高。因此，服务人员不能随意做出承诺，而要对这方面的规章制度有所了解，根据民航局和航空公司的规定与旅客进行协商，实在不行，由航空公司专属部门负责处理。

（4）在行李出口处进行抽查。因为行李处的旅客很多，不可能做到检查每个旅客的行李牌，但是可以采取抽查的方式，防止有人故意拿错行李箱，起到一个警示的作用。

（5）服务创新，节省旅客提取行李的时间。为旅客在行李提取转盘周围摆好行李手推车，方便旅客摆放行李，能够有效地缩短旅客的提取时间。

本章小结

需要的产生是源于有机体内部的某种缺乏或不平衡的状态。因此，人们的一切活动都是出于满足自己生理上或心理上的某种需要，需要是人类行为的动力源泉。需要经常会通过人的经历、意愿、动机、兴趣、价值观等形式表现出来。民航服务中的旅客的一般需要主要表现为旅客的生理需要、旅客的安全需要、旅客归属的需要、都有一种优势的需要占主导，这要求在民航服务过程中，服务人员还应具体情况具体分析，以满足旅客的需求，为民航旅客提供优质的服务。

重要概念

需要、马斯洛需要层次理论、民航旅客需要、特殊旅客需要。

思考题

1. 解释概念：需要、自然性需要、社会性需要、自我实现的需要、特殊旅客。
2. 需要有哪些特征？需要可分为哪些种类？
3. 试分析民航值机处应如何面对旅客服务。
4. 试分析民航服务中旅客的一般需要具体有哪些。

第五章 动机与民航服务

课程目标

- 了解动机的概念、构成因素、分类及动机强度与活动效率的强度；
- 掌握民航服务动机的概念、作用、类型及影响民航服务动机的因素；
- 能运用相关知识培养和激发民航服务人员的动机。

引言

对于人的动机的存在与否和如何变化，我们无法直接加以观察，但是个人行为的变化却是可以直接加以观察的。为了解释人的行为上的变化与差异，心理学家会就人产生行为及导致其变化的有关心理和生理因素加以推理，这就是我们所要讨论的动机。了解动机的相关知识，对于提高民航服务人员的素质、提高其服务水平有着重要的意义。

民航案例

深圳航空地服行李室 点滴之间彰显团队协作

在深圳航空有限责任公司地面服务部有这样一支队伍，了解他们的人都说这是一个像样的团队。春运对于提着沉甸甸的行李踏上返乡之行的旅客来说，民航就是一种希望的寄托，而他们更清楚身为民航人身上肩负的使命和责任。一切的工作准备和努力只为了让他们手中的旅客行李顺利得到保障，这就是行李服务室的分拣团队传承下来的最朴实的春运愿景。春运之前虽然他们做了很多心理准备，但行李量翻倍地增长还是让他们的血肉之躯满身疲惫。在这个团队当中，还有一个岗位，他们每天都要坚守到最后一个航班落地，负责旅客行李的卸机工作。当每天最后一件行李交付到旅客手中的时候，他们的工作依然没有结束，还需要将第二天所需的行李装卸卡一个一个摆到指定的位置。一切只为了能够给第二天上班奋战的兄弟们减少一点压力，让第二天上班的兄弟们留出更多的时间将准备工作做得更充分，让旅客的行李保障更加顺利。他们虽然很累，但是他们辛劳后的笑容是如此灿烂迷人。同事们都为和他们的相遇而庆幸，也为自己有这样的团队而骄傲。

资料来源：http://new.ccaonline.cn/Article/2014-01-27/362250_1.shtml

第一节 ◉ 动机概述

一、动机的概念

人的需要产生以后总希望得到满足，要满足人的需要，就要进行某种行为、活动去获得满足需要的对象。所以，当一个人意识到自己的需要时，就会去寻找满足需要的对象，这时活动的动机便产生了。

动机是激发个体朝着一定目标活动，并维持这种活动的一种内在的心理动力。简单来说，行为活动都有它背后的原因，动机就是行为活动的原因。动机不能进行直接的观察，但可根据个体的外部行为表现加以推断。

二、动机的产生

动机是在需要的基础上产生的。机体内部总要维持平衡的状态，但这种平衡状态经常受到破坏，如人饿了、冷了、累了的时候，就是这种平衡状态受到破坏的时候。当人感到缺乏某种东西的时候，就会引起机体内部的紧张状态，此时就需要以意向、愿望的形式指向某种对象，并激发起人的行为、活动，需要便转化成了人的行为、活动的动机。

由生理需要引起，推动个体为恢复机体内部平衡的唤醒状态叫作内驱力，或叫驱力，这是生理性动机。

动机也可以由外部环境条件引起。 如名誉、地位等社会因素，也可以成为激发个体行为、活动的动机。 能引起有机体的定向活动，并能满足某种需要的外部条件叫作诱因。 在诱因的作用下，即使机体内部并没有失去平衡，也会引起活动的动机。 积极的情绪会推动人去设法获得某个对象，消极的情绪会促使人远离某个对象，所以情绪也具有动机的作用。

三、动机的构成因素

动机的构成因素主要有如下三种：

（一）欲求

欲求和需要在这里是一个可以共用的概念，动机中最主要的因素就是欲求。 它是动机的基础和主要成分，决定着动机的基本指向，它也是决定动机强度的主要因素之一。有了欲求的存在，动机的形成才有了可能和必要，否则是无法形成的，或是形成虚假动机。

（二）目标

目标是动机中地位和作用仅次于欲求的基本因素。 心理学家们常将目标称为“诱因”，可以说是目标因素在动机形成过程中作用的绝妙写照。 有了明确的目标，被欲求所决定的基本指向才会落到实处，而且对目标之意义的深刻理解，也会加速动机的形成，并可以有效地提高动机的强度。 可见，目标决定着动机的选择性和激励性，也是一种不容忽视的因素。

（三）无意识成分

动机中含有一定量的无意识成分，这是一个不能否认的现实。 特别是人们在某些特殊时间、地点和条件下所做的看似无目的的事情，常常是这种无意识或下意识的因素所导致的。 比如人们的紧急避险行为，在重大打击面前或过度思虑时的茫然无措现象等，都不是在明确意识到需要的情况下产生的。 当然，我们还不能就此推翻“动机是被意识到的需要”这一结论。 因为，这里所说的无意识行动，是在有意识活动的总过程中，时隐时现，出现沉浮的，它不仅要受意识活动的调整和制约，而且起作用的时间较短、程度很低，所以根本无法同有意识活动在动机形成发展过程中所起的作用相比。

四、动机的分类

（一）生理性动机和社会性动机

由有机体的生理需要产生的动机叫作生理性动机，这种动机又叫驱力或内驱力，如吃饭、穿衣、休息、性欲等动机。

以人类的社会文化需要为基础而产生的动机属于社会性动机，如交往的需要产生交往动机，成就的需要产生成就动机，权利的需要产生权利动机等。

兴趣、爱好等都是人的社会性动机。兴趣是人认识某种事物或从事某种活动的心理倾向，它是以认识和探索外界事物的需要为基础的，是推动人认识事物、探索真理的重要动机。兴趣有直接的，也有间接的。获得知识的兴趣是直接的，为了获得知识而学外语的兴趣则是间接的。兴趣有个体在生活中长期形成的，也有在一定的情景下由某一事物偶然激发出来的。

要注意培养良好的兴趣品质。兴趣的品质有以下四种：

(1)兴趣的倾向性，即对什么感兴趣。是贪图物质享受，还是追求精神上的满足；是喜欢对文学作品的欣赏，还是热衷于科学技术的发明创造。

(2)兴趣的广阔性，即有多少种兴趣。有对所从事工作的兴趣，也有业余的兴趣；有人退休之后没有可以从事的活动，感到寂寞，往往就是因为原来的兴趣太狭窄，离开了原来的工作岗位就没有什么可干的事情了。如果年轻时有广泛的兴趣，退休之后的生活也会是丰富多彩的。

(3)兴趣的持久性，即兴趣的稳定程度。足球世界杯赛期间对足球感兴趣，场场必看，过了赛期，平时一场足球赛也不看，观看足球比赛的兴趣只是一时的，不是持久的。对科学知识的兴趣只有稳定、持久，才能不断积累知识，才能在科学的征途上有所建树，三分钟的热度是难以获得成就的，特别是那些需要长期积累知识、积累生活阅历的领域，想一蹴而就获得成就，那只是不切实际的幻想。

(4)兴趣的效能，即兴趣能不能产生推动人活动的力量。如果仅仅是欣赏的兴趣，观看演出就是一种享受，看完演出并没有促进生活的热情，也没有产生推动工作积极性的效果，这些兴趣都是缺乏效能的。

兴趣包括人的爱好，但当人的兴趣不只是指向对某种对象的认识，而是指向某种活动的时候，人的兴趣便成为人的爱好了。兴趣和爱好都与人的积极情感相联系，培养良好的兴趣和爱好是推动人努力学习、积极工作的有效途径。一个人应该具有良好的兴趣和爱好，使自己具有多样、持久、能够推动自己努力向上的兴趣和爱好，永葆青春的活力，乐观幸福的情绪，让精神更加饱满，让生活更加丰富多彩。

（二）有意识动机和无意识动机

能意识到自己行为活动的动机，即能意识到自己活动目的的动机叫作有意识动机；没有意识到或没有清楚地意识到活动目的的动机叫作无意识动机。

无意识动机在自我意识没有发展起来的婴幼儿身上存在着，在成人身上也存在着，如定式的作用是人们往往意识不到的。

定式对人的知觉、记忆、思维、行为和态度都会起到重要的作用。例如，“13”放在阿拉伯数字中间，会把它读为数字 13；如果把它放在英文字母中间，会把它读为英文字母 B（如图 5-1 所示），这就是一种知觉的定式作用。你认为某个学生好，评分时不自觉地给他的分数高一些，你认为某个学生差，评分时不自觉地给他的分数低一些，这就是一种思维定式的作用。定式既可以由人的知识和经验引起，也可以由刚刚发生的事情引起。例如，把 13 看成数字还是字母，这是受刚刚发生的事情的影响，评分时给印象好的学生分数多一点，给印象差的学生分数少一点，这是在较长的生活中形成的经验，它们都是形成定式的原因。

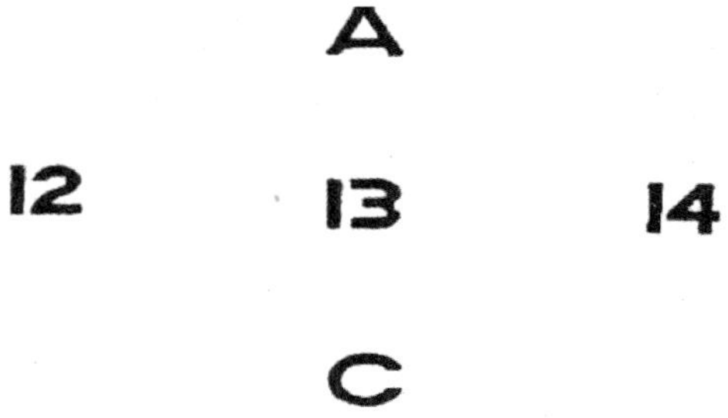

图 5-1　定式的作用

（三）内在动机和外在动机

由个体内在需要引起的动机叫作内在动机，在外部环境影响下产生的动机叫作外在动机。由于认识到学习的重要意义而努力学习的动机是内在动机；为获得奖励而学习的动机是外在动机。

内在动机和外在动机在推动个体行为、活动中都会发挥作用。但是，外在动机只有在不损害内在动机的情况下才是积极的。如果外在动机的作用大于内在动机的作用，个体的行为、活动主要靠外部奖励的推动，那么此后，当个体对外部奖励的水平不满的时候，他的行为、活动的积极性就会大大降低，结果毁掉的是个体活动的内在动机。

五、动机强度与活动效率的关系

动机引发与维持活动，对提高活动效率有重要的意义，但动机强度与活动效率之间并不是线性关系。一般说来，动机强度与活动效率之间的关系大致呈“倒 U”形曲线，即中等强度的动机，活动效率最高。动机强度过低或过高，均会导致活动效率下降。

根据研究，每种活动都存在最佳的动机水平，这种最佳水平随活动的性质不同而有所不同，并且具有明显的个体差异。在比较简单的任务中，活动效率随动机的提高而上升；随着任务难度的增加，最佳动机水平有逐渐下降的趋势。

第二节 ◉ 民航服务动机的概念、作用及类型

民航案例

京沪线“空中巴士”计划

新的夏秋季航班时刻执行以来，经常乘飞机跑生意的旅客欣喜地发现，如今上海到北京的航班变得非常密集，无论何时到机场，都有飞机等着你，基本可以做到随到随走，十分方便。京沪线航班“空中巴士”的美誉，可谓名副其实。

东方航空公司实施了雄心勃勃的“正点起飞”计划，每天从早到晚，仅从虹桥机场发往北京的就有 10 个航班，起飞时间尽量向正点靠拢。加上国际航空公司上海航空公司等飞行的京沪航班，目前每天单向从上海飞北京的航班就达 30 多班，平均每隔半小时就有一个航班起飞。上航还在北京停放一架飞机过夜，以便次日直接从北京始发，大大方便了那些赶时间的商务旅客。商场如战场，有如此密集的航班作为保障，稍纵即逝的商机更易把握了。

假如要评选一条最热门的国内空中航线，京沪线将实至名归。这条线常年保持“高烧不退”，客座率稳居 70%以上。每逢长假和商务旺季，京沪线机票更加紧俏。这条航线上商务旅客的比例高达 76%，机票含金量很高，打折机票很少，是各航空公司收益较好的航线之一。商务旅客的特点是追求缩短时间与提高效率，相比之下票价倒在其次。

为满足商务旅客的需求，各航空公司动足了脑筋。商务旅客大多无托运行李，只携带公文包。东航特意开辟了专用值机柜台、候机区与登记通道，简化乘机手续，保证他们短短 20 分钟踏上飞机。商战瞬息万变，商务旅客抬腿就要走，不可能每次都提前购票。航空公司便提供电话订票、网上订票服务，旅客赶到机场，只要报个编号便行。东航还在京沪线上推出“电子客票”，让旅客持信用卡实现无票旅行。上航在清晨航班的商务班增加了早茶、稀饭，使服务更贴心。

谈到为何在京沪线上实施“空中巴士”计划，东航负责人的回答颇具代表性。如今铁路、公路的竞争咄咄逼人，京沪高速公路推出了直通巴士，京沪高速铁路也兴建在即。航空只有充分发挥快速优势，才能立于不败之地，以更优越的“服务价格比”获得旅客青睐。旅客们希望，类似京沪线的“空中巴士”能在越来越多的航线上铺开。

资料来源:(陈祝平,《服务营销管理》第 247 页，电子工业出版社，2002 年 11 月)

一、服务动机的概念

在服务过程中，涉及两方面的人员：一是提供服务的民航服务人员，二是接受服务的旅客。两方都存在相似或不同的动机。根据心理学的动机定义，我们可以对服务动机做这样的界定：服务动机是直接推动人们（服务人员和旅客）提供或接受服务的内部动因或者动力。服务动机对民航服务人员的服务工作以及旅客的心理需要等，都具有重大的影响。掌握服务人员的动机，可以加强对他们的指导和管理，更好地开展工作；把握旅客的各种动机，可以有针对性地为他们提供相应的服务，有益于与旅客的沟通，进而提高服务质量和水平。

二、服务动机的作用

通过对动机概念及常见类型的了解，可以归纳出服务动机的作用，主要有如下几个方面：

（一）激活功能

社会动机激发个体产生社会行为，使个体处于活动的状态，是行为的启动因素。

（二）指向功能

个体的社会行为总是指向一定的目标，社会动机使社会行为具有明确的指向性和目的性。

（三）维持与调节功能

个体的社会行为在达到目标前，社会动机起维持作用。如果行为受阻，但只要动机仍然存在，行为就不会完全停止，它会以别的形式继续存在，比如由外显行为改为比较隐蔽的行为，这是动机的调节作用。

三、服务动机的类型

民航服务人员和旅客是民航服务的不可缺少的两个有机体，他们各自都存在着不同的动机。服务动机的类型包括：

（一）亲合动机

亲合是个体害怕孤独，希望与他人在一起，建立协作友好联系的一种心理倾向。亲合即合群，是人际吸引的较低层次。亲合需要引起亲合动机，而亲合动机则导致亲合行为。

亲合起源于依恋。人是社会性的动物，合群在个体生命早期的表现是亲子间的依恋，即婴儿对双亲的出现有积极的反应，愿意和父母在一起的现象。婴儿惊恐不安时，会寻找父母，如果双亲在场，这种不安的状态就会缓解。

依恋的产生有先天因素的影响。例如婴儿的哭和笑都是不经学习就会的本能行为,哭和笑有助于依恋的形成。同时,父母的出现使婴儿微笑,停止哭泣,这本身是一种强化。没有这种强化,婴儿难以对父母形成强烈的依恋。因此,可以说某些先天行为模式是依恋的基础,通过亲子间的相互强化,这些模式得以发挥作用。

民航服务人员的亲合动机是通过与旅客建立联系,满足某些社会性需要,比如交往与尊重的需要、爱的需要等;民航服务人员可以通过与旅客建立联系获得更多信息来源,获得对其生存与发展有意义的信息;同时,通过与旅客建立良好服务关系减轻心理压力。

(二)求知动机

求知动机是指民航服务人员为了得到更多的知识而引发的动机。学校教育固然是获取知识的主要渠道,但通过具体实践获得的知识,则更生动、鲜活、宝贵,更具有现实指导意义。民航服务人员在工作中,能够接触形形色色的人,接触不同国家、种族的文化,能够遇到许多意想不到的事情。这不仅能够巩固和印证原先从书本上学到的知识,而且能够开阔视野、增长见识,不断弥补原有知识的不足,不断获取新的知识和信息。

(三)助人动机

助人动机是指民航服务人员为了给旅客提供帮助和服务而引发的动机。给别人带来快乐,为别人提供帮助,这会给提供帮助的人带来心理上的满足,具有一定的成就感,即俗话说的"予比得更快乐"。民航服务这一特殊工作为服务人员提供了一个展现自我的舞台。通过为旅客服务,在满足旅客需要的同时,服务人员自身也会感到很愉快、轻松;通过为旅客提供帮助,在一定程度上体现了自身的价值,满足了自我需要。基于此,服务人员才会积极努力地投入服务工作。

(四)成就动机

成就动机是指民航服务人员为了通过一定的努力获得荣誉而引发的动机。在正常情况下,人们都不会将自己的知识、经验或技能掩藏起来,去看着别人为此而失败、痛苦,而是用这些知识、经验或技能去帮助别人克服困难,拯救他人于困难之中,从而显示自己存在的价值,在他人的感激、赞赏、佩服的情感中获得受人尊重的满足感。民航服务人员也是如此,通过为旅客服务,帮助旅客解决疑难问题,而显示出自身的专业知识和技能。这对于他们来讲是一种荣誉和肯定,并使自己不断增长自信。

心理文库

麦克利兰的成就动机理论

美国哈佛大学心理学家麦克利兰(D. C. McClelland)是社会动机研究领域的著名学者。 他从二十世纪四五十年代开始对人的需要和动机进行研究,并提出了著名的成就动机理论。

麦克利兰认为，具有高成就需要的人渴望将事情做得更快、更好，从而获得成功，追求在争取成功的过程中克服困难、解决难题、努力奋斗的乐趣，更大成功之后的个人的成就感。他们并不看重成功所带来的物质奖励。个体的成就动机与其所处的经济、文化、社会等因素有关。麦克利兰发现高成就动机的个体的特点是他们寻求能发挥其独立处理问题能力的工作环境；他们希望及时得到有关工作绩效的信息反馈，从而了解自己是否有所进步，不太在乎别人对他们的态度；他们喜欢设立具有适度挑战性的目标，不喜欢凭运气获得的成功。高成就动机者事业心强，有进取心，敢冒一定的风险，比较实际，大多是进取的现实主义者。

高成就动机的个体对于自己感到成败机会差不多相等的工作，表现得最为出色。他们不喜欢成功的可能性非常低的工作，因为这种工作具有偶然性，无法满足他们的成就需要；他们也不喜欢成功的可能性很高的工作，因为这种轻而易举的成功对于他们不具有挑战性。他们喜欢设定通过自身的努力才能达到的奋斗目标，因为成败的可能性均等时，才能从自身的奋斗中体验成功的喜悦与满足。

麦克利兰还认为，个体的高成就动机可以通过教育和训练来培养。

第三节 ◉ 民航服务动机的影响因素

民航案例

资深空姐眼中的民航变迁

从广播中传来机长的声音："请大家注意，空闲的同志请到客舱协助乘务组打扫卫生。"于是客舱里出现了这样的一幕：一群忙碌的身影中，有来自机组不同岗位的成员。当我们坐上机组车驶向休息的旅馆时，一天的疲劳此时已化作轻松和愉快，一丝甜蜜的滋味从我们心底涌出。专机组是航空公司中最小的生产组织，组员来自不同的生产部门。成员之间有些早已熟悉，有些是初次配合。无论是几天的任务还是更长时间的飞行，这个团队从组合起来的那一天起，就注定了他们各自的角色和共同肩负的使命。在这个团队中，每个人都有自己的专长和分工，但每个人也都清楚，形成合力时有时需要转变角色。我对航空公司运作概念的形成是来自对基层组织成员中不同角色的理解。在通常情况下，每一个角色只关心自己的工作，往往会忽略其他角色释放出来的需求信息。比如乘务员在客舱工作时，关心的是旅客的需求和服务的程序，有时会忘记此时机组可能正需要添加茶水。

人与人之间的误会，有时来自相互之间的不了解和不理解。专机组生活让我有机会近距离地接触公司不同部门的基层岗位。在了解他们岗位职责的同时，我也了解了他们鲜为人知的职业艰辛。这些由不同岗位组合而成的机组，像一架大型飞机中不同的零部件，各自独立又相互关联并共同运转。从表面上看，社会进步，人变得越来越独立，每个人似乎都可以做到不借助别人的力量也能生存和发展。但深入思考后我们就会发现，其实社会的进步所形成的服务圈，让每个独立的人都成为服务的提供者和接受者，每个人都在社会这一大型的机器中寻找自己的位置，相互依存又共同发展。

当我们拉着行李再次登上飞机，准备下一航程的飞行时，我们的随机机务和有些机组成员已经早早开始了工作。看到他们熬红的双眼就知道他们彻夜未眠，甚至连饭都来不及吃一口。我们匆忙放下手中的行李，给他们泡上一碗方便面，递上一杯八宝粥，一声问候，一声感谢，道出了我们整个团队的心声。无论我们飞向哪里，无论我们岗位之间有多远的距离，我们的心都是相通的，因为我们是一个团队。

资料来源：(《中国民航报》，第 4 版，2012 年 8 月 22 日。)

对于民航服务人员来讲，良好的动机对其工作有着重要的影响。分析影响其服务动机的重要因素，有益于提高其服务水平。

一、内在原因

内在原因主要有如下几方面：

（一）需要

需要是动机产生的前提和基础，是最主要的内因，离开人们某方面的需要，很难产生某方面的动机。对民航服务人员来说，正是工作职责的需要、自我实现的需要、尊重的需要、交往的需要等诸多精神方面的需要，促使他们产生努力为旅客服务的动机，并在具体的服务工作中体现出来。对于民航工作人员来说，对工作有满意感、快乐感、公平感等极为重要。这些感觉建立的最重要的基础是制度保障。

（二）兴趣与爱好

所谓兴趣与爱好，综合地说，就是指人们力求认识某种事物和喜欢某种活动的倾向。兴趣是最好的老师，兴趣和爱好对服务动机的形成和发展具有重要意义。个人如果对某人感兴趣，便会产生交往动机，并积极展开交往活动。一个人如果对学习感兴趣，便会产生学习动机，努力探求和获取知识。同样，民航服务人员对本职工作感兴趣，便会逐渐喜欢上本职工作，产生为旅客好好服务的服务动机。这样的人在工作中，会很热爱服务工作，会把为别人服务当作一件乐事来做，会与旅客进行真诚的沟通，为旅客解决各种困难和难题，他（或她）的服务质量一定会很高。

（三）价值观

价值观在这里指的是，人们对待他人或客观事物的是非美丑的评价和态度。价值观在决定服务动机方面的作用是举足轻重的。这是因为需要是动机产生和发展的基础，而价值观一经产生，往往会决定大部分需要的产生和发展。民航服务人员要树立高尚、正确的价值观，把服务工作看成一件为别人提供帮助、给别人带来方便和快乐的事情。不认为服务工作是伺候人、低人一等，不能看低自己和工作。

（四）抱负和志向

个人是否有理想、有抱负、志向远大，往往决定了他的动机水平。如果说兴趣爱好等主要决定着服务动机的方向，而其志向、抱负水平则决定着服务动机的强度和程度。一般来说，志向、抱负水平越高，服务动机越高，服务水平也越高。民航服务人员如果具有较高的抱负水平，他们就可以放下架子，牺牲自我，把旅客的需要和利益放在第一位。相反，如果一个服务人员胸无大志、目光短浅，凡事以蝇头小利为重，那么他（或她）为旅客服务时，必定缺乏真诚、耐心，更谈不上服务质量了。

（五）责任感和义务感

这是指完成了外在规范内化过程的一种自觉性。这种自觉性常常会促成某些动机的形成，特别是促成具有奉献爱心色彩的服务动机的形成。对于民航服务人员来讲，具有高度的责任感和义务感是他们必须具备的品质。有了较高的责任感和义务感，他们会严把服务质量关，会高度重视旅客的安全等各种需要，会具有无私的奉献精神。

二、外在压力

（一）组织上领导的命令、表扬、批评、惩罚等

执行上级命令是组织原则，不论愿意与否，都必须去做。上级的表扬，无疑是一种鞭策，驱使人们继续前进;组织上的批评也是一种鞭策，只是其中还告诫人们，要对所追求的目标和工作方式等方面进行必要的调整。惩罚则是一种直接的压力、警告，避免工作中再出现类似的失误，对其有一定的警示作用。

（二）亲人的期望

亲人的期望，特别是父母的期望对人们具有很大的压力。民航服务人员都是在父母的关怀下、家庭的温暖中长大的。他们在求学过程中，父母在物质上和精神上付出了很大的代价。他们对子女有着较高的期望，希望子女在工作中顺利并取得一定的成绩。所以，民航服务工作者如果工作失误，他们对父母、亲友会感到深深的内疚、惭愧，这些因素都会促使他们努力工作。

（三）舆论的压力

舆论虽然不一定正确，但舆论肯定会形成一股力量，给人们带来很大的心理压力，无形中制约着服务人员的动机。能不能在民航系统中立足？能不能得到升迁和发展？是民航人被评价的主要内容，同时民航服务工作接触面很广，他们的一言一行不仅代表着

个人形象，而且代表着公司、代表着国家，一旦出现失误，将会给个人、公司，甚至国家的利益造成损失，他们会遭受一定的舆论压力。

三、目标吸引力

在服务动机的形成和发展中，目标是重要的影响因素。它主要是通过以下两方面体现出来的：

（一）物质性目标吸引力

据资料显示，在所有的服务工作中，空乘的薪金是最高的，一般民航服务人员的薪金也很高。而且，作为技术含量高的朝阳行业，工作人员的升迁概率和升迁速度也比其他行业有优势。各种优厚待遇无需多言，这点也是吸引人们从事这项工作的因素之一。追求一定的物质利益，也是人们的一种基本需要。不过，民航服务人员不能仅仅以追求这种目标为唯一动力，更重要的还是精神上的追求与满足。

（二）精神性目标吸引力

这主要是指通过服务工作所能得到的精神性目标所具有的吸引力。这种精神性目标包括乐趣、知识、荣誉、尊重、自信、成就感等。民航服务工作，特别是空乘的工作，是很多年轻人追求和向往的职业。从事这种工作会使他们在精神上感到极大的满足和自信。但是，民航服务人员获得较高的物质目标和精神目标的同时，达到这些目标的工作要求也逐步提高，特别是旅客的服务目标要求不断地在提高，根据分析，现在的乘机旅客除了传统的要求航班准时、舒适、安全之外，还有更新、更多、更高的要求，如空中通信要求、空中餐食要求、24 小时订票要求、地面交通租车要求等。在新环境下，民航运输企业应注意满足旅客、货主的个性消费需求。同时，从市场营销角度来讲，民航服务企业也要从创品牌、扩大服务功能、再塑新形象等方面调整航空产品策略。

在航空运输市场上，顾客面对众多的航空公司、航班、时刻、机型、票价、服务等，选择面越来越大，特别是在民航供大于求的市场中，旅客、货主选择航班、航线主要是选品牌，重视服务甚至大于重视功能。服务功能的扩大，是把旅客有价值的额外服务功能与所提供的运输功能结合起来，以此区别于竞争对手，增强自身的竞争力。

值得注意的是，我们在对这两种目标吸引力进行分析的时候，不能人为地将物质目标和精神目标对服务动机的吸引力割裂开来。纯物质或纯精神的东西是不存在的，两种目标吸引力往往是结合在一起的。

通过以上的分析可见，在服务动机的形成和发展过程中，内部动因起主要和决定作用，外界压力起鞭策作用，目标吸引力起激励作用。这三种作用在实际起作用过程中，相互制约、相互联系、不可分割，不能片面地强调其中的某一方面。

第四节 ◉ 民航服务动机的激发与培养

心理文库

“共命”鸟的故事

从前，在某个国家的森林里，喂养着一只两头鸟，名叫“共命”。这鸟的两个头“相依为命”。遇事两个“头”向来都会讨论一番，才会采取一致的行动，比如到哪里去找食物、在哪儿筑巢栖息等。

有一天，一个“头”不知为何对另一个“头”发生了很大误会，造成谁也不理谁的仇视局面。其中有一个“头”想尽办法和好，希望还和从前一样快乐地相处。另一个“头”则对它不理不睬，根本没有要和好的意思。如今，这两个“头”为了食物开始争执，那善良的“头”建议多吃健康的食物以增进体力；但另一个“头”则坚持吃“毒草”，以便毒死对方才可消除心中的怒气。和谈无法继续，于是各吃各的。最后，那只两头鸟终因吃了过多的有毒食物而死去了。

启示:在一个公司内，每个组织之间的关系就好像是个大家庭，成员中的兄弟姐妹应该和和气气，团结一致。若发生什么不愉快的事，大家应开诚布公地解决，不应将他人视为“敌人”，想尽办法敌视他。因为大家都在同一间公司内服务，一旦某个组织溃不成军时，其他组织也将深受其害。亲密是介于组织、主管和员工之间的一条看不见的线。有了亲密感，才会有信任、牺牲和忠贞。

如果说我们前面分析的主要是对服务动机的认知，现在要分析的则是对服务动机发生发展过程中的实际控制和掌握。当然，这些控制和掌握是有限度的，限于主观能动作用的范围之内。

一、内在因素的激发与培养

（一）兴趣的激发与培养

1. 从兴趣的持久性看

在这方面，由生理性需要引起的兴趣和由心理性需要引起的兴趣各有不同的特点。其中由生理性需要引起的兴趣多为暂时性的，一旦获得满足，一个兴趣过程就结束了。但是，由于很多生理性需要是周期性的，因而，由它引起的兴趣也呈周期性发展态势，如对食物的兴趣等。而由心理性需要引起的兴趣则不同，它不但不会随暂时的满足而消失，而且相反，这类需要的满足常常会引发更强烈、更浓厚、更持久的兴趣，如人们对尊重的追求、对自我价值实现的追求等。因此，在我们激发和培养民航服务人员的兴趣时，应有意识地将其建立在人们心理需要之上，如实在不行，也应努力使之与人们的心理需要如关心职工、提高待遇、培训等挂钩，以增加兴趣的持久性和连续反应能力。

2. 从兴趣的范围看

有的人兴趣单一，将自己沉溺于一种事物或活动中，范围很窄；有的人则不同，他们兴趣广泛，对许多事物都有去认知、去熟悉的渴望，在这种渴望的推动下，就会拓展他（或她）的学习范围。所以，兴趣广泛者的思维较活跃，容易从理论上形成对民航服务正确而深刻的认识，并努力将理论付诸实践；反观兴趣范围窄的人，思维狭窄，生活单调，情绪不高，久而久之，便可能对民航服务产生厌烦和抵触心理，将自己封闭起来。

3. 从兴趣的实效性看

人们对某人或某事物感兴趣，并不一定会直接形成动机，付诸行动，有些人只是叶公好龙，想想而已，不但没有积极的行动，连进一步深入研究该事物的发展变化规律也不用心，这样的兴趣便不会有什么实效。

而有些人一旦对什么人或事物产生兴趣，便会积极地去研究，力争掌握其发展变化规律，并随之采取积极的行动，即便在追求过程中出现意想不到的困难，他们也会尽力克服，力争达到理想的目标。这样的兴趣一旦得以激发，往往可以成为民航服务工作的强大动力，并因其积极热情，很容易使其工作步入良性循环的轨道。

4. 从兴趣的内容看

兴趣的内容有高尚健康的，也有低级庸俗的，这就是说，我们不能只简单地激发培养兴趣，而应当是激发培养人们健康高尚的兴趣，而对那些低级庸俗的兴趣，非但不能培养，还应努力制止、抛弃，否则由低级庸俗兴趣激发的工作动机所演化的行为，只能使人共同退步。

5. 从兴趣的个性特点看

人们的需要各有不同，一个人的需要也会因时间、地点、条件的不同而各异，这就使与之关系密切的动机也必然是因人、因条件不同而各有千秋。因此，我们若想有效地激发、培养人们的兴趣，就不能用千篇一律的方法，必须根据对象、条件的不同而具体情况具体分析，以具体适当的方法处之，才能达到目的。

（二）求知欲的激发与培养

求知开始于客观需要与主观好奇心的结合，越发展越具有习惯性，并向具有强烈情绪色彩的主观需要靠拢。因而，求知欲望常常是动机中最现实、最活跃的因素之一，当然也是民航服务工作的一大动力。

1. 要努力保护和发展好奇心

好奇心虽不能说是与生俱来的，但在多种社会环境中的人都具有好奇心。不过，好奇心还不能完全与求知欲画等号，除了一些好奇心极重或性格倔强者之外，人们好奇心的驱动力一般止于事物表面，即一旦探明该事物的外部形式和现象，好奇心就会得到满足。而求知欲则不同，它不仅要知事物外在形式和现象，还要知事物的内在规律和独特逻辑体系，要不断探索新东西。正是求知欲的这种深入性和不饱和性，构成了民航服务动机产生和发展不间断的动力。这就告诉我们，培养和保护好奇心是第一步，促使好奇心向求知欲发展是第二步，只有使这两步都走通，才会形成民航服务工作动机，我们必须注意这点。

2. 要善于质疑

宋代理学家朱熹曾告知其弟子:“学贵有疑，小疑则小进，大疑则大进。”英国大数学家、哲学家笛卡儿的学说就是开始于“怀疑一切”。现代教育家陶行知先生说:“发明千千万，起始在一问。”可见，古今中外的大学问家对“疑”与动机、学之间的关系，都有深刻的理解。那么，疑问为什么对人们动机的产生和发展有如此重要的意义呢？这是因为，只要起了疑心，便证明该人对某方面知识或情况缺乏了解，而缺乏会形成需要，需要会转化为动机。同时，既敢疑，就表示对某个“权威”或某个“定论”信念的动摇，这就搬开了形成求知欲的“绊脚石”，使人们毫无顾虑地去重新发现、重新认识，以求得新“知”。这说明，要想更好地激发人们的求知动机，就必须人为的造成一种让人不安的状态来激发他的求知动力。那么，怎样才能有效地激发出人们心中之“疑”呢？

3. 要敢于和善于提出问题

在有些情况下，人们为了保持心理学平衡和环境的安宁，往往不愿或不敢提出问题。这就需要帮助他们打消顾虑，首先让他们了解平衡只能是“动态平衡”，不变的平衡是难以维系的。然后，以相对尖锐的问题刺激之，使其原有的心理平衡被打破，不得不面对现实去求新知，以建立新的平衡机制。

4. 要善于营造问题氛围

营造问题氛围是指善于发现人或事物的矛盾所在，并以适当的方式揭示出来，从而使人们在特定的情境中，自觉或不自觉地感受到问题的威胁，激发出探明查清的动机。

阅读材料

把遗憾留给自己，把美好留给客人

成都双流机场贵宾服务部自组建以来，秉承“超前、个性、细微、充满灵性”的服务理念，用心与爱为来到这里的旅客搭建一方温馨天地，她们被旅客亲切地称作“贵花”（贵宾部之花），巧合“桂花”之意，这里的“桂花”四季飘香，为旅客的心注入了丝丝甜意。

5 月底的一天，一早就下着大雨，分队长赵静在贵宾中心待命，看见门口停了一辆救护车，车上是一位外国籍的中年男子。她随即了解到这位先生患有脑偏瘫，正在做恢复治疗，要在双流机场转机。当看见他行动不便，外面又在下雨时，赵静立即和同事吴亚妮推来轮椅，考虑坐在轮椅上脚也容易被淋湿，赵静马上拿来鞋套为外国友人将鞋子套上，并和同事们一起撑着伞将客人送上飞机，为他安顿好行李后才放心离去，而做完这些的时候，姑娘们早已浑身湿透。但是对于她们来说能得到旅客的一声感谢就是对自己工作的最大支持。“把遗憾留给自己，把美好留给客人”是双流机场管理中心贵宾服务部的服务人员时刻挂在嘴边的一句话，她们也正用自己的言行与微笑实现着承诺:为旅客想得多一些，更多一些，把自己的工作做得细一些，更细一些。

二、适当的外在压力

外在压力对服务动机的形成和发展也有重要作用，但要更好地发挥外在压力的作用，却不能采用激励的办法，而应更加注重“适当”二字。这不仅是形成动机本身的需要，也是后续行为等方面都必需的。具体说，这种“适当”包括以下几个方面：

（一）外在压力要适度

心理学家伯奈曾做过一个关于“不同饥饿状态下黑猩猩取食物”的实验。他在黑猩猩的笼子里放一根棍，然后在笼子外面挂好食物，笼中的猩猩可以用棍棒获取食物。他将饿了2小时、6小时、12小时、24小时、36小时、48小时的猩猩分别放入笼中，结果发现，饥饿时间很短和饥饿时间过长的猩猩都无法顺利获取食物。前者取物动机较低，很容易被无关的刺激所干扰，而无法有效地完成取物活动;后者则因取物动机过强，往往只专注于食物却忽视了棍棒，无以凭借，当然也难以完成取物活动。只有那些饥饿时间中等的猩猩，表现得既专注，又灵活，因而取物效率最高。

当然，我们不能将人与猩猩等量齐观，但通过对人的神经活动规律分析，我们完全可以借鉴这一实验成果。这说明，外在压力必须适度，才会成为服务动机产生和发展的有效促进因素，过弱固然不会起作用，但过强很可能会起反作用，用时当慎之。

（二）外在压力要因人、因条件制宜

上面讲的外在压力过弱不行，过强不好，一定要适度，是我们激发服务动机时使用压力手段的一个原则。但是，具体执行起来，这一原则必须与每个人的具体情况相结合。这是因为，在这种激励过程中，不可能有一个统一适用的标准。这就要求我们在具体实施民航服务动机的激励过程中，必须将实施对象的性格、职业特点、情绪状态等摸清楚，针对这些制定出适度的压力标准，方可获得预想的结果。

我们可以“亲合动机”为例来说明这一问题。我们所说的亲合动机不仅是希望同他人建立相对友好的关系，而且特指一个人处于恐惧不安状态时，希望同处境、同地位和同等能力水平的人与之取得以友好协作为特征的人际联系。这说明，没有适度的外在压力，很难产生强烈的亲合动机。具体来说，人们处于恐惧不安状态时，急于对自己做出评价，因为这时的自我评价是人们选择下一步行为的前提，但这时要准确评价自己最难，

恐惧不安常常会使人方寸大乱。即使有了正确评价，自己也不敢确认。而这时候，如果有一位与自己能力地位相当的人在身旁，或是提出对自己比较恰当的评价，或选择了与自己想法相近的行为，都无疑会帮助自己增强自信心，果断选择适当行为。事实上，只有地位能力相同或相似的人，才容易有同样的体会，容易相互理解和信任，提出恰如其分的评价和好的建议，并且双方相互支持，相互依托。

民航案例

让旅客变“喜羊羊”的南航新疆高端经理张鸾

在南航新疆地服高端客服经理岗位上工作已有六年的张鸾，只要她值班，座席上就不会如平日般喧闹，旅客在她面前好像都变成了乖乖的“喜羊羊”。“投诉大王”李先生是一位体质极其特殊的老年旅客，对豆类、羊肉等很多常见食物过敏。休息室未提供适用其体质的专用食品，引起了李先生的不满，经常就此事通过各种渠道投诉，很多工作人员见到他都特别伤神。张鸾却说：“我有个好朋友也爱过敏，每次出门都特让人担心，生怕吃坏了、饿着了，所以我理解李先生，他为了一次旅行或出差，或许用了一个月来计划，一周来准备，一切妥妥地来到候机楼，却饿了肚子，心里肯定不舒服。”一天，李先生又来到了休息室，适合他的食物不多，他不耐烦地冲工作人员发火，张鸾闻讯赶来，连声说对不起，还告诉李先生：“您有什么不满意就都告诉我吧。”李先生滔滔不绝地说了半个小时，张鸾看他情绪渐渐平复了，就适时地向他做了解释并保证李先生下次出行，只要给她打电话，她一定提前帮忙准备适合他的餐食。张鸾和李先生聊起了家常，了解到李先生自己开公司，经常出差。她就建议李先生注意累积里程换免费机票，还告诉他怎么才能累积得更多更快，什么长航段累积里程、短里程累积航段等小招如数家珍地一股脑倒给了李先生，李先生最后终于喜洋洋地对张鸾说：“你可以出本小窍门的书了，写好了，我给你出钱印。”第二天一早，下了夜班的张鸾还在休息，就接到了李先生的电话，说他不懂怎么用里程换机票，请求帮忙。张鸾在电脑上啪啪一阵操作，就为李先生换了好几张免费机票。从此之后李先生每次出行前都先给张鸾打电话。掌握了李先生的出行动态，高端服务人员也就能提前做准备了，现在李先生出行必坐南航飞机，他也成了南航的“活广告”，鼓动亲戚朋友全都乘坐南航飞机，还规定公司员工也首选南航，目前，他的员工已有好几人“飞”成了南航金卡会员、十几人“飞”成了银卡会员。

资料来源：http://www.ccaonline.cn/news/hqtx/140349.html

三、目标激励的原则

（一）目标宜远大

我们在生活中，常听人们相互鼓励，“志当存高远”，这对人有什么好处呢？

首先，凡是远大的目标，一旦实现后，必然较之近期目标更美妙，收获更大。因而，远大目标吸引力也相对较大，尽管要实现远大目标困难也会较多，然而一旦确立了目标便会产生克服困难的勇气和动力。

其次，远大的志向常常与国家、民族利益紧密相连。如果人们能够树立远大目标和理想，不仅可以促进民航服务动机的形成，而且可以促进社会性动机的发展，不仅对本人发展有益，对旅客也有很大的益处。

（二）目标要切实

这是一个与上面紧密相连的问题。从客观而言，远或大的目标都不能违背事物发展的固有规律；从主观来看，虽可考虑个人的潜在能力和主观能动性的发挥，但也不可离之太远，大到脱离个人实际。我们所说的远大目标是指在符合客观规律的基础上，结合本人实际，考虑个人潜能的发挥和主观努力程度，所制订出的高于现实，但又清晰可见的目标，让人觉得通过努力可以看到，从而大大提高人们的自觉投入程度和精力集中程度，不会使人们因觉得目标过大且虚无缥缈，而最终放弃努力。

（三）目标树体系

一般来讲，人们在实现既定目标的过程中，距离目标越近，吸引力就越大，动机也就越强;反之，距离目标越远，吸引力就越小，动机也就越弱，这是心理学上所说的“力距”。要使这种“力距”更好地发挥作用，我们可以建立一个以远大目标为主干的目标树体系，即以远大目标为树顶，在其下面层层设立阶段性目标。这样一来，大目标就层层分解为若干为之服务的小目标。可以通过阶段性目标的实现，经常可以获得胜利的喜悦，享受满足后的欢乐。这就使人们不时追加新的动力，催促人们一步一步奔向目的地。

本章小结

动机、需要、个性差异管理是对民航服务人员进行激励管理的重要方面。动机是指激发、指引、维持个体活动,并朝向某一目标进行的内部动力。动机对民航服务人员具有激活、指向与激励的功能。通过测评,在充分了解民航服务人员气质类型与性格特征的基础之上,掌握动机与行为之间的关系,有助于民航企业对民航服务人员进行有针对性的激励,做到人尽其才、才尽其用,实现对人员更好的管理,最终达到对旅客更好地服务的目的。

重要概念

动机、服务动机、激励、性格管理、能力管理。

思考题

1. 试分析动机与需要的关系。
2. 动机具有哪些功能？有哪些分类？并进行举例。
3. 民航服务人员的工作动机有哪些？试分析其工作动机的影响因素。
4. 试分析可以采取何种方式激励民航服务人员的工作效率与主动性。

第六章 个性与民航服务

课程目标

· 了解个性、性格、气质的含义；

· 掌握个性特征、性格差异、气质差异与能力差异；

· 了解旅客个性，以及针对其个性做好民航服务；

· 能够熟练运用“气质类型调查表”测量气质类型，灵活掌握性格的特征及类型，为旅客服务提供基础保障。

引言

只要有人的地方，就有心理活动，就存在个体差异。人是历史的创造者，具有社会属性。古代猿人制造工具，使用工具进行劳动，有丰富的思维能力，也有判断的能力、创造能力和控制修复能力。现代社会中“天生”一词体现了个体的不同，比如新生儿，有的大哭，有的酣睡，有的东张西望，这些说明了人与人之间存在个体差异，老话讲“人心不同，各如其面”。“相由心生”又体现了人与人之间又有许多相同之处。由此不难得知，人与人之间既存在共性，也有个性。

民航旅客个性化服务就是根据旅客需求，通过调研、归纳、整理、分析，向旅客提供多元化的、以满足旅客需求的服务。换句话说，传统服务模式已经被当今个性化服务模式取代，通过利用多种资源优势，产业链融合，服务方式优化，为满足旅客需求的个体差异服务。

民航案例

“出国宝”满足你的个性需求

2019 年 8 月 26 日，广州白云机场“出国宝”国际旅行入境手续办理系统正式上线，旅客只需提前上传资料，便能在 T1、T2 候机楼自助终端打印入境卡和落地签申请表。该机器能帮助出国旅客快速办理相关国家入境卡、落地签申请表、海关申报单等入境手续，免去了旅客在飞机上或到达后手动填写的麻烦。这是白云机场深化“智慧机场”建设，便捷旅客出行采取的又一新举措。

近年来，广州白云机场围绕打造世界一流机场的目标，将智慧机场作为建设和发展的重点，明确了打造科技机场、智慧出行的信息化建设目标，以科技创新提升公司服务品质和运营效率，让智慧融入每一个角落，为旅客提供便捷、舒适、个性化的出行新体验。

资料来源：http://www.chinanews.com/sh/2019/08-26/8938286.shtml

第一节 ◉ 个性概述

天底下没有两片完全相同的树叶，同样，也没有完全相同的人，但人们在人格上都是平等的，这种平等决定了我们不能把自己的意志强加于人，而是要包容个性，允许存在差异。个体之间由于在生活环境、家庭因素、先天遗传因素，以及个人经历、文化、性格和思维方式等方面不同，在个性表现方面，也存有差异性。在民航服务行业中，个性的强弱与否直接影响着旅客服务的态度，由于服务人员的个性使然，客我之间的矛盾由此产生。所以，有什么样的个性就有什么样的服务方式。那么什么是个性，个性在生活中都会表现出哪些差异呢？

一、个性与个性特征

个性在心理学中表示个体差异，“顾客永远是正确的”服务理念是现今服务行业中存在的一种特殊形式，个性化服务正是与每一位顾客建立良好关系，发展个性化服务，发挥每一个服务人员的魅力与个性，以此提高旅客服务质量，使旅客对民航服务的实际感受高于期望感受，推动民航服务事业的进一步发展。比如，在飞机上，乘务人员送餐服务时，到底选择牛肉饭还是鸡肉饭？如果这两种都不是我们喜欢的，我们也会选择其一，可是，当孩子在选择时，要么喜欢并欣然接受，要么不喜欢而沮丧不吃了。因此，民航要在个体差异服务上下功夫，尽量满足旅客的个性化需求，才能进一步提高旅客对民航服务的满意度。

知识扩展

聚焦个性，引发思考

中国人爱饮茶，飞机上配备的茶有很多种，如红茶、花茶、绿茶等，但是对于爱喝茶的人来讲，并没有什么新意。中国国际民航股份有限公司上海分公司经过多次调查研究，将目光转向了普洱茶。普洱茶主要产于云南省的西双版纳、临沧、普洱等地区，历史非常悠久，早在3000多年前就已作为礼物敬献给王侯。普洱茶讲究冲泡技巧和品饮艺术，其饮用方法丰富，既可清饮，也可混饮。同时也有清热除烦、清利头目、消食化积等功效。

（一）个性的概念

个性（Personality）亦称“人格”，是指构成个体思想、情感及行为的特有模式，反映个体差异性的稳定而统一的心理品质。一般来说，是个体对自己及环境适应时所显示出区别他人的独特行为方式，是一个有别于他人的精神面貌和行为规范，在不同环境中表现出来的比较稳定的外显与内隐行为模式的总和。个性（人格）一词来自拉丁文“persona”，原指演员所戴的面具，后来引申为人物、角色及其内心的特征或心理面貌。

在心理学中，个性与人格都有广义和狭义之分。广义的个性指的就是人格，就是个人在其生活中、实践活动中经常表现出来的比较稳定的带有一定倾向性的个体心理特征。狭义的个性通常指一个人区别其他人表现出来的独特的精神面貌和心理特征。通常指良好的个人品质与行为规范等独特的心理特征，一般与意识倾向相关联。

我国第一部大型《心理学词典》中的个性定义反映了国内外大多数学者的看法，即“个性，也可称人格。指一个人的整个精神面貌，即具有一定倾向性的心理特征的总和。个性结构是多层次、多侧面的，由复杂的心理特征的独特结合构成的整体。这些层次有：第一，完成某种活动的潜在可能性的特征，即能力；第二，心理活动的动力特征，即气质；第三，完成活动任务的态度和行为方式的特征，即性格；第四，活动倾向方面的特征，如动机、兴趣、理想、信念等。这些特征不是孤立存在的，是有机结合的一个整体，对人的行为进行调节和控制的”。

现代心理学一般认为，“个性就是个体在物质活动和交往活动中形成的具有社会意义的稳定的心理特征系统”。心理学研究中的“个性”概念与我们日常生活中所讲的“个性”是不同的。

在日常的人际交往中，有的人行为举止、音容笑貌令人难以忘怀，而有的人则很难给别人留下什么印象。有的人虽曾见过一面，却给别人留下长久的回忆；而有的人尽管长期与别人相处，却从未在人们的心目中掀起波澜。出现这种现象的原因就是个性在起作用。一般来说，鲜明的、独特的个性容易给人以深刻的印象，而平淡的个性则很难给人留下什么印象。个性对于一个人的活动、生活具有直接的影响；对于一个人的命运、前途有直接的作用。

民航案例

学会改变

曾带过一个男徒弟，他是空乘专业毕业的，之前已有两个月的专职安全员经历。因为用心，他在两个月的专职安全员飞行中，已经学会了一个乘务员所需掌握的服务方法。因此我在带飞期间非常省心。但是他也有一些个性上的差异，比如不太喜欢说话、比较腼腆等。作为一名全面的乘务员他这样是不行的，必须要克服自己的不足，发扬自己的长处。虽然一个人的性格很难改变，但为了更好地去适应工作、融入社会，必须学会改变。

（二）个性特征

个性特征是指个体在心理发展过程中逐渐形成的比较稳定的心理特征，它与个体的生活环境、受教育方式、与社会融合以及天生遗传因素有着密不可分的关系。个性特征对一个人心理特征的形成和行为方式的变化有很大的影响。个性的主要构成成分包括个性心理特征和个性心理倾向性。在民航服务中，飞行员应具有聪慧性、稳定性、恃强性、兴奋性、有恒性、敢为性和自律性、低怀疑性和忧虑性的个性特征。

个性心理特征（Psychological Characteristic of Personality）是指个体经常地、稳定地表现出来的多种心理特点的结合，主要通过气质、性格和能力表现出来。个性心理特征又比较集中地反映了人的心理面貌的独特性、个别性，影响和决定着人生的事业和命运。其中，能力是个人在完成任务或项目中所表现出来的综合素质，并使该任务项目顺利完成的过程；气质是天生的，有别于性格特征，它是人的个性特点和风格气度，标志着人在进行心理活动时，在强度、速度、稳定性以及灵活性等动态性质方面的个体差异性；而性格是后天的，它体现了人在对客观现实的态度和与之相适应的行为方式上的个人特征。

个性倾向性（Personality Preferences）是推动人进行活动的动力系统，是个性结构中最活跃的因素，决定着人对周围世界认识和态度的选择及趋向，决定着人追求什么。个性倾向性中所包含的需要、动机、兴趣和理想、信念、世界观，指引着人生的方向、目标和道路。它是个性中的一部分，个性倾向体现了人对社会环境的态度和行为的积极特征，对民航旅客心理的影响主要表现在心理活动的选择性上，针对性服务态度体验，以及民航市场旅客购买行为。

知识扩展

“个性”与任性

2019年10月3日央视网消息，北京大兴国际机场投入运营以来，除乘坐航班的旅客外，还吸引了大批的观光者前来参观留念，这给机场带来较大安全隐患。第一种现象：将车停放在航站楼前的落客区域，长时间进行拍照，这样的话，占用了停车资源。第二种现象：在东西高架引桥上，将车辆停放在机动车道，下车拍照后，边走边拍，极易造成交通事故，存在交通安全隐患。为此，首都机场公安局发出警示：切勿因为“打卡”留念行为，影响机场的安全出行。

二、个性形成与发展的影响因素

个性怎样形成的，心理学家普遍认为，是先天和后天的“合金”，是在遗传与环境中淬炼而成。就个性的状态而言，遗传因素较大；就个性的动态特征来看，后天因素影响因人而异，气质、智力受先天遗传影响较大，性格、能力、价值观等受后天环境影响较大。

（一）先天遗传因素

行为是受基因控制的特殊生物学，为确定遗传对行为的影响，行为遗传学在对双生子的研究中表明，几乎所有的人的个性特征都受遗传影响。比如，新生婴儿出生后，有的哭、有的安静，这些神经类型特点就是影响个性形成的遗传因素。英国诗人菲利普·拉金很好地总结了一个常见的理论，他总结道“他们害了你，你爸和你妈”，耶鲁大学心理学教授保罗·布鲁姆（Paul Bloom）也说，“他们不是故意的，但是事实确实如此，他们将他们身上的毛病传给你，还灌输了许多其他的毛病”。因此，先天遗传因素是个性形成和发展的生理基础。外向的人对刺激不敏感，内向的人对刺激非常敏感，这样不难解释为什么有的人喜欢听音乐，有的人喜欢安静地学习。诗人威廉·华兹华斯写道“三岁定终身”，也有人说过，“三岁看大，七岁看老”。科学表明，一个孩子在三岁时右脑已经成熟了60%，到了七岁几乎成熟了80%多，而当右脑成型后，能量大于左脑一万倍。

（二）家庭因素

家庭是社会生活的基本单位，是社会文化的媒介，是个性形成和发展的重要基石。在社会各种关系中是个性形成的基础，因此它是最初对人的个性形成与发展起主要作用的因素。在人的个性形成中，家庭影响是最初的根源。比如家庭结构、氛围、子女教养方式、社会环境、子女出生次序等，都会对其个性产生影响。而父母教养孩子方式更直接影响孩子个性的形成。

知识扩展

家庭教育与孩子成长

批评中长大的孩子，责难他人。敌意中长大的孩子，喜欢吵架。

恐惧中长大的孩子，常常忧虑。嘲笑中长大的孩子，个性羞怯。

猜忌中长大的孩子，容易妒忌。羞耻中长大的孩子，自觉有罪。

鼓励中长大的孩子，深具自信。宽容中长大的孩子，能够忍耐。

称赞中长大的孩子，懂得感恩。认可中长大的孩子，喜欢自己。

分享中长大的孩子，慷慨大方。诚信中长大的孩子，理解真理。

公正中长大的孩子，极富正义。尊重中长大的孩子，懂得尊敬。

信赖中长大的孩子，不但信任他人也信任自己。

友善中长大的孩子，不但爱他人也爱自己。

（三）学校教育

学校教育包括教育态度、育人思想、校风校纪、体育锻炼和实践劳动等。学校教育是个性形成和发展的助推剂，在个人的成长过程中，随着个体独立性的增强，在自我意识的支配下，个人可以主动地选择和获取来自环境的信息，并因此带来自身行为的变化。从个体学习行为的主动性以及对其个性形成的影响来看，学校教育便成为影响个性发展的独立变量。

（四）社会文化因素

社会文化对个性的影响力一直被人们所认可，每个社会都有自己的文化传统，每个生活在这个社会中的人，其个性都受到社会传统文化的影响。它对个性的形成与发展具有重要的作用，特别是后天形成的一些个性特征，如性格、价值观等。

社会文化对个性的作用是使社会成员的个性朝着相似性的方向发展，形成荣格所谓的“民族性格”，集中表现在国民性。它是指国民共有与反复出现的精神特质、性格特点、情感内涵、价值观念、思维方式和行为方式等的总和，是一种较为稳定的心理行为结构。国民性是一国大多数人的文化心理特征，即在价值体系基础上形成的稳定的性格特征，是国民素质的核心因素。例如，中西方文化差异导致不同国度人们的个性差异等。

扩展知识

荣格八种不同类型的人

外倾思维型：这种人按固定的规则生活，客观、冷静，善于思考但固执己见。他们通常压抑天性中性感的一面，因而显得缺乏鲜明的个性，甚至冷漠无情。如果压抑过分，则会变得专制、自负、迷信，拒绝接受任何批评。

内倾思维型：这种人喜欢离群索居，由于判断力贫乏而不愿社交。他们极端聪明却又不顾实际。发展过度就会变得顽固执拗，刚愎自用，不体谅别人，骄傲自大，拒人于千里之外。

外倾情感型：这种类型的人以女性较多，她们理智屈从于情感，往往表现为反复无常，朝秦暮楚，多愁善感，浮夸卖弄，过分殷勤，强烈地依恋他人但情感并不执着。

内倾情感型：这种人文静多思，敏感忧郁，沉默寡言，难以捉摸，然而有时又表现得恬淡宁静、怡然自得，给人以莫测高深之感。

外倾感觉型：这种人追求欢乐、善于社交、不断寻求新的刺激，他们头脑清醒但对事物浅尝辄止，他们情感浅薄又经常沉溺于各种嗜好，具有变态行为和强迫行为。

内倾感觉型：这种人爱好艺术，沉浸在自我主观感觉中，与自己的内心世界相比，他们觉得外部世界索然乏味。这种类型的大多数人表现得较为沉静、随和，有一定的自制力，但思维和情感大都不够深沉。

外倾直觉型：这种人异想天开，喜怒无常，见异思迁，好高骛远，一个问题没解决又忙于解决另一个问题，不能持之以恒，由于情感转移快，难得知己。

内倾直觉型：这种人往往是能产生一些新奇观念的梦想家，别人看他们不可思议，而他们自己却自视甚高，自以为是不被理解的天才。

（五）自然物理因素

个性形成还受自然界不可控因素的影响，比如泥石流、沙尘暴、台风以及空间拥挤程度等都会影响个性的形成和发展。研究发现，世界上炎热地区是攻击性较强的地方。地理和气候等自然条件对个性发展也有一定影响。如我国北方人和南方人在性格特征上就有明显的差别。北方气候干燥，多山川、平原，长期生活在北方的人一般具有大方、硬朗、坚强和勇敢等性格特征；南方气候温和湿润，多河流，长期生活在南方的人一般具有柔和、委婉和才情较高等性格特征，正所谓“北方出将才（皇帝），南方多文人”。

第二节 ◉ 气质与旅客行为

一、气质的含义

心理学的气质（Temperament）是指个体生而具有的心理活动的稳定的动力特征，是人的高级神经活动类型在行为上的反映，是一个人内在涵养或修养的外在体现，即通常所说的“秉性”“脾气”。气质具体表现在心理过程的速度、稳定性、强度和指向性等方面的心理特征，包括如知觉的速度、思维灵活的程度、注意时间的长短、情绪的强弱、意志努力的程度以及外倾性和内倾性等。

二、气质类型与特征

（一）气质类型

分析气质类型与特征，有助于进一步了解民航旅客行为，是高标准完成民航服务的保障。关于气质类型的生理机制有多种解释，因而形成了多种不同的学说。最早的有关气质的生理机制学说是体液说。体液说是由古希腊著名医生希波克拉底首先提出的。气质取决于这四种体液的混合比例，形成四种气质，即多血质、胆汁质、黏液质和抑郁质，每种气质都有特定的心理表现。目前仍有人采用这四种气质来描述不同人的心理特征。当然把体液看作气质形成的原因和基础是缺乏科学根据的。目前有人用星座来描述个人的气质，也是没有依据的。其次是体型说，由德国精神病学家克瑞奇米尔提出。他认为体积结构与气质及患精神病之间有一定关系。他把人分为强壮型、肥满型、瘦长型和异常型，并认为肥满型者情绪不稳，易兴奋或抑郁；身体上脂肪丰富，身材矮胖，易患躁狂抑郁症；身细长，皮肤干燥，肌肉骨骼不发达，且孤僻，沉静，易患精神分裂症。但至今未得到证明。再有血型说，由日本学者古川竹二提出。他认为气质与血型有关，O 型血相当于胆汁质，B 型血相当于多血质，A 型血相当于抑郁质，AB 型血相当于黏液质，显然这种学说并没有充分的科学根据。在现实生活中同一种血型的人经常具有不同的气质特点，而不同血型的人则可表现为相似的气质特点。还有高级神经活动类型说，由苏联著名生理学家巴甫洛夫在 1927 年提出。他认为人的气质类型与人的高级神经活动类型有关。人的高级神经活动有个别差异和特点，而它的基础是高级神经活动基本过程：兴奋过程和抑制过程的特性。巴甫洛夫用高级神经活动类型学说解释了气质的生理基础，一是强度，指大脑接受外界刺激的承受力和持久工作的能力（强—弱）；二是均衡性，指大脑兴奋过程和抑制过程力量的对比（均衡—不均衡）；三是灵活性，指兴奋与抑制过程相互转化的速度与能力（灵活—不灵活）。

（二）气质特征

在这里我们只介绍最为广大学者所认可的，由古希腊著名医生希波克拉底创立的“气质体液说”。这种学说认为，人体内有四种体液，即黄胆汁、血液、黏液、黑胆汁。按照这四种体液在人体中所占比重的不同，将人的气质划分为胆汁质、多血质、黏液质和抑郁质，如表 6-1 所示。

表 6-1　人的气质类型及典型特征

气质类型	典型特征
胆汁质	精力充沛，情绪发生快而强，言语、动作急速，难于自制，内心外露，率直，热情，易怒，急躁，果断
多血质	活泼爱动，富于生气，情绪发生快而多变，表情丰富，思维、言语、动作敏捷，乐观，亲切，浮躁，轻率
黏液质	沉着冷静，情绪发生慢而弱，思维、言语、动作迟缓，内心少外露，坚忍，执拗，淡漠
抑郁质	柔弱易倦，情绪发生慢而强，易感而富于自我体验，言语、动作细小无力，胆小忸怩，孤僻

扩展知识

讨论分析《红楼梦》四种典型气质类型的角色

林黛玉　薛宝钗　王熙凤　史湘云

________多愁善感——抑郁质；

________内向、稳重、冷静和善于平衡关系——黏液质；

________聪明能干，男人所不及——多血质；

________洒脱俊爽——胆汁质。

三、气质差异与旅客行为

心理学家将气质划分为四种类型，是为了更好地将人的气质区分开来。实际上每个人的气质各式各样，它表现了人的神经系统的某种特性。与人的神经系统无好坏之分一样，气质也无好坏之分，正如每种气质类型都有积极的一面，也有消极的方面，它不预定一个人的性格发展方向，也不预定他的能力大小。正因为这样，在任何一种气质类型的基础上，既可发展良好的性格特征和优异的才能，也可发展不良的性格特征和限制才能的发挥。

（一）气质差异

民航员工的气质在一定程度上代表了一个企业的形象，同时也是个体素质的综合体现。不同的气质类型表现在民航服务中的作用也不同。据心理学家长期的研究判定，人的气质类型与个性有着密不可分的联系。

胆汁质人喜欢热闹，精力旺盛，表现出高效率的工作能力，不会对变换工作或转移环境感到压力，喜欢工作内容不断变化、环境不断转换，在集体中精神愉悦，兴趣广泛，但性情易变。兴奋时，决心克服一切困难，而当精力耗尽时，情绪却一落千丈。胆汁质的人如果遇到不愉快的事情，可能马上会心灰意冷。因此胆汁质气质类型的人，虽然生机勃勃、动作迅速而有力，但性情急躁，粗心，缺乏自控力。在工作中应该注重培养注意力，工作中尽量不要分心，由于在遇到挫折失败后容易变得消极，因此要培养胆汁质的从业人员增加耐力的训练，不断鼓励并暗示自己凡事可以做得更好。

多血质人容易适应新环境，就业面较广，特别是在紧张和危险的情境下，不会手忙脚乱，能够迅速采取措施，出色完成任务。多血质的人开始工作时热情较高，工作中显出明显的周期性，但精力耗尽时，容易失去信心。多血质的人有情绪不稳，情感丰富、灵活、亲切等优点，但又有轻浮、志趣多变、精力易分散等缺点。应该增加自我控制的训练，同时加强意志力的训练。

黏液质人有耐久力，安静稳重、做事专心、善于自制、态度持重，不卑不亢，不爱空谈，严肃认真；但对周围事物冷淡、动作迟缓、不够灵活，注意力不易转移，因循守旧，对事业缺乏热情，灵活性不足。因此黏液质的人应该增加灵活性、敏锐性的训练。

抑郁质的人表现沉静，优点是易相处，人缘好，办事稳妥而可靠，情感深刻而稳定、办事认真仔细、做事坚定，能克服困难，观察力敏锐，但容易沉沦于个人的体验和过度地保持沉默、孤僻、羞怯，比较敏感，易受挫折，怀疑，优柔寡断，容易恐惧，不求进取。因此抑郁质的人要培养对新鲜刺激事物的兴趣。

（二）民航员工气质要求

根据民航服务这个特定的职业，对员工的气质要求有它的特殊性，主要体现在以下三点：

1. 具有适中的感受性和灵敏性

感受性是指外界刺激达到多大强度时，才能引起人的反应。灵敏性是指人的心理反应的速度和动作的敏捷程度。感受性、灵敏性在服务工作是处在一个经常变换的活动空间，同时又处身于复杂而变动的旅客当中，经常与各种不同类型的旅客发生着频繁的交往。如果民航服务人员的感受性太高，稍有刺激就引起心理反应，势必会造成精力分散，注意力不集中，影响服务表现；相反，如果感受性太低，对周围发生的一切现象熟视无睹，就会怠慢顾客，导致主客之间的矛盾。为此，民航服务人员的感受性不能太高，但为了保证工作的圆满进行，民航服务人员面对复杂的旅客还必须具有一定程度的灵敏性。灵敏性太低（反应速度太慢）会延误服务时机，使旅客感受到冷落；过于灵敏（反应速度太快），会使旅客产生不稳重或过急的感觉。因此，灵敏性不宜过低，也不宜过高，应保持正常的灵敏性。

2. 具有较强的忍耐性和适中的兴奋性

民航服务工作长期单一性的环境势必会导致人的倦怠，为了提供优质和良好的民航服务，要求民航服务人员必须具有克服巨大心理压力的本领和较高的忍耐性及适中的情绪兴奋性。

3. 具有平稳的可塑性和较强的适应性

可塑性是指民航服务人员对民航服务中出现的各种情况及其变化的适应程度。民航服务没有固定形式，总是因人、因事而变，变换性较大，因此民航服务人员需要平稳的可塑性和较强的适应性。

知识扩展

气质需要锤炼

2012 年，周雨薇怀揣着对空乘这份职业的向往，在经历了层层选拔后，成为深航的一名乘务员，凭借着自身的实力与努力，她在 2015 年晋升为客舱服务部一分部的乘务长。工作 7 年以来，她带着对飞行的热爱和执着，保证航班安全、服务无差错。

周雨薇的一言一行、举手投足间都流露出成熟乘务员的魅力。这来自她不断地充实自己、精炼专业技能，就像她说的："你喜欢目标，方法就越来越多；你喜欢分享，朋友就越来越多；你喜欢阳光，笑容就越来越多；你坚持，你得到的就更多！"

资料来源：http://news.carnoc.com/list/500/500777.html

（三）气质与职业

1. 气质与职业的联系

气质与职业的关系表现在两个方面：一方面，民航服务人员应具有沉着冷静、理智善变、胆大心细、临危不惧的特点，在这种情况下，选拔民航服务人员时应将气质特性作为是否适合于从事该种职业的重要因素；另一方面，要使个人的气质特性适应于工作的客观要求。总体来说，不同的职业对人的气质有着不同的要求，不同的气质类型也适合不同的工作。此外，不同气质类型对人的身心健康也会有不同的影响，我们认识气质，就是要尽力发挥每种气质的积极面，克服消极面，做气质的主人。在民航服务工作中，也要针对不同气质特征的服务对象，采用不同的服务措施进行心理疏导。

（1）多血质气质类型的人适合从事与外界打交道、多变、富有刺激和挑战的工作，如管理、外交、驾驶员、飞行员、律师、运动员、记者等，不太适合做过于细致、单调的工作。

（2）胆汁质气质类型的人适合从事与人打交道、工作内容和环境不断发生变化并且热闹的工作，如导游、推销员、节目主持人、演讲者、外事接待人员、演员、市场调查员等。不适合长期安坐、持久耐心细致的工作。

（3）黏液质气质类型的人适合稳定的、按部就班的、静态的工作，如会计、出纳员、保育员、播音员等。

（4）抑郁质气质类型的人适合安静细致的工作，如校对、排版、化验员等。

我们了解个人的气质，才能更好地选择最适合自己的职业。

案例分析

从气质看职业

小王职高毕业后的三年间，前后已换了十几份工作。最长的一份工作干了半年多，而最短的才三天。小王很有挫败感，她想知道自己为什么这么失败。

个性测试结果显示，小王是典型的抑郁质类型的人。一般而言，抑郁质的女性对待工作严肃认真，强调做事的先后次序，追求完美。另外，抑郁质的人天生悲观，总是预计将来可能面对问题的最差局面；她们敏感，容易忧虑、消沉。

分析：试从气质角度分析该案例的主人公小王适合哪些职业，为什么？

2. 不同气质类型旅客的行为

（1）胆汁质——急躁型。这一类型旅客，喜欢新奇、热闹且富于刺激性的项目，对人热情，好争辩，不喜欢等待，较粗心，购物冲动；一旦被激怒就很容易冲动，言语和行为偏激。为其服务应注意不要主动刺激，不要与其争论，不要计较其一时不顾后果的冲动言语，万一出现矛盾应当避其锋芒；为其办事应尽可能迅速；在适当的时候提醒其不要遗漏物品。

（2）多血质——活泼型。这一类型旅客，喜欢变化大、花样多的项目，内心的各种体验都会在面部表情和眼神中明显地反映出来；乐于和服务人员打招呼，很乐观，总是笑声不断，容易成为中心人物；购物决策快且易改变。为其服务不仅要热情大方、办事迅速、说话简捷，而且应尽可能主动交往，善于发挥中心人物优势，主动介绍项目新意；如其购物后要求退货，应尽量做好解释工作。

（3）黏液质——稳重型。这一类型旅客，到新的环境感到有些不自在，语言和行动较迟缓，再精彩的场面也不易激动，喜欢熟悉环境和食物；购物决策慢，喜欢自选购物，对新产品不放心。为其服务时，语速要适当放慢，重点处要重复一下，不宜过多交谈和过于主动；购物时切勿催促。

（4）抑郁质——忧郁型。这一类型旅客，不喜欢热闹，喜欢能表现深刻情感、手法细腻的项目；喜欢独行，为人低调；易疲劳，动作缓慢；购物决策极慢。为其提供服务要耐心、多关照，尽量提供有深刻文化内涵和表现手法细腻的产品；不宜与其说无关的话，更不要开玩笑；购物应让其自由挑选，不可催促。

第三节 ◉ 性格与旅客行为

一、性格的含义与特征

（一）性格的含义

荀子云："积行成习，积习成性，积性成命。"心理学的性格（Character）是指人特定独有的、稳定的个性心理特征，是个体在长期实践活动中沉积下来的稳定的态度和习惯化的行为方式。性格表现了人们对现实和周围世界的态度，主要体现在对自己、对他人、对事物的态度和行为上。它是与社会道德评价最密切的人格特征，具有好坏之分，比如"舍己为公""假公济私"等。

（二）性格的特征

从心理学的角度上分析，性格具有可塑性，人的性格是多种特征组成的复合体，具体可划分为态度特征、意志特征、理智特征与情绪特征。有的人心理过程倾向于外部事物和人，从而获得心理需求的满足。有的人心理过程倾向于内心世界，经常体验自己的情绪，分析自己的思想。性格是在气质的基础上形成，是个性形成的核心部分。它与人的生物因素、社会经历有着密不可分的关系，例如，当人的大脑受到损伤时，会出现粗俗、执拗。当人生经历受到挫折时，会孤僻、固执。

1. 态度特征

性格的态度特征是指人对客观现实所表现出来的情感体验，是喜欢、厌恶还是恐惧、胆怯，它是性格形成最重要的组成部分。人能否接受客观事物，总是以一定的态度给予回应。由于客观现实的多样性，因此，人的性格也是多种多样的。比如对自己谦虚谨慎或自卑等，对他人诚实有礼或漠不关心，对学习认真或马虎，对工作勤劳肯干或懒惰怠懈。又如爱憎分明，表现出鲜明的性格特点。

2. 意志特征

性格的意志特征是指人自觉调节心理活动时表现出来的心理特征。表现在处理事件上有目的性或冲动性等。在自觉控制水平上表现出主动性和自制力等。在紧急应激状态下表现出勇敢、果断、镇定和顽强等，例如电影《中国机长》中的机组人员表现出了超强的果断性、顽强的意志力以及坚定的必胜信心。在励志方面有较强的信心、恒心、坚韧性等。比如，对事业的投入、对自身的磨炼等。

3. 理智特征

性格的理智特征是指人在认知活动中表现出来的心理特征，又称性格的认知特征，主要指人在感知、记忆、想象和思维的认识过程中表现出来的个体差异。例如在感知方面有主动与被动、详细与概括；在记忆方面有形象记忆与逻辑记忆以及记忆的快慢、保持得是否持久；在思维方面有独立型与依赖型、分析型与综合型；在想象方面有丰富与枯燥。它是性格形成的根基，在性格形成中尤为重要，是判断行动力的前提。如"一路顺风"的祝福语，用在旅客乘坐飞机时就不适合了，人们多希望安全、平安，因此改用"祝您平安""祝您旅途愉快"则更好。

4. 情绪特征

性格的情绪特征是指人产生情绪活动时在情绪的强度、稳定性、持续性以及主导心境等方面表现出来的心理特征。一个人如果经常表现出情绪化，那么就是性格的情绪特征占了主导心境。有的人情绪情感体验比较强烈，一经引起，难以用自己的意志加以控制，如易怒、大喜大悲。当个人的意志努力能够控制情绪时，则表现出情绪的稳定性、持久性，自我控制强，不易看出起伏波动。民航服务人员应具有良好的性格品质，比如说乘务员总是保持微笑，性格非常好，这就体现了一个人在开朗、振奋快乐的心境下表现出来的比较稳定的性格特征。

民航案例

《中国机长》

《中国机长》改编自2018年"5·14"川航航班备降成都事件。2018年5月14日，四川航空公司3U8633航班在成都区域巡航阶段，驾驶舱右座前风挡玻璃破裂脱落，机组实施紧急下降，最后安全备降成都双流机场，所有乘客平安落地。这次紧急迫降的难度，堪称世界级。

有民航从业人员说，这部电影拍出了民航真正的样子，拌嘴的旅客，活蹦乱跳的小孩，旅行团到处拍照，候机大厅嘈杂吵闹，机长飞行前的一系列准备，乘务长不停地签字安排全局，空乘也不再是端茶倒水的花瓶……镜头里一幕幕险象环生的情节，我们作为观众只是看都觉得惊心动魄，潸然泪下。

资料来源：http://news.carnoc.com/list/508/508295.html

【同步思考】

从该影片中，9名机组人员的性格具备哪些特征？请举例说明。

二、性格的类型

性格的类型是指在一类人身上所共有的性格特征的独特结合，可以根据性格的态度、意志、理智和情绪特征等几个维度来划分。

（一）根据心理机能划分

根据知、情、意三者在性格中所占优势的不同，性格可分为理智型、情感型和意志型。理智型的人，通常以理智来评价、支配和控制自己的行动；情感型的人，往往不善于思考，其言行举止易受情绪左右；意志型的人，一般表现为行动目标明确、主动积极。

（二）根据心理活动的倾向性划分

根据人的心理活动倾向于外部还是内部，性格可分为内倾型和外倾型。瑞士心理学家荣格（1913）提出的类型说最为著名。他认为力比多流动的方向决定人格的类型。他依据力比多倾向于内部或外部，把人分为内向型和外向型。内向型者心理活动倾向于内部：感情深沉，待人接物较谨慎小心；处理事物缺乏决断力，但一旦下定决心总能锲而不舍，能够自我分析和自我批评，不爱交际。外向型者心理活动倾向于外部：活泼、开朗、感情外露；待人接物果断，独立性强，但比较轻率，缺乏自我分析和自我批评，不拘泥于一般小事，喜欢与他人交际。

（三）根据心理活动的特点划分

根据个体独立性程度，独立型的人善于独立思考，不易受外来因素的干扰，能够独立地发现问题和解决问题；顺从型的人，易受外来因素的干扰，常不加分析地接受他人的意见，应变能力较差。

（四）根据心理活动的社会性划分

根据人的社会生活方式以及由此形成的价值观，人的性格类型可分为理论型、经济型、审美型、社会型、权力型和宗教型。

拓展链接

斯普兰格性格类型说

德国教育学家和哲学家斯普兰格在《生活方式》一书中提出，社会生活有六个基本的领域（理论、经济、审美、社会、权力和宗教），人会对这六个基本领域中的某一领域产生特殊的兴趣。据此，他将人的性格分为六种类型（理论型、经济型、审美型、社会型、权力型和宗教型）。这种类型划分是一个理想模型，具体的个人通常是主要倾向于一种类型，兼有其他类型的特点。

理论型的人，以追求真理为目的，能冷静、客观地观察事物，关心理论性问题，力图根据事物的体系来判断事物的价值，遇到实际问题时往往束手无策。他们对实用和功利缺乏兴趣。多数理论家和哲学家属于这种类型。

经济型的人，总是以经济的观点看待一切事物，以经济价值为上，根据功利主义来判断人和事物的价值和本质，以获取财产为生活目的。实业家大多属于这种类型。

审美型的人，以美为最高的人生意义，不大关心实际生活，总是从美的角度来判断事物的价值，以自我完善和自我欣赏为生活目的。艺术家属于这种类型。

社会型的人，重视爱，有献身精神，有志于增进社会和他人的福利。努力为社会服务的慈善、卫生和教育工作者属于这种类型。

权力型的人，重视权力，并努力去获得权力，有强烈的支配和命令他人的欲望，不愿被人所支配。

宗教型的人，坚信宗教，有信仰，富有同情心，以慈悲为怀。以爱人爱物为目的的神学家属于这种类型。

三、性格差异与旅客行为

（一）性格差异

性格差异即指人与人之间的性格差别。心理学家对性格差异的研究，主要体现在性格的类型方面。不同性格类型的人在行为表现上都有很大的差异。

（二）民航员工性格要求

社会上的各行各业对从业者在性格上都有相应的要求，民航服务也不例外。高度的责任心、团结协作、勇于创新、认真细致、勤奋好学、坚毅自信、严于律己，这是民航要求每一个服务人员必须具备的基本性格特征。

（三）性格与职业

1. 性格与职业联系

性格的态度特征，直接影响职业的选择和职业的成就。有的人热爱工作，把工作当作实现自己人生价值的目标；有的人则讨厌工作，把工作看成自己生活的负担。有的人乐观、积极，有的人消极、怠慢；有的人对工作认真负责，有的人则马虎大意。那些具有轻视社会行为道德规范性格的人，就不适合从事教师、律师、公务员、法官以及服务人员等。

2. 不同性格特征旅客的行为

性格特征体现得越来越明显，越会对于生活看法、想法有独到的见解。不同的旅客有着不同的性格特征，具体如下：

（1）慎重型旅客。这种旅客在选购商品时，总是挑挑这个选选那个，拿不定主意。对这类旅客，不能急急忙忙地问："你想买点什么啊？"而应该拿出至少两种以上的产品，以温和的态度对比介绍，供旅客进行选择，直至其满意为止。

（2）反感型旅客。这类旅客对于民航服务人员介绍的产品总是抱有怀疑、不信任的态度。对于这种类型的旅客，应该适当地给予一定的选择空间，在为其介绍商品的时候，要切实地站在旅客的角度为旅客考虑，在介绍商品优点的同时适当地介绍商品的缺点，适当地说出商品之短，以显示自己的真诚，让旅客更放心。

（3）挑剔型旅客。这类旅客对于服务人员介绍的产品总是十分挑剔。那么在接待这种类型的旅客时，不要加以反驳，要耐心地去听他讲，仔细分析其不满意的地方在哪里，然后逐渐地排除不满意点，尽量推荐更多的旅游产品供其选择。

（4）傲慢型旅客。接待这种类型旅客，要采取镇静、沉着的态度，不要跟旅客去争辨是非对错，只要尽力将旅客的目光和注意力引导到旅游产品上即可。

（5）谦逊型旅客。对于这种类型的旅客，在接待的时候，一定要注意自己的言谈举止，不仅要诚恳有礼貌地介绍产品的优点，而且也要介绍其缺点。因为这种旅客比较善于思考和观察，他不喜欢说，但是会用自己敏锐的眼睛观察各个方面，思考、衡量产品的情况。

民航案例

河北航空人真情服务温暖援疆路

2019 年 9 月 27 日晚上 21:30，一阵急切的电话铃声打破了河北航空公司地服部行李查询办公室的宁静，田海燕旅客说她的笔记本电脑拿错了，里面有很多病例资料，非常重要，她万分焦急。当日值班的刘洋了解到，旅客是省四院的副主任田海燕女士。这次是刚刚顺利结束了援疆保障任务从库尔勒返回石家庄，随身携带了笔记本电脑带上飞机，但是下机时与其他乘客的黑色笔记本电脑包互相拿错了。笔记本电脑里面的资料对病人意义重大。在河北航空的协助下，两位当事人成功交换了错拿的电脑。事后，田海燕主任专程赶到河北航空送来锦旗，感谢河北航空员工的热心帮助。刘洋、焦瑜瑶则表示，能够为这些响应国家号召远赴边疆的好干部、好党员做些力所能及的事，是河北航空人最大的荣幸。

资料来源：http://news.carnoc.com/list/508/508093.html

3. 不同性格类型旅客的行为

随着社会变革，性格类型划分越来越精细，不同性格类型的旅客内在修养不同，行为习惯也不同，在行为方式上体现出明显个性差异，显示出不同的行为方式。

（1）在性格类型划分中，理智型旅客遇事持重、沉稳，能够保持头脑清醒，处理事务干练果断，不易与人发生冲突；情感型旅客遇事容易受情绪影响，心情受情绪波动大，情绪低落时，则表现为忧郁，对任何事物都不感兴趣，精力和体力不足，悲观沮丧，因此需要自己好好调节。意志型旅客其行动目标明确，行为主动，具有坚定、顽强、勇敢、果断性，且具有自制性和恒久性。

（2）内倾型和外倾型旅客的行为也不相同，外倾型旅客落落大方，豪迈，开朗，不拘小节。内倾型旅客心思缜密、细致，沉稳，安静，做事稳妥。

（3）独立型和顺从型旅客行为上有着明显差异。一方面，独立型旅客行为不受他人及环境影响，顺从型旅客从众现象比较明显。另一方面，他们在主观意见上也有所差异，顺从型旅客一般要求不高，依附他人现象比较明显，因此在旅客服务中，要顾及此类型旅客，以免使其感到被忽视而心情低落。

案例分析

“飞闹”罗生门

2014 年 11 月 29 日，乘坐国航 CA1518 航班的乘客十分闹心，白白遭遇了人为晚点。原定 16 时 55 分从上海虹桥机场起飞的该航班，因为国航声称“两名乘坐其他航班的女士强行冲上飞机”，导致延迟 1 小时 55 分钟起飞，晚点 1 小时 12 分钟抵达。

对这种“飞闹”行为，网上一片批评声：“危害公共安全，就应该绳之以法！”然而也有媒体报道称，国航不通知乘客临时取消机票才引发了乘客抗议，真实情况到底怎样？航空公司、乘客，到底谁才是任性的那个？

资料来源：http://news.carnoc.com/list/300/300493.html

本章小结

本章主要探讨了旅客个性与行为，具体包括个性含义、影响因素、气质、性格。个性总是表现出一个人独有的特征，并且在一个人的行为中打上了烙印。民航服务人员必须掌握该职业应具备的气质特性：感受性和灵敏性，忍耐性和兴奋性，可塑性和适应性。气质是天生具有，受遗传因素影响，性格在后天形成，受社会环境制约影响。气质无好坏之分，而性格具有好坏之分。此二者相辅相成，既有联系又互不干扰。性格在个体的性格形成特征中处于重要地位，具有核心意义。因为性格贯穿在人的全部行为当中，它具体标志着一个人的品德、人生观和世界观。甚至可以说，性格是一个人的世界观和人生观的集中表现。了解一个人个性之后，就可以预测其在一定条件下的行为倾向及其表现，所以，了解人的个性差异具有直接的社会意义，为民航服务提供参考。

重要概念

个性；气质；性格。

思考题

1. 简述气质的定义。
2. 简述气质理论对服务工作的意义。
3. 什么是性格？性格的特征包括哪些？
4. 性格的类型有哪些？
5. 试分析气质、性格对职业有哪些影响。

附：气质类型测试

下面60道题，可以帮助你大致确定自己的气质类型，请根据自己的情况在“很符合、比较符合、介于符合与不符合之间、比较不符、完全不符合”五个答案中选择一个适合自己的。很符合2分，比较符合1分，介于符合与不符合之间0分，比较不符合-1分，完全不符合-2分。

提示：1. 不要猜测题目内容要求，题目答案没有好坏之分。2. 每一题都必须回答，不能空题。3. 回答要迅速。

1. 做事力求稳妥，一般不做无把握的事。
2. 遇到可气的事就怒不可遏，想把心里话全说出来才痛快。
3. 宁可一个人干事，不愿很多人在一起。
4. 到一个新环境很快就能适应。
5. 厌恶那些强烈的刺激，如尖叫、噪声、危险镜头。
6. 和人争吵时总是先发制人，喜欢挑衅。
7. 喜欢安静的环境。
8. 善于和人交往。
9. 羡慕那种善于克制自己感情的人。
10. 生活有规律，很少违反作息制度。
11. 在多数情况下情绪是乐观的。
12. 碰到陌生人觉得很拘束。
13. 遇到令人气愤的事，能很好地克制自我。
14. 做事总是有旺盛的精力。
15. 遇到问题总是举棋不定，优柔寡断。
16. 在人群中从不觉得过分拘束。
17. 情绪高昂时，觉得做什么都有趣；情绪低落时，又觉得做什么都没意思。
18. 当注意力集中于一事物时，别的事很难使我分心。

19. 理解问题总比别人快。
20. 碰到危险情境，常有一种极度恐怖感。
21. 对学习、工作、事业怀有很高的热情。
22. 能够长时间做枯燥、单调的工作。
23. 符合兴趣的事情，干起来劲头十足，否则就不想干。
24. 一点小事就能引起情绪波动。
25. 讨厌做那种需要耐心、细致的工作。
26. 与人交往不卑不亢。
27. 喜欢参加热烈的活动。
28. 爱看感情细腻、描写人物内心活动的文学作品。
29. 工作学习时间长了，常感到厌倦。
30. 不喜欢长时间谈论一个问题，愿意实际动手干。
31. 宁愿侃侃而谈，不愿窃窃私语。
32. 别人总是说我闷闷不乐。
33. 理解问题常比别人慢些。
34. 疲倦时只要短暂的休息就能精神抖擞，重新投入工作。
35. 心理有话宁愿自己想，不愿说出来。
36. 认准一个目标就希望尽快实现，不达目的，誓不罢休。
37. 学习、工作一段时间后，常比别人更疲倦。
38. 做事有些莽撞，常常不考虑后果。
39. 老师讲授新知识时，总希望他讲得慢些，多重复几遍。
40. 能够很快地忘记那些不愉快的事情。
41. 做作业或完成一件工作总比别人花的时间多。
42. 喜欢运动量大的剧烈体育运动或参加各种文艺活动。
43. 不能很快地把注意力从一件事转移到另一件事上去。
44. 接受一个任务后，就希望能把它迅速解决。
45. 认为墨守成规比冒风险强些。
46. 能够同时注意几件事物。
47. 当我烦闷的时候，别人很难使我高兴起来。
48. 爱看情节起伏跌宕、激动人心的小说。
49. 对工作抱认真严谨、始终一贯的态度。
50. 和周围人的关系总相处不好。
51. 喜欢复习学过的知识，重复做能熟练做的工作。
52. 希望做变化大、花样多的工作。
53. 小时候会背的诗歌，我似乎比别人记得清楚。
54. 别人说我“出语伤人”，可我并不觉得这样。
55. 在体育活动中，常因反应慢而落后。

56. 反应敏捷、头脑机智。

57. 喜欢有条理而不甚麻烦的工作。

58. 兴奋的事情常使我失眠。

59. 老师讲新概念，常常听不懂，但是弄懂了以后很难忘记。

60. 假如工作枯燥无味，马上就会情绪低落。

记分：

胆汁质型得分：2、6、9、14、17、21、27、31、36、38、42、48、50、54、58 的得分之和。

多血质型得分：4、8、11、16、19、23、25、29、34、40、44、46、52、56、60 的得分之和。

黏液质型得分：1、7、10、13、18、22、26、30、33、39、43、45、49、55、57 的得分之和。

抑郁质型得分：3、5、12、15、20、24、28、32、35、37、41、47、51、53、59 的得分之和。

确定气质类型的标准：

如果某类气质得分明显高出其他三种，均高出 4 分以上，则可定为该类气质。如果该类气质得分超过 20 分，则为典型；

如果该类得分在 10~20 分，则为一般型。

两种气质类型得分接近，其差异低于 3 分，而且又明显高于其他两种，高出 4 分以上，则可定为这两种气质的混合型。

三种气质得分均高于第四种，而且接近，则为三种气质的混合型，如多血-胆汁-黏液质混合型或黏液-多血-抑郁质混合型。

第七章
应激、疲劳与民航服务

课程目标

· 了解应激、应激源、疲劳的定义及相关应激理论模型；

· 掌握应激源类型、疲劳类型、诱发疲劳发生的原因和疲劳引起的不良影响；

· 运用本章知识缓解工作压力和工作疲劳，为旅客提供更优质的服务。

引言

随着国内民航业的快速发展，航空业相关的职位的需求量增加，据《中国民航发展第十三个五年规划纲要》显示，“到 2020 年，旅客的周转量比重将达到 28%，旅客的运输量预计达到 7.2 亿人次，年均增长 10.4%”。这意味着将有大量航空专业人员进入民航岗位，但据相关的数据显示：就空乘这一职业而言，职业待遇高，在工作期间的衣食住行没有额外支出，往返于国内外飞行可以增长自身见识，但在这样的职业优势下，国内各大航空公司的空乘人员离职率却呈现出增加的趋势，在众多的原因中，其中趋于统一的两点是工作压力和工作疲劳，带有明显的民航职业特色，因此民航从业人员很有必要了解应激、疲劳相关概念与原理。其一，有利于自己在出现工作压力和工作疲劳时及时察觉和适当应对，不仅有利于自身的身心健康，而且能营造一种心情愉悦的工作环境；其二，能够了解旅客相应的行为反应，从而更好地为乘机旅客提供更加优质的服务。

民航案例

空姐贴心照顾年幼女童

据民航资源网 2019 年 4 月 16 日的消息：一位宝宝的妈妈把空姐在飞机上照顾自己宝宝的整个视频拍下来发给了当地的社交媒体，于是这个视频在国外社交网站走红，点击量达到 190 多万。

根据美国当地新闻报道：乘客 Savannah Blum 是家住在内华达州的一名小学教师，2019 年 4 月 6 日，带着自己 19 个月大的女儿在拉斯维加斯转乘美西南航空的班机往内华达州里诺市的航班上。刚刚换乘了航班的女儿有点闹，但遇上一名好心的空乘 Jessica。Jessica 主动提出要帮助她照顾 19 个月大的女儿，于是对这位宝宝妈妈说："你好好坐下休息，宝宝交给我吧。"原来是 Jessica 当时看宝宝妈妈 Savannah Blum 带着孩子长途飞行身心疲倦，于是主动帮忙照顾小孩。宝宝妈妈很感动，于是拍下这温馨的画面，在这个视频里：当这名空乘一面抱着小孩一面放置手提行李架的过程中，示意小宝宝要跟机上其他乘客挥手打招呼时，小宝宝竟也非常听话，向其他机上乘客挥手致意，更加送上飞吻给大家，大方地和机上旅客互动，整个机舱的氛围很温馨。

美西南航空表示："我们员工非常自豪地传递了美西南航空的热情传统，我们乘务员以这样温馨、有趣的方式帮忙照料我们最年轻的旅客之一，这并不奇怪！"

与此同时该视频也引发了网友们的热议，网友们纷纷留言：

其中一名留言者写道，她也是坐这个航班，当她问起那位空姐为什么抱小孩，空姐回答："很可爱的手提行李对吧？让我要飞 14 小时的一天变美好了。"

有网友说："一直送飞吻！好可爱！"

也有网友说："我也生一个，请空姐帮我一下好吗？"

资料来源：（http://news.carnoc.com/list/490/490325.html）

第一节 ◉ 应激概述

在日常生活和工作时，我们常会遇到一些自己难以处理的情况或让自己感到有压力的事件，因此让自己处于压抑、紧张的状态，导致在情绪、身体上会出现一系列的异常反应和心理亚健康状态，严重的甚至会导致心理疾病，以上种种，皆与应激相关。随着科技进步，人们生活节奏的加快，工作压力增加，人际关系复杂化，应激体验加深，更多的专家、学者开始关注应激的研究。

一、应激的定义

我们常用“压力”“紧张”来诠释“应激”，应激的时间太长，强度太大，就会成为一种危险因素，出现异常行为反应，但并不是所有的应激都是消极的，“良性应激”有积极性的，所以应该辩证地来看待。关于应激的研究，在各个交叉领域，如医学、心理学、社会学和管理学等多学科都有涉及，从不同的研究目的、研究方向、研究重点、研究对象以及研究方法出发，对应激的定义有很多种提法。

压力（Stress）一词最早是由哈佛生理学家沃特·坎农（Wlater Canon）在1925年提出并引入生理学领域的，其中提出“战斗或逃跑”反应，其学说涉及了内外环境变化与有机体体稳定性之间的关系探讨。但最早开始对“应激”进行系统研究的是加拿大蒙特利尔的生理学家汉斯·塞利（Hans Selye），他是现代应激研究的奠基人。他进行了一个动物实验：把老鼠分成了实验组和对照组，其中向实验组老鼠注射一种化学提取物，对照组老鼠每天接受生理盐水的注射，然后对照两组老鼠的生理上的变化，发现实验组老鼠注射化学提取物后，出现溃疡和免疫系统组织退化等症状，然而发现对照组老鼠也出现了与实验组老鼠相同的症状，正常情况下，对照组老鼠是不应该出现此类躯体症状的，因此，塞利对此现象进行了研究，最后找出造成该结果的原因。造成对照组老鼠出现与实验组老鼠相同躯体症状的原因，不是每天注射的药剂，而是注射的过程，因此塞利把这种非特异性反应称为“应激”。

塞利在其1956年出版的《生命的应激》一书中，从生物学角度给出应激的定义，认为“应激是由加在人或动物等有机体上的许多不同需求而引起的，有机体对环境刺激的一种非特异性的生物学反应”。

Lazarus等人发展了塞利关于应激的研究，肯定了认知过程在应激反应中的作用及重要性，强调了应激的来源，把应激定义为：“应激就是个体内部或环境的需要超出个体系统、机体组织系统或社会系统时所产生的适应能力。”

Beehr给应激的定义为：“应激是某一种情境使人产生特殊的生理或心理需要，由此发生的不平常的或出乎意料的反应。” McEwen和Sterling在1993年提出了内稳态（Homeostasis）的概念，当有机体面临刺激环境或生命状态改变时，能够通过内稳态应变，也就是说有机体内部的各种化学物质进行调节，从而能够适应环境的改变，但是这种适应时间过长，程度过高，便会产生应激反应。因此将“应激”定义为：“应激是有机体对日常生活的事件进行应对的过程，它会使有机体内部失衡，而产生非稳定态负荷。”

我国学者认为，应激是个体面临或察觉到环境变化对有机体有威胁或挑战时做出的适应和应对的过程。

学者姜乾金从应激概念的类型出发，将应激概念整理为三种概念类型：（1）应激属于有机体对有害刺激的反应；（2）应激是引起有机体发生应激反应的刺激物；（3）应激是应激源和应激反应的中间变量。应激是一个多因素作用的适应过程。

学者张厚粲认为应激是有机体的一种身心紧张状态，即当有机体在面对自身有威胁的刺激情境时，相应体现在身体机能和心理活动改变的一种紧张状态。

《心理学大辞典》(2003 年版)上的定义则是：应激是有机体在生理上或心理上受到威胁时出现的一种非特异性的身心紧张状态。

目前，应激研究在很多领域都有涉及，应激的定义大概有三百多种，但从心理学角度看，并没有一个统一的定义。相比众多定义，更倾向于应激的定义为：应激是有机体面临或察觉到内外部环境变化对个体有威胁或挑战时，有机体所做出的适应和应对过程。应激产生的过程包括：应激源、中介因素、应激反应。

(1)应激源(Stressor)，指使个体产生应激的各种事件，即个体为了适应环境变化和改变而需要去适应和改变的事件。大概有三种类型：一是生活中发生的重大事件，如家人死亡、突发性灾难、失业、家庭失和、高考等；二是时间比较紧迫的事件，如限期之内完成的工作；三是慢性且不间断的事件，如间歇性疾病、连续的考试、不间断的工作和生活中长期积累且不间断的琐事等。

(2)中介因素(Stress Mediators)，主要有五种类型：一是个体认知的过程，有很多的研究表明，相同的应激源作用于不同的有机体，带来的结果或影响不同，应激源是否成为个体的不良因素，主要取决于个体对应激源的认知；二是个体的人格特征，每个人都具有独特的个性组合特征，不同人格的人在面对相同应激源时，认知不同，应对的方式也各不相同；三是事件的可测与可控性，如果个体遇到的是可预测，而且在个体能力范围之内可以完成、可以控制，个体的应激水平相对较小，也不会产生心理焦虑，但是当时间是不可预测且不可控时，个体便会产生焦虑、烦躁的情绪，心理紊乱；四是个体应对的方式，主要是指个体在遇到该类事件时，所采取何种的应对方式和策略，能够更加有效地进行应对；五是社会支持力度，就是个体能够从自己的家庭、亲戚朋友、单位领导和同事在精神和物质上的支持，能够缓解个体的压力。

(3)应激反应(Stress Response)，主要是指由应激事件带来的生理反应、心理反应以及相应的行为表现。生理反应主要表现为应激事件唤醒的生理症状，表现在人的肾上腺皮质醇的分泌、心血管系统、下丘脑、脑垂体和免疫系统等方面的活动，最直接的表现是经常生病和身体疲惫；生理反应主要表现为应激事件唤醒的心理反应，主要表现为个体的情绪变化，如焦虑、烦躁、暴躁、容易发怒和精神疲惫不堪等；行为反应是指个体遇到应激事件后所表现出来的相应的行为特征，如对事件的回避，与他人交往的回避，出现一些心理障碍后自残、自我伤害的行为等。

二、应激源及其类型

(一)应激源的定义

应激源(Stressor)是指向有机体提出适应需求而引起适应反应、稳态失调的环境事件和情境。我们常称为刺激或刺激物。应激源之所以能够成为现实刺激物，是因为环境刺激被有机体察觉到，并知觉为危险的存在。对个体而言，对应激源的不同认知，应激过程不同，应激反应结果各异，因此从不同的角度对应激源有不同的分类。

（二）应激源类型

1. 根据应激源产生的来源进行分类

根据应激源产生的来源进行分类，Braunstern 将其分为四类：

（1）躯体性应激源，指直接作用有机体身体并产生直接作用的刺激物，包括了各类化学、生物学等刺激物。

（2）社会性应激源，指有机体为了适应和应对社会生活事件和社会情境的刺激物。

（3）文化性应激源，指有机体由于语言、风俗习惯和生活方式等改变而引起的应激。

（4）心理性应激源，指有机体因为事件超过自己的预期、不可控性、生活工作压力以及心理冲突等引起的有机体心理变化的刺激。

2. 根据应激源持续的时间进行分类

根据应激源持续的时间进行分类，惠顿将其分为六类：

（1）创伤性事件，这类事件对有机体的伤害是比较明显的，因为创伤性结果无法预估和预测，也无法进行预防，而且创伤性事件所造成的影响持续时间很长，需要较长的时间来修补，这类事件包括战争、事故、灾害等事件。

（2）生活变迁事件，指有机体在社会生活中变迁时遭遇的各种大大小小的事件等，从时间看，对有机体的影响是长远的。

（3）系统应激事件，是从社会系统来讲，如经济、家庭等方面相关的应激源，这类事件持续的时间可长可短，可能持续多年，也可能持续几个月。

（4）日常困扰事件，程度上不及生活变迁事件，主要表现有机体在日常生活上受到的困扰、挫折、冲突等事件，持续时间根据个体情况而定，可长可短。

（5）非事件性应激源，指个体按正常规律预期应该发生却未按预期发生的事件类型。

（6）长期性应激事件，指与个体的工作和社会角色相关联的应激事件，如角色冲突、工作任务及不良的工作环境等事件，此类事件持续的时间是长期性的。

三、应激理论模型

关于应激的理论研究，西方国家从 19 世纪就开始展开，从医学领域开始，逐渐延伸到心理学、管理学、社会学等多个专业领域，专家学者不断地深入研究，取得很多理论成果，主要形成了以下比较著名的关于应激理论的模型：

（一）刺激理论模型

刺激理论模型来自物理学，Mayer、Holmes 等认为应激是有机体因为受到外界环境的刺激而产生的紧张反应，所谓的外界环境包括自然灾害、恋爱失败、失业、战争和贫困等，该理论将应激的研究重点放在产生应激的外界刺激上，并认为这些刺激是具有一定的共通点，如事件的不可控、冲突和超过个体能承担的临界值（超负荷）等等，试图找出外界刺激和应激反应两者间的因果关系。

（二）反应理论模型

加拿大蒙特利尔的生理学家汉斯·塞利（Hans Selye），对应激领域的研究是开创性的，而且持续了几十年的时间，被称为“应激研究之父”，Selye 在其 1956 年出版的《生命的应激》一书中明确给出了应激的定义，并把有机体的应激反应的过程分为三个阶段，即警戒阶段、抵抗阶段和衰竭阶段，将这三个阶段称为“一般适应综合征（General Adaptation Syndrome，GAS）”，也就意味着一般适应性综合征模型的建立。

一般适应性综合征模型的三个阶段，第一个阶段为警戒阶段，也就是说有机体受到紧张刺激、威胁时引起的躯体的防御性的反应，因为机体的交感神经激活，将对抗应激源而动员起来，所以这一阶段也可以称为动员阶段。如果应激持续下去，有机体将进行到下一阶段，即第二个阶段。第二个阶段是抵抗阶段，该阶段有机体会在内分泌系统的协调下调动身体的潜能和机制来抵御应激，也可以称为抵抗反应阶段。如果应激持续的时间过长、强度较大，有机体的抵御会持续下去，于是进入第三个阶段，即衰竭阶段，但是有机体的适应能力最终还是会被消耗光，直到最后发生疾病或者是死亡，也可以称为适应性疾病发生阶段。

该理论的优点在于侧重于生物学解释，将有机体的生理参数作为反应应激的客观指标，通过动物实验获得相关数据，具有一定的信效度，同时进一步证明不同的应激事件可能会造成相似的应激反应。

该理论的缺点在于仅仅从生理性应激来解释应激，忽略了有机体在应激状态下的心理反应，忽略了人在应激状态的能动性，只从不良环境的应对进行解释，范围比较窄。

（三）交互作用模型（Cognitive-Phenomenological-Transactional Model，CPT）

Lazarus 和 Folkman 等人发展了塞利关于应激的研究，但是与塞利的应激反应理论不同，更侧重于从心理学角度研究应激反应中个体的认知过程，因此，交互作用模型是典型的心理学模型。Lazarus 等人认为交互理论包含了三个比较重要的观点，我们从交互作用模型对应的三个英文单词可以看出：（1）认知（Cognitive）观点，首先认为应激反应和环境因素并没有直接关系，应激反应不是环境作用的直接结果，个体对环境刺激的评价和认知评价才是导致应激反应的直接原因，只有当环境刺激被意识到并被看重时才会产生应激反应。（2）现象（Phenomenological），主要强调与应激相关的时间、地点、事件、人物等对应激反应产生的影响具体存在。（3）相互作用（Transactional），认为应激是通过个体与外部环境之间的特定联系而产生的，这种相互作用指应激不仅受外部环境的影响，也受个体在应激情境中的主观能动性的影响，能够指出人的信息反馈和行为调整在应激反应中的作用。交互作用模型如图 7-1 所示。

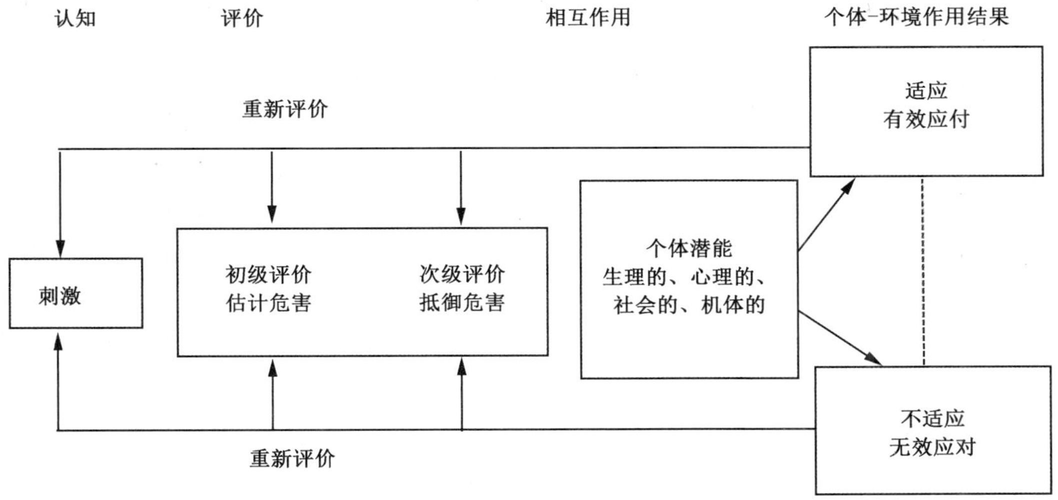

图 7-1　交互作用模型(Lazarus)

● 四、应激与民航服务

(一)工作应激与民航服务

1. 工作应激的定义

工作应激是指由个体从事的职业或与职业直接有关的因素引起的生理和心理应激。人与职业是相互适应的过程,工作应激包括两方面的内涵:一是人能否适应所从事的职业要求,如工作负担和要求与个体能够承受的工作程度或个人的个性、能力方面等与职业匹配;二是个体所从事的职业与需求满足的匹配程度,如个体能否从工作中获得认同、快乐,是否达到自己的预期等。

2. 工作应激的分类

根据 Phillip L. Rice(1990)在其著作《压力与健康》一书中,依据工作应激的来源将其进行分类,共分为六大类,即工作条件、角色应激、人际关系因素、职业发展、组织结构和家庭-工作相互影响。

(1)工作条件。包括工作数量和工作质量超载、不良的工作环境、工作挑战与多变性、工作技术因素等方面。

(2)角色应激。包括社会角色冲突与不稳定、社会性别角色偏见、工作场所性骚扰等方面。

(3)人际关系因素。包括工作场所人际关系紧张、办公室氛围不和谐、缺乏社会支持力度等。

(4)职业的发展。包括员工的升职、奖励、职业带给职工的安全感、员工的上进心与抱负心、职业前景和职工的职业培训等方面。

(5)组织结构。从组织层面讲,僵化的组织结构、内部政治斗争、监督缺失和不足,职工参与决策方面等。

(6)家庭-工作相互影响,家庭婚姻冲突、家庭支持的缺失和人口过剩等。

根据徐斌(1998)对工作应激的分类来看,工作应激可分为两大类,即职业内在的应激源和管理、政策及其执行中的问题两大类。

(1)职业内在的应激源。体现在工作的条件和劳动的范围。工作的条件是指工作环境的情况,如工作环境的温度与湿度条件、噪声、照明等;劳动的范围是指工作组织分层,即所属科室与班组等工作量负荷。

(2)管理、政策及其执行中的问题,包括组织氛围、职业中人际关系、个体在组织中的角色以及个体职业发展等。

3. 民航服务人员的工作应激

不同职业的工作应激特点存在很大的差异,根据不同的职业特点和职业要求,会呈现自身的特点。民航服务是指民航运输中的服务,是民航业各个单位为满足民航旅客和民航货运客户需求而从事的具体工作。民航服务人员的工作应激来源主要有以下几种:

(1)工作负荷。民航服务人员的工作负荷主要体现在两个方面:一是工作的时间;二是旅客服务质量的满意度。

首先,工作时间的要求。我国的民航机场正常情况下都是全年开放运行,只要涉及与旅客服务直接相关的岗位,基本属于倒班状态,而且旅客乘机,必须要经过购票、安检、登机等程序,且有严格的时间限制,对于民航服务人员而言,出于职业需要与要求,必须建立良好的时间观念,要有守时、按时到岗、到时离岗的职业素养,也正是如此,对自己要求严格的人,会设置闹钟叫醒功能,以及轮到自己上岗便会紧张,或出现睡眠时间减少的情况,像这种由于工作时间造成的负荷,从应激时间长短而言,属于长期性的、不间断的应激。

其次,旅客服务质量的满意度。任何的职业岗位都将面临单位、公司制定的考核制度和考核标准,但民航服务人员考核评价最直接的方式便是旅客对其服务质量满意度的评定。民航服务人员由于工作性质与旅客是面对面的直接对话,旅客对其服务质量的评价快速而直接,工作期间会在短时间应对不同问题,面对旅客提出的质疑以及旅客对其的评价,都会影响民航服务人员的情绪和行为。因此,为了提高服务质量,民航服务人员会尽量控制自己的情绪,或以受委屈的方式为旅客服务,让旅客满意,但还是存在被旅客投诉的风险。根据韩明亮等人对航空公司旅客服务质量的影响因素研究,可以看出旅客对民航服务岗位的满意度,如表 7-1 所示。

表 7-1 旅客对民航服务岗位的满意度(2005,韩明亮)

民航服务	影响因素	重要程度排序
旅客服务总体质量	地面服务	1
	空中服务	2
地面服务质量	服务态度	1
	行李运输	2
	电话问询	3
	办理乘机	4
	休息室	5
空中服务质量	服务态度	1
	服务主动性	2
	服务技巧	3

(2)人际关系。民航服务人员的人际关系主要体现在两个方面:一是工作上的人际关系;二是与旅客的沟通交往。

首先,民航服务人员在工作中存在一定的横向或纵向的交往关系,从工作中人际关系的紧密程度上看,民航地面服务人员与民航空中服务人员相比较,后者比前者更为凸显。航班上乘务组人员尽管属于同一个航空公司,但是不一定都认识,彼此之间并不了解彼此的性格、做事风格,但是航班上的服务是需要整个乘务组的配合才能完成,工作中的人际关系和谐度对于服务质量也有明显的影响,人在快乐的氛围中工作,能够更好地服务旅客;反之,会觉得工作时间度日如年,滋生消极情绪,发生冲突,会把不愉快的情绪带到工作之中,甚至这种消极会延伸到非工作时间。

其次,与旅客的沟通交往。民航服务人员与旅客的交往,更多地体现在能够多一些耐心去倾听旅客的要求,让旅客能够表达自己的需求,与旅客建立起良好的沟通渠道,帮旅客解决问题。让旅客能够满意,从而减少服务过程中由于沟通不当而造成的投诉事件。处理得当,皆大欢喜,如果处理不当,会导致冲突,或者遭旅客投诉。

(3)职业发展。对于客舱乘务员而言,在应聘之初就会有很多的限制,年龄、身高、体重、相貌、体态、语言沟通表达能力、专业和学历等,地面服务人员也有相应的要求,只是较航空服务人员低,通常对民航类职业评价都是靓丽、高薪酬等。但是从从业人员的职业发展看,人们会普遍觉得这是个“吃青春饭”“干不长”的职业,因此,就客舱乘务员而言,可能发展的前景,即普通舱乘务员-头等舱乘务员-区域乘务长-主任乘务长-乘务教员-检查员等,但越往上晋升,人员越少,只有真正热爱这个行业的人才能最终坚持下来,而对这个职业感到倦怠时,便会产生离职倾向,终止该职业的发展。

(4)工作环境。航空服务人员的工作环境显然比地服人员的工作环境更为复杂。

一是高空飞行。空乘人员主要工作区域是在客舱,客舱是飞机的增压舱,能够使旅客和空乘人员在高中飞行时有相对舒适的客舱环境 ,但是大气压在随着高度变化时,在一定范围内会造成高空缺氧、高空减压、胃胀气等症状。

二是高空辐射。辐射会对人的身体造成影响，可能会导致如皮肤癌，或影响到女性的生育能力等，在高空受到的辐射量是地面受到的辐射量的100~300倍，高空飞行的辐射接触量确实会增加，但是没有数据表明与癌症发病率直接存在相关性。

三是湿度。客舱的湿度一般为15%，而人体处于50%~60%的湿度时是最舒适的，长期在客舱内工作，客舱内的湿度相对较低，因此可能会感到皮肤干燥。

四是在封闭区域长时间站立。空乘在客舱工作时，长期保持站立姿势，而且长期穿高跟鞋，频繁在客舱走动、弯腰、低头，会产生相应的症状，如静脉曲张、腰椎间盘突出和颈椎受损等。

（二）民航服务过程中的应激事件

民航服务体现在客票销售、地面服务和空中服务等方面，如民航售票处、民航值机处、民航候机室、空中服务和行李提取及查询处的各个阶段的服务。在民航服务过程当中，或出现各种各样的应激事件，这就需要民航服务人员进行妥善的处理。

1. 机票超售

机票超售的现象在国内外航空公司已经是司空见惯的行为，其目的是降低机位浪费。航空公司不会事前告知乘机旅客机位是否超卖，因此也造成了相应的矛盾和冲突，旅客一般都是在机场值机或者已经上飞机后才被赶下飞机，这势必引起旅客的不满。2017年10月19日晚上7:50，一名姓汪的男士要乘坐飞机从上海虹桥机场飞往台北松山机场，值机时被告知没有机位，地勤安排他搭乘第二天的东方航空的飞机返台，这位男士明确拒绝该提议，认为自己已经购票却不能搭乘该航段飞机，就算航空公司进行补偿也不能够接受这样的结果，拒绝协商。

2. 航班延误

航班延误的原因主要有两个：一是较为恶劣的天气原因；二是流控。有一定民航相关知识或民航相关专业人员都知道原因，但是一般的乘机旅客却不一定理解，因此也会爆发地服人员与旅客的冲突，甚至演变为大型的群体事件。航班延误已经受到相关部门的高度关注，也形成了相应的应对机制。2019年5月1日至4日，济南机场针对不正常航班的情况，为了保障旅客的顺利出行，购置了瓶装水、饮料、毛毯和食品等服务用品，同时签约了40多家宾馆，能够保障4000个床位服务旅客。

3. 高空突发疾病

要成为一名航空公司的客舱乘务员，要通过所在公司的初始培训的考核，考核内容较多、范围较广，其中一项就是急救课程考核，这为空中发生急救时提供了必要的保障。2019年7月9日晚8:06，乘坐南航CZ3681航班由贵阳飞往北京的刘先生，在飞机进入平飞阶段后，客舱乘务员开始发放餐食时，他突然感到自己心脏剧烈疼痛且无法忍受，于是快速冲到前舱乘务员身边请求帮助，当班的乘务长立即报告机长，询问情况及准备机上急救设备，了解到该旅客有高血压、心脏病病史和随身携带药物，因此，立即用药和使用氧气设备帮助恢复呼吸，缓解初期症状，在机上寻医未果的情况下，机长果断备降最近机场，抢救旅客性命。

4. 托运行李丢失

旅客在乘机时，常常带行李出行，行李箱里常为一些出行用的日常用品或衣物之类的物品，在航班中转或是乘坐长途国际航班时，托运行李丢失或行李延迟达到的情况时有发生，无疑给旅客的整个行程都会造成诸多不便。2019 年 4 月 8 日，一位李女士乘坐汉莎航空 LH723 航班转机 LH1792 航班，从北京首都机场经慕尼黑机场再转机到达里斯本机场时，发现自己的托运行李未到达，咨询机场工作人员后，发现自己的行李丢失，达里斯本机场给出的答复是该女士的行李遗失在慕尼黑机场，并提供了行李处理单，但过去几天还是没有收到行李，4 月 20 日，委托家人联系国航北京行李部才发现自己的行李还滞留在北京。

扩展知识

社会支持评定量表（肖水源、杨德森编制，附部分内容，仅供参考）

良好的社会支持有利于个体的身心健康，社会支持对应激状态下的个体有保护作用，一是可以缓冲应激带给个体的影响，另一方面可以维持较好的情绪体验。

1. 您有多少关系密切，可以得到支持和帮助的朋友？
2. 近一年来，你是独居，和陌生人住，和朋友或同事住，还是和家人住？
3. 你和邻居的关系如何？
4. 你和同事的关系如何？
5. 你从家庭成员得到的支持和照顾情况如何？
6. 过去，当你遇到急难情况时，曾经得到的经济支持和解决实际问题的帮助来源有哪些？
7. 过去，当你遇到急难情况时，曾经得到的安慰和关系的来源有哪些？
8. 你遇到烦恼时的倾诉方式是什么？
9. 你遇到烦恼时的求助方式是什么？
10. 对于团体组织活动，你参加的频率是什么？

第二节 ◉ 疲劳

一、疲劳的定义

《辞海》中将“疲劳”定义为“持久或过度劳累后造成的身体不适和工作效率减退的

现象”。

《工业心理学大辞典》给出的“疲劳”的定义是“一种由高强度或长时间持续活动引起的工作能力下降的状态”，认为疲劳是本能的一种防护性的反应，具有保护机制。

国际民航组织（ICAO）更多的是从疲劳的生理表现下定义，认为疲劳是“由于睡眠不足、长时间觉醒、所处的昼夜节律紊乱、或过重的工作负荷（脑力/体力活动）而导致的脑力或体力能力下降的一种生理状态”。

目前来说，关于疲劳的定义并不统一。但从上述的定义中，不难发现都和工作相关，因此我们对疲劳的解释是：疲劳是持续长时间的学习和工作以后造成的工作效率下降的现象。

● 二、疲劳的类型

疲劳产生的原因是多方面的，有可能是环境，可能是生理和心理的活动强度，也可能是情绪原因，等等，因此，按照不同的方式、性质划分，疲劳可以分为不同的类型。

（一）按照活动性质划分

1. 生理疲劳(Physiological Fatigue)

生理疲劳，主要是指人的身体肌肉的疲劳，其主要表现为身体出现乏力、动作技能的下降、动作出现不协调以及动作的灵活性降低等。生理疲劳机制的形成，主要通过中枢学说、能源耗尽学说进行解释。

2. 心理疲劳(Mental Fatigue)

心理疲劳，主要是指非身体肌肉疲劳，而是心理上高度紧张、压力过大、工作较为单一乏味而产生的疲劳，其主要表现为注意力不集中、思维迟缓、行动反应缓慢、精神萎靡、情绪低落、做事效率低下，等等。

（二）从整体和局部划分

1. 整体疲劳(Whole Body Fatigue)

整体疲劳，也可以说是全身性疲劳，主要是指个体体力减弱、活动速度变慢、注意力集中性下降，从而导致完成任务的效率降低而差错率增加的情况。

2. 局部疲劳(Local Fatigue)

局部疲劳，指身体的某一个器官、部位，由于长时间从事较强的活动或动作而产生的疲劳，如长期站立，导致腿部酸痛、麻木等。

（三）按照活动的周期长短和工作负荷划分

1. 急性疲劳(Acute Fatigue)

急性疲劳，指人在短时间内从事较重的工作负荷的活动而造成的疲劳，常表现为体力消耗殆尽,睡眠的短时间缺失引起的,但是在经过一定时间的调整和休息后能够较快得到恢复。

2. 慢性疲劳(Chronic Fatigue)

慢性疲劳,指在较长时间内从事较重的工作负荷活动而造成的疲劳,常表现为昼夜节律的长期不规律和长期睡眠缺失,这种疲劳类型必须要经过持续数日的休息,才能够得以恢复。

三、诱发疲劳发生的原因

诱发疲劳的原因多种多样,主要包括以下几种:

(一)睡眠

睡眠是影响疲劳产生的一个重要的原因,是一种不可忽视的生物节律。人可以长时间不睡觉,但是这个时间是有节点的,如果人达到四天以上都不睡觉,就会出现极大的痛苦。一个成年人,每天需要的睡眠时间为 5~9 个小时,平均需要 7.5 个小时。睡眠不足或者是睡眠缺失都容易诱发疲劳。

扩展知识

梦境剥夺实验

斯坦福大学的睡眠专家威廉姆·德门特(William Dement)的快波睡眠剥夺实验,是通过研究一些人的睡梦剥夺,来解答“一个人的睡梦如果被部分或全部剥夺,人体的功能是否还能正常的工作?”

实验对象:选择 8 个实验被试,为年龄区间在 23~32 周岁的男性。

实验目的:要求被试在睡眠时间到实验室穿戴仪器进行实验,实验者观察被试者的脑电波和眼动情况等睡眠情况。

实验要求:要求被试者只能在睡眠实验时才能入睡,其他时间打盹或小憩都不行。

实验过程:

1. 在最初的几个晚上,被试按照日常情况,进入睡眠状态。

2. 开始睡梦剥夺。通过仪器,一旦发现被试进入快波睡眠阶段,将其立刻摇醒,让其清醒几分钟后,再次允许被试开始睡眠。

3. 继续入睡阶段。被试将不被打扰地入睡,但是仪器正常工作,进行检测。

4. 第 3 天晚上,8 名被试中的 1 名,产生了焦虑,因此退出了实验。第 4 天,又有 2 名被试因为焦虑退出实验,最后只有 5 名被试完成实验。

实验证明:睡眠被剥夺的人会出现记忆力下降、情绪低沉、焦虑的情况,进而影响到身体健康。

（二）环境

能够诱发疲劳的环境因素主要来源于照明度、温度、湿度、噪声、振动等物理环境，这些因素对疲劳的产生有着非常明显的影响。如当夜晚入睡时，听到低频振动，人会无法入眠，使身体处于唤醒状态，唤起个体烦躁的情绪，进而造成全身性疲劳。

（三）身体状态

身体状态也是影响疲劳的原因之一，当不同的人在完成相同难度的任务时，体弱多病的人比体质好、身体健康的人更容易出现疲劳现象。

（四）工作的时间和强度

工作时间越长、工作强度越大，越能引起人的疲劳，工作的强度决定着疲劳出现的早晚，也就是说工作的强度越大，疲劳越早出现，工作强度时间越长，疲劳的程度会越高。在不同的时间工作，疲劳程度也是存在差异的，夜晚工作的疲劳程度明显高于白天的疲劳程度。

（五）心理负荷程度

心理负荷程度是指在完成工作时所需要承受的心理负担程度，一般是指认知、情绪和意志方面承受的负荷，但相比较之下，情绪负荷是造成人的心理负荷的最主要原因，主要表现在心理负荷程度高，精神压力增加，个体常常会感到非常疲惫。

四、疲劳的不良影响

当一个人出现了疲劳现象，实际上是你的身体在发出报警，说明身体消耗已经达到了临界值，人应该放下当前的一切，好好休息，如果继续当前的工作，疲劳的消极影响便会凸显出来。

（一）长期过度积累疲劳，将损害身体健康

人处于轻度疲劳状态下，人的心理行为改变是不明显的，但是人长时间处于疲劳状态，这种疲劳是会累加的，而人处于过度疲劳的情况下还要继续工作，将引发疾病，使自己的健康“亮红灯”，出现某些症状，如情绪不稳定、易怒、失眠、头晕、胃病、食欲不振、心律不齐等，身体健康状况堪忧。

（二）疲劳降低工作效率

轻微疲劳只会带来轻微的倦怠感，工作效率没有明显地降低，但这仅仅是个体主观上的感受，实际上疲劳是存在的，但是随着继续工作，人们会察觉到工作效率明显降低，而下降的趋势越来越大，工作的速度也会变慢。

（三）疲劳使工作失误率增加

疲劳带来的影响，会表现为注意力不集中、感觉功能失调、动作缓慢和不准确、记忆力下降、思维能力僵化，特别是安全生产的工作，甚至会导致安全事故的发生，造成巨大的损失。

五、疲劳情况下旅客的行为表现

民航案例

厦航“红眼航班”上的暖心早餐

民航资源网2019年7月16日消息：2019年7月6日，MF876曼谷—福州航班刚一落地，周诏乘务组便收获了一封感谢信，让他们没想到的是，这封来自乘客刘女士的表扬，是因为她所乘坐的“红眼航班”上提供的一次及时周到的早餐服务。

受前序航班影响，刘女士搭乘的MF876航班延误至凌晨3:40才起飞。考虑到“红眼航班”多为团队出行旅客，旅途辛苦，周诏在航班前特别交代，对休息旅客要使用免打扰卡，记录座位号，以便旅客醒后能及时提供餐食。

起飞后，刘女士和其他旅客纷纷进入睡眠，乘务组调节客舱灯光，营造舒适的休息环境；使用免打扰卡，加强客舱巡视。早上6点多，醒来的刘女士误以为错过了早餐，正在懊恼，乘务员郑景华便注意到了她，并第一时间就送来一直在烤箱中保温着的餐食。乘务员杜森担心刘女士刚睡醒胃口不好，便为她提供了留存的榨菜，细致的举动得到了刘女士的肯定。她在信中盛赞，乘务组的“预见式服务”，简直不能更贴心了！

资料来源（http://news.carnoc.com/list/500/500003.html）

（一）易困

乘坐夜航和国际航班的旅客相较于白天的航班和国内航班而言，旅客疲劳的表现更为明显，不难发现夜航和国际航班旅客，行李放好就座后，最常见的行为便是睡觉。夜航也被称之为“红眼航班”，这种夜间航班出现在1959年的美国，因为乘坐夜航的旅客在下飞机的时候都是睡眼惺忪，像极了兔子的红眼睛，因此而得名。因为白天的航班的机票价格一般高于夜航的价格，很多旅客为了更经济地出行，会选择夜航，特别是长途的国际航班，夜间乘机的旅客，由于乘机一般要在飞机起飞前的1~3小时到达机场办理各种手续，加上人身的生物节律，到晚上通常已经非常疲劳，急需休息，很容易犯困。

（二）少言

旅客乘机的目的各种各样，虽然搭乘同一个航班，但大家都是陌生人，再加上旅客的疲惫，所以基本上都是零交流，不是必要的情况下一般比较少言，这种少言不仅是对旅客，同时也是对客舱乘务员而言。如，笔者的一位朋友，有一次搭乘国际航班，也是夜航，登机以后睡觉直至客舱乘务员开始发餐食才醒。发餐食的时候，要把小桌板放下来，才好放置餐盒。经常乘机的人都清楚，旅客一般喜欢调整自己的靠背，让自己能够享受的空间更大些，因此，笔者的朋友发现她前方旅客的靠背在这时并未归位，但是人在疲惫的时候真的是不愿意说话，所以他想着将就使用吧，这个时候负责该区域的客舱乘务员及时地发现了问题，立刻要求前方旅客调直了座椅靠背。

（三）易怒

乘机旅客如果处于疲劳状态，虽然少言，但是情绪上的表现是易怒，不太容易控制自己的情绪，转变成行为，容易发生冲突。当人处于疲劳状态时，一件非常小的事情就可能触发情绪。例如，对小朋友的态度，如果放在日常，大家一般会觉得小朋友很可爱，要去逗一逗，但是当飞机上的乘客中有小朋友时，小朋友常会在飞机上打闹、踢座椅前方靠背或者乘机时常伴有哭闹行为，特别是旅客航行疲惫时，听到机上小孩的哭声会变得非常烦躁，甚至会造成成年旅客间的冲突。

六、空乘人员疲劳管理方法

客舱乘务员在客舱的岗位职责，包括客舱安全和服务。如果空乘人员过度的疲劳，在执勤任务航班时，可能会忽略客舱安全检查的细节、忘记某些重要的安全检查程序或疏于对乘机旅客不安全行为的监控，从而直接影响飞行安全，根据交通运输部 2017 年第 29 号令公布的《大型飞机公共航空运输承运人运行合格审定规则》第五次修订中提道：将结合我国国情，对 121 部相关章节进行修订，突出飞行疲劳与报到时间和值勤时间直接相关等概念，降低了飞行机组和乘务员的年总飞行时间上限。疲劳除了影响客舱安全外，客舱乘务员在进行客舱服务过程中，也会出现疏于观察，不能及时处理旅客问题或者出现不耐烦等消极情绪而降低客舱服务的质量。因此，空乘人员的疲劳管理显得尤为迫切。

（一）造成空乘人员飞行疲劳的原因分析

1. 睡眠质量

根据《大型飞机公共航空运输承运人运行合格审定规则》中关于客舱乘务员的累积飞行时间和执勤时间的限制要求：累积飞行时间限制为任何一日历月，不能超过 100 小时的飞行时间；任何一日历年不超过 1100 小时；航空公司不允许在客舱乘务员休息期安排任何工作，同理，客舱乘务员在休息期也不能接受航空公司安排工作，合理地保障了空乘人员的休息时间。从事空乘职业的人员，应该非常清楚睡眠量不等于睡眠质量，睡眠量是基本保障，睡眠质量是影响飞行疲劳的主要原因。

影响空乘人员睡眠质量的原因主要有：一是正常的生物节律被打乱，熬夜后的昼间睡眠质量明显低于正常的夜间睡眠质量，更容易引起疲劳，这需要空乘人员的自身调整和恢复；二是空乘人员完成任务航班以后，在休息期内没有很好休息，而是一个航班的机组人员三三两两地相约到目的地城市去游玩，情绪高涨后，难以入眠。

2. 工作负荷

客舱乘务员典型的工作负荷来自：客舱空间的限制、噪声、低氧环境、气压变化等，特别是客舱乘务员在执勤期间的服务工作基本上是不间断的，从旅客开始登机到旅客下机都在进行相应的工作程序，餐食服务的流程也较长。

造成客舱乘务员工作负荷的原因：一是工作的劳动强度和时间，客舱乘务员劳动强度大，服务流程过长；二是安全责任，客舱乘务员要求对客舱及时、随时监控，处于紧张和应激状态的人非常容易疲劳；三是不能按时进食，客舱乘务员通常是在发放完旅客的餐食以后再进食，长期客舱工作对机组餐食没有食欲，有的可能会不吃饭。

（二）空乘人员疲劳管理

（1）严格按照时间规定执勤航班任务，保障足够休息期。空乘人员的休息期指从空乘人员到达休息地点开始到执行下一次航班任务而离开休息地点为止的连续的时间段，在空乘人员的休息期内，航空公司不允许为其安排任何工作或者任何干扰。除了航空公司自己监控空乘人员的时间管理外，空乘人员也应该自我监控。数据显示：根据民航华北地区管理局1月2日发布的信息，某航空2017年7月3日至9日、2017年7月11日至17日未对两名客舱乘务员安排一个至少连续36小时的休息期，民航华北局对该航空公司做出罚款20000元的行政处罚。同样，某航空公司2017年10月14日至20日和10月23日至29日，两段7个连续日历日内，安排乘务员的休息期均少于36个小时。不过，民航中南局对该航空公司给予警告行政处罚，并未进行罚款。

（2）在休息期内，保障睡眠质量。乘务员的休息期，基本上属于自己能够把控的，要合理地安排自己的休息时间，用于睡眠，尽量地调整自己的规律。

（3）民航法规的相应调整。

民航案例

南航部分两小时内航线餐食将变点心变小食

为保障旅客和乘务员的空中安全，各家航空公司都会对两小时以内的航线餐食结构进行再度梳理，比如南航正对163条两小时以内航线的服务流程进行调整，部分航线将从提供热食变为提供点心盒，而有些点心盒则可能变为饼干之类的小食。

针对民航业内发生的因空中颠簸而导致旅客和乘务员受伤的事件，民航局发出紧急通知，重申航空公司要确保起飞后20分钟或平飞至落地前30分钟能完成所有旅客服务程序，飞机进入下降阶段后不应再为旅客提供餐食服务。

《成都商报》记者致电本土多家航空公司，其相关负责人均表示此次是之前相关通知的重申，实际上航空公司从两年前就已开始陆续对两小时以内的航线餐食结构进行调整，比如成都飞昆明、贵阳、丽江、桂林、西安等一个多小时航程内的航线现在基本已经没有再提供热食盒饭。

业内人士表示，在飞机上升和下降的“特殊50分钟”内进行客舱服务，乘务员所承受的安全风险是旅客的数倍。比如，如果飞机颠簸时乘务员还在收拾餐具，就很可能会因为没系安全带而受伤。餐具飞起也有可能导致旅客受伤。南航一位空乘人员表示，“航空公司都是按照用餐时间和航程飞行时间来决定的，比如目前两个小时以上配正餐，两小时以内配点心，一个多小时的有饼干，再短的就只有水了。如果航班时间正好是用餐时间，两个小时以上的航班肯定会配正餐。”

资料来源（http://news.163.com/api/15/0903/03/B2IDR39K00014Q4P.html）

本章小结

民航从业人员的工作应激、工作疲劳将直接影响到服务民航旅客的质量，了解应激源、疲劳相关概念与原理，不仅能够利于自身的自查，其中包括对自己所处环境的判断、工作压力程度的识别、自身承受能力及工作疲劳的监控，进而采取较好的应对方式，有效地规划自己休息时间，有益于自身的身心健康以及维持良好的情绪，而且能够及时捕捉到旅客相应的行为反应，从而更好地为乘机旅客提供更加优质的服务。

重要概念

应激；激源；工作应激；疲劳。

思考题

1. 民航旅客疲劳表现在哪些方面？客舱乘务员应如何观察及应对？
2. 民航服务人员的工作应激有哪些？
3. 客舱乘务员应如何管理疲劳？

第八章 态度与民航服务

课程目标

· 了解态度改变的理论与策略；
· 掌握态度的定义及其特征；
· 掌握态度的构成要素以及影响态度和行为关系的因素；
· 在民航服务中熟练应用态度理论。

引言

有什么样的态度就会产生什么样的行为，从而决定不同的结果，对待任何事物不是单纯的一种态度，而是各种不同态度的综合。作为航空公司航空服务中的一位员工，为旅客提供热情、周到、主动的服务，这种做好服务工作的态度是一种发自服务人员的内心的观念和愿望，只有发自内心的服务，才能做到最好，旅客才能真切感受到服务人员的诚意。

民航案例

山东航空的特色“厚道服务”

近年来，山东航空(以下简称“山航”)始终以“厚道”标准服务旅客，坚持以满足旅客需求为导向的服务发展模式，连续5年获得“年度最佳航空公司奖”，“服务水平-旅客预期=旅客满意度”，山航服务发展部总经理沙永全给出了这样一个公式。他表示，山航厚道服务的核心价值追求是超越顾客期望。为了向这个目标迈进，他们专门制定了“一心二力三式一超越”的服务呈现管理要求。一心就是同理心，就是与人际交往过程中，能够体会他人的情绪和想法、理解他人的立场和感受，并站在他人的角度思考和处理问题。二力就是洞察力和亲和力，这两个的顺序不能颠倒。首先要察言观色，捕捉到旅客的需求，然后再做出使人亲近、愿意接触的动作来；三式就是主动式服务、包容式服务和利他式服务，说的就是主动积极服务帮助旅客，对别人的一些举止行为容忍保持职业素养，善于从他人利益出发，追求旅客满意；一超越自然就是要超越旅客的预期。

资料来源：http://news.carnoc.com/list/494/494205.html

第一节 ◉ 态度

生活中，我们常常会说做一件事需要有一定的态度。比如，有人问你：“你喜欢喝可乐吗？”你可能会回答：“我想我是喜欢的，因为我总是喜欢喝它。”那么，什么是态度呢？态度是一个人对待事物的一种驱动力，不同的态度将产生不同的驱动作用。好的态度产生好的驱动力，就会得到好的结果，而不好的态度也会产生不好的驱动力，会得到不好的结果。

一、态度的概述

(一)定义

态度是指个体自身对某些事物或对象所持有的一种评价和相对稳定的内在心理状态，人们会对现实生活中的人、事、物、观念等做出肯定或否定的心理倾向，或是喜欢或厌恶的评价，同时还会表现出一种反应的倾向性，比如想接近或是远离、追求或是躲避。作为一种具有认知基础的心理反应倾向，事实上，我们社会生活中的许多行为，例如，吸烟有害健康，讨厌被人管理和控制等都与态度有关。而且，态度对于理解偏见、种族歧视、消费者行为、人际吸引等社会心理现象都十分重要。态度是社会心理学的核心概念，心理学家墨菲（Murphy）和纽卡姆（Newcomb）曾经写道：“在社会心理学的全部领域中，也许没有一个概念占据的位置能比态度更接近中心的了。”

对象性、观念性、评价性和持久性是对其进行定义的基本出发点。

对象性是指态度与需要、价值观等其他心理特征推动的一般倾向不同，它是指向特定对象或内容的；

观念性是指态度是以知识观念为基础的；

评价性是指态度是具有正面和负面指向的心理矢量；

持久性是指主体指向一定对象的态度是相对稳定和一致的。

（二）态度的构成要素

态度兼具认知、情感和行为三种心理维度，这三种成分是彼此相互关联的：

（1）认知：指人们作为态度主体，对态度对象的知识、观念、意象形成的具有倾向性的概念知觉、理解、信念和评价。认知成分中既包括对某人某事的充分理解，也包括对某人某事的评价，形成一定态度。

（2）情感：指人们对态度对象的情感体验。如尊敬或拒绝、喜欢或讨厌、热情或冷漠、敬重或轻视等。

（3）行为：指人们对态度对象的一种心理准备状态和反应倾向，一经产生便会对人们与特定对象有关的行为产生相应的影响，具有特定的意动效应。

在态度的三种心理维度中，认知是情感的基础，而情感常导致行为的结果。认知、情感和行为三者之间是协调一致的。比如某管理人员认为某员工工作能力强，又积极努力，工作表现好，这就是认知，而管理人员很欣赏这位员工，这是情感，从而愿意把一些重要的工作交给这名员工去做，也愿意与之交朋友，这是行为，可见情感成分是态度中的关键因素。

知识扩展

意动效应真的存在吗?

你可以尝试体验一下意动效应的存在。用两尺长的一根细线拴一重物捏在手里，闭上眼睛，保持手的静止，然后想象有一股强大的磁力在吸引重物做前后或左右摆动。几分钟后再睁开眼睛，你会发现重物果然在前后或左右摇摆。或者在地上画一个比双脚稍大的正方形，然后闭眼入静，边原地轻轻踱步，边想象正前方或正后方有一股强大吸力使你倾斜。过一会儿睁开眼睛，你会发现你已经从正前方或正后方踏出了原来的圈子。

传统的研究普遍认为态度的认知、情感和行为三种成分是密切联系的三个要素，一定的认知水平会影响人的情感判断，同时会对人的行为产生一定的影响，从而表现出一定的态度。但新近研究表明，态度的三个成分并不总是彼此高度对应的。

二、态度的理论

（一）态度的特点

1. 态度是习得的心理状态

人的社会化过程的一个重要方面，就是态度的学习。随着人与周围世界，特别是与其他人的相互作用，人获得了对于人和事物的认识，学会了对人和事物进行选择。

另一方面，态度作为习得的心理状态，可以随着社会生活环境的不断变化及个人新的社会学习经验的建立而改变。态度的改变是人适应生活变化，心理不断发展的重要方面。

2. 态度有具体的指向

态度是与一定的具体对象相关联的，这是态度与其他一般性的心理准备状态的重要区别。

3. 态度的稳定性与持续性

态度的稳定性是指在不同情境下人们对同一对象的态度会倾向于一致。持续性是时间上的特征，即态度形成后，它会在新的态度改变要求出现前一直保持不变。

4. 态度的简单性与复杂性

态度可能是简单明确的，比较容易确认和保持，也可能是复杂的，不太容易形成一个明确的指向，有时甚至会出现矛盾、冲突现象。造成这个现象的原因在于态度的三种成分彼此关联，三种成分的不同表现和彼此间不相一致，就有可能使态度变得较为复杂。

（二）态度的维度

1. 指向

指向即态度的方向，是指人们对于态度对象是肯定还是否定。在一个典型的态度量表上，指向包括是与否、赞同与反对、接受与拒绝、喜爱与厌恶、选择与不选择，等等。大多数态度测量涉及的都是态度的指向。

2. 强度

强度是指一种特定态度倾向于某一指向的程度。强度通常用等级量表的位置，或者二分量表中选择指向相同的项目数量来测量。

3. 深度

深度是指态度主体在一种态度对象上的卷入水平。它的测量指标，通常是一种态度得不到支持时所产生的挫折感强度。实际上，态度的情感成分，在深度这一维度上体现得最为充分。深度不同于强度，深度涉及的是一种态度对个人的重要性的问题。因此，深度与强度可以一致，也可以不一致。一般情况下，深度水平高的，态度也会有较高的强度，但高强度的态度未必有高的深度水平。

4. 向中度

向中度也称向中性，是指一种态度在个人态度系统和相关的价值系统中接近核心价值的程度。其指标是一种态度同一个人根本信念关联的水平或与价值系统中心的关系。一种态度与一个人的根本信念关联越密切，越是接近价值系统的中心，向中度也越高。越是远离根本信念成价值系统的中心，向中度也越低。

5. 外显度

外显度也称明显度，是指态度主体在一种态度上所表现的外露程度。外显度可以表现在行为的方向上，也可以是行为方式的表现。高向中度的态度可能使人指向一个远景目标，而不决定近前的具体行为。间谍常常将表面上附和敌人作为最终打击敌人这一远景目标的手段。因此，衡量态度与行为的一致性时，需要引入行为的目的性特征，而不能简单以外显与否作为指标。

（三）态度的形成

根据学习理论原理，环境刺激的重复可使人对一定事物产生较为稳定的态度体验，如果新的刺激与既有态度的对象相联系，那么新刺激也可引起同样的态度体验。强化是影响态度学习的重要因素。如果人们对于某种对象的态度得到了积极强化，则强化所产生的愉快情绪会同态度对象形成更紧密的积极联系，从而使一种态度得到加强。模仿性的观察学习也是人们态度获得的一个途径。人们的许多态度是通过观察别人，心理上认同一定的对象发展起来的。儿童最初模仿同性别的父母，后来是教师，再后来是同伴及自己所崇拜的朋友、名人、明星等，这些人都会对人们的态度发生影响。这意味着，在人们生活的不同阶段中，对其发生巨大影响的重要他人，对人们的态度形成有重要作用。

知识扩展

态度与行为关系研究实验

社会心理学家拉皮埃尔1934年进行的一项著名的态度与行为关系研究，对态度可以预测行为的命题提出了严重的挑战。研究的目的：揭示种族歧视态度与实际的种族歧视行为之间的一致性。20世纪30年代中期的美国，种族歧视十分严重，白人对有色人种有显著的歧视。

过程：

第一部分为现场研究。拉皮埃尔本人带领一对中国留学生夫妇，开车游历美国，行程数万里。他们一起下榻了66个旅馆，光顾了184家饭店。在此期间，除一家二等汽车旅馆的老板明确表示："我们不接待日本人。"其他各处对拉皮埃尔一行几人都做了很好的接待。随行的中国夫妇也单独去过数家旅馆与饭店，也从未遭到过拒绝。他们也像与拉皮埃尔一起时一样受到了良好接待。

第二部分是问卷调查。6个月后，拉皮埃尔对他们旅行时去过的每一家旅馆与饭店进行问卷调查。调查用的问卷有两种。一种为多问题问卷，其中除了有问题“你愿意接待中国人在你那里做客吗?”之外，还有针对德国人、法国人、日本人等不同国籍的同样问题。另一种为单问题问卷，即只有针对中国人的一个问题。寄问卷时，给其中一半旅馆与饭店寄单问题问卷，另一半寄多问题问卷。作为比较，研究者又选择了同样数目但他们并未去过的同类旅馆与饭店做同样的调查。这些旅馆与饭店也是一半收到单问题问卷，另一半收到多问题问卷。

结果，被调查的旅馆与饭店高度一致地显示出对中国人的拒绝，比例达到压倒优势。无论是对单问题问卷还是多问题问卷的反应，无论是旅馆还是饭店，也无论这些旅馆和饭店是否实际上有接待中国人的经验（去过或未去过），被调查者的反应都高度一致。然而，事实上，在现场研究阶段，拉皮埃尔与中国夫妇共去过250家旅馆与饭店，仅有一家实际上拒绝接待中国人，只不过他们将中国人当成了日本人。

其研究说明种族歧视态度与实际行为之间，几乎没有一致关系存在。对于这一点，拉皮埃尔和其他许多态度研究者深信不疑。拉皮埃尔的这一经典性的研究，对态度可以预测行为的命题提出了实质的挑战。

三、态度的功能

社会心理学卡茨提出，态度的心理功能，在于以下四个方面：

（一）工具性、调整性和功利性功能

人作为有机体，在与环境发生相互联系时，总是根据自己的需要，根据周围世界的客体能否满足自己的需要，以及多大程度上满足需要来对其决定取舍。一种对象满足机体需要的价值越大，人们对其的态度也越积极；相反，一种对象越是不利于机体需要得到满足，人们就越倾向于形成拒绝或逃避态度，因为此时拒绝态度更有利于机体。

（二）自我防御功能

态度的这种功能使人倾向于选择有利于自我防御的态度。根据自我价值定向理论，人是理性的，需要自己的价值得到确立并维护自身价值不受威胁，任何意识正常的人都会有这种社会心理需求。为此，人需要选择有利于自我形象和价值确立的态度来进行自我防御，使自己减少焦虑，并使情绪冲突转移方向。

（三）价值表现功能

态度的价值表现功能，使人们可以主动表现自己。主动表明态度、积极参与某个隶属群体、实际帮助别人等，都是人们选择并表明一定态度的方式。人们通过这些态度来表明自己的价值。

（四）认识功能

人为了适应周围世界，必须达到对周围世界的了解和控制，使自己的行为有明确的定向。 对于周围环境的一切客体，人们都是通过态度来赋予一切客体对于人类的意义所在。 一个特定的对象，也只有在与我们的既有经验联系到一起，主体对其产生了一定的态度时，它与个人之间的关系才明确，人与其有关的行为才有明确的引导。

课堂活动

趣味小测验

有的人认为“明天非得比今天进步不可”，有的人则持“只要平平安安过一生就好”的想法。 你呢？ 你对人生所持的态度如何？ 让我们从日常生活来了解吧。

1. 有人很喜欢在街头找算命先生看相。 他们都问些什么？

A. 关于爱情的事情

B. 什么时候会交到好朋友

C. 家人的事情

2. 饭团的中间，你喜欢包些什么？

A. 梅干

B. 柴鱼

C. 鳕鱼

3. 若能再次投胎，你希望做哪国人？

A. 意大利

B. 美国人

C. 中国人

4. 你喜欢下面的哪个字？

A. 爱

B. 美

C. 和

5. 吃拉面时，你最先下手的是什么？

A. 汤

B. 面

C. 筷子

6. 你在国外租车时，会选择哪种颜色的车？

A. 白

B. 红

C. 蓝

7. 如果可选择从最喜欢的年龄开始度一生，你会选几岁？

A. 6 岁

B. 23 岁

C. 28 岁

8. 桌上放有一罐装果汁。 单凭直觉，你认为里面还有多少果汁？

A. 空空的

B. 一半

C. 满满的

9. 在外头，你急着要打电话，可是公用电话亭里的人却讲个不停，你会怎么做？

A. 跟他说："对不起，请快点……"

B. 一直等下去

C. 算了，另找其他电话

10. 买东西时所找的钱和发票，你是怎么处理的？

A. 把钱和发票都放在口袋内

B. 把钱放入皮包，把发票丢掉

C. 确定找的钱无误后放入皮包里，至于发票则放在口袋里

11. 若你必须在明天早上 6 点起床，你会把闹钟定在几点？

A. 刚好 6 点

B. 6 点差 5 分以前

C. 6 点差 10 分以前

12. 滑雪场上，有个大洞在现在正在滑雪的男子前面。 里面有只熊……你认为滑雪者会怎样？

A. 掉入洞内，遭熊袭击

B. 有人告诉了他，他遂停了下来

C. 飞过此洞，躲过此灾厄

13. 有两人同时要搭电梯。 可是电梯里全是人，只能勉强再容一人。 你认为结果会怎样？

A. 两人都等下一班电梯

B. 两人都硬要挤进去

C. 只有一人挤入

14. 有个男性随着木船在海上漂流。 你认为接下来他的命运会如何？

A. 被浪打翻，惨遭鲨鱼吞噬

B. 木船虽翻了，但人被冲到孤岛，然后在孤岛上过余生

C. 被经过的船救起，然而却病死了

15. 与他一起共度生日的你，会选择哪种餐厅吃饭？

A. 饭店最上层的餐厅

B. 成为众人话题的网红餐厅

C. 船上的餐厅

评分：

1、8、11 题：A. 5 分；B. 3 分；C. 1 分

5、6、7 题：A. 1 分；B. 5 分；C. 3 分

2、12、13、14、15 题：A. 1 分；B. 3 分；C. 5 分

3、4、9、10 题：A. 5 分；B. 3 分；C. 1 分

分析：

A 型——15~26 分

B 型——27~38 分

C 型——39~49 分

D 型——50~65 分

E 型——65 分以上

A 型：升级派，你希望过更充实、更有活力的生活，也就是所谓的“生活扩大充实型”。你随时具有吸收新事物的意欲。你会把收入的一半存起来，以为将来做打算。三五年后的你定会比现在更快乐。不满足现状，不断朝更高目标奋斗的人，就是你这种人。

B 型：轻松派，你属于不会勉强，每天都轻轻松松过日子的类型，你出手不阔绰，也不会去冒险，与人交往不会太热心，每天总是顺着自己的心意过活。

C 型：休闲派，你是讨厌过既平凡又单调的生活的人，永远追求着梦一般的生活方式。你喜欢运动、旅行，倘若无法如愿，就会变得很焦躁。你绝不喜欢过着只为工作忙碌的生活。海外旅行或美食旅行最能抓住你的心。有时你也想来个完全放松的船之旅。

D 型：文明派，以运动、旅行为享受生活的方式是不能满足你的。你会在知识领域上更加钻研，取得一般人没有的资格，你追求的是心灵上的满足。你会以绘画和音乐来陶冶性情，且会去学多国语言，借以吸收更多的新知识。

E 型：期待冒险派，在每天的生活中，你总是追求着惊奇和冒险。你不喜欢被局限在小框框内，你很易对各种事情动心。对于自己的梦想，即使需花费过多才能实现，也不会放弃。对你而言，最重要的事，莫过于订立资金计划了。

四、态度的测量

态度测量主要讨论用于评价人们对于特定事物态度水平的手段或方法。一般而言，态度测量可以分为定性测量和定量测量两种思路。前者主要回答是或否、支持或反对等问题。投票就是典型的定性态度测量。

（一）瑟斯通量表

瑟斯通量表是由其本人提出的“主观外显相等间距法”量表。他认为通过人与人之

间的比较，态度可以概念化并且可以测量。1929 年，他在助手凯夫的帮助下，制定了一种精确的态度测量方法，他称之为“主观外显相等间距法”。

其步骤如下：

（1）选择特定的想要测量的态度对象，如对黑人的态度。

（2）通过广泛调查，提出有关态度对象的简单明了的各种问题，并以它们作为原始题目，一般为 50 题以上。

（3）将确定好的问题分别写到卡片上，并制成卡片。

（4）从将要进行态度测量的群体中，随机抽取一个足够大的代表性样本作为每个题目的审定人。

（5）请审定人按 11 点量表，即从最赞成到最反对，平均分为 11 个等级，客观、独立地评定每个题目所体现的对态度对象肯定或否定态度的程度，并按 11 个不同等级分为 11 组。如一个题目体现了对态度对象的最肯定态度，就将其归到第 1 等级中：没有明显肯定或否定，反映中性态度的题目，放入中间第 6 等级中；反映最不赞成态度的题目，则放入最后第 11 等级中。

（6）计算出每一题目上所有审定人评分的平均数，同时得出每一题目的分配曲线。这种评定过程要对每一道原始题目都同样进行，然后删除审定者认为意义模糊和审定人评分高度分散的题目，保留意义明确、评定集中或一致的题目。这些最后保留下来的题目就构成了测定人们关于某一对象态度的瑟斯通量表。

第一，一般情况下，瑟斯通量表总题目数为 25 题左右。它们通常会平均分配在各个等级之上。得分越高，对某一对象的否定态度越强烈。

瑟斯通量表的每一个题目都有态度强度上的明确定义，而不是平均考虑与态度对象有关的各个方面，这显然是与实际生活相符合的；第二，它将每道题目的得分在态度强度的意义上汇聚成了一个态度的总分，在根本上符合统计学原理；第三，被测者易于对量表进行反应，对每个题目回答是或否就行；第四，易于记分。

瑟斯通量表的不足：一是编制量表的过程复杂，通常必须由专家来完成；另一个是它的题目都是肯定性描述，答题时只有是、否两种反应，难于发现被试任意性的习惯反应，使测量的真实性受到损害。

（二）李凯特量表

1932 年，心理学家李凯特为了避免瑟斯通量表编制过程过于复杂，编制出了类似于瑟斯通量表，但更为简便的李凯特量表。

李凯特量表的具体步骤也是先针对一定的态度对象，通过广泛调查，拟定一系列备选题目，然后抽取一个态度测量对象群体的代表性样本试测，请他们以 5 点量表对每个题目评分，即完全同意记 5 分，比较同意记 4 分，不能确定的中立态度记 3 分，比较反对记 2 分，完全反对记 1 分。

下一个步骤是对预测结果进行统计处理，最后保留与量表总得分相关高的题目，删去相关低的题目。保留的高相关题目则构成量表，李凯特量表通常有 20 个左右的题目，是目前态度与个性测量使用最普遍的量表。

（三）语义差异量表

语义差异量表是由心理学家奥斯古德等人于 1957 年发展起来的，其基本方法是用成对的两极性的形容词，如好/坏、聪明/愚蠢等来评价态度对象。在每对两极性形容词中间，从肯定的一极到否定的一极，一般平均分为 7 个等级，分别以 7、6、5、4、3、2、1 数字表示。记录被试在所有回答上的得分并累加，就可以得到关于选定对象的态度测量。得分越高，反映被测者对态度对象越肯定。

用于语义差异量表的三个主要态度维度包括：①情感倾向维度，主要评价好/坏；②力量维度，主要评价强/弱；③活动维度，主要评价快/慢。

语义差异量表的优点主要体现在两个方面。第一，它考虑了实际生活中人们对一定对象的评价不是简单的完全肯定或完全否定，因而在每一方面都对人们评价的强度进行分化；第二，该量表编制简便，不需要过多的专门化知识，一切涉及对态度对象评价的两极性评定都可以引入量表。

（四）投射测验

投射测验的方式，通常是给予人们一定的刺激物，让人们据此进行联想，并以口头或书面方式报告出来，然后通过分析人们联想的内容，来推测人们的态度与个性。投射测验是一种间接的态度测量方法。

最著名的投射测验有两种：一种为主题统觉测验，英文缩写为 TAT；另一种为罗夏墨迹测验。后者主要是让被测者看一个墨迹，然后叙述其内容和联想，主要用于病理心理诊断。TAT 通常是给被测者一系列图片，让被测者根据图片内容，联想以前发生过怎样的事情，以后事情又将如何，使每张图片都引出一个故事。由于人们的心理准备状态不同，所联想出的故事也不同，由故事的倾向，可以了解人们对一定事物的态度。

（五）态度的实证测定

态度的实证测定又可以称为行为反应测量，包括距离测量和生理反应测量两种方法。

距离测量是通过人与人之间交往时的接近程度和融合程度来研究人们的态度。具有测量意义的方面包括空间距离、沟通内容、紧张程度、交往气氛等。

生理反应测量是一种在实验室里运用仪器测量人对某些事物的生理反应，从而探求其内隐态度的方法。

五、态度与有关概念的联系与区别

（一）态度与情感

态度评价或态度反应最容易同情感倾向相混淆。两者的区别主要在于以下几个方面：

（1）态度的肯定与否定有认知基础，是评价性的，有理由的，与价值系统有明确的联系；而情感的接纳与排斥只受需要状态制约，是非理性的，与价值观没有明确的联系。

（2）态度由于有其基础和与价值观的明确联系，因而是相对稳定的；而情感则随需要状况的改变而不断交化。

（3）态度的对象是具体的，是具体行为的直接而稳定的内在定向系统；而情感则具有极化的性质，它的对象是一类事物，它只是概括性的、不稳定的行动背景。

（4）态度有其指向一定对象的行动效应，而情感只是主体对于需要状态的体验化驱力背景的作用，没有直接的与具体行为相联系的动机意义。

（二）态度与意见

意见是人们对事物客观状况的认识或概念，是人们从独特视角看事物时获得的印象，它通常只是由认知成分组成，而不涉及情感的问题。 意见比较容易改变，当有关事物给人以新的印象时，人们会修正原有的有关观念。

态度兼有认知、情感与行动多种成分，由于它与情感、价值观等密切关联，因而较难改变。 比如我们有关于一个朋友贫穷的概念，这是意见，不构成偏见。 朋友表现出好的经济状况时，我们关于他贫穷的意见就会变成富足的印象。 但如果我们因一个同事不讲信用而讨厌他时，这就是态度。

态度与意见可以一致，也可以不一致。 二者一致的情况下，态度的定向作用会影响人看问题的方法和获得的意见。 而意见对态度的影响则较小且作用缓慢。

（三）态度与价值观

价值观是人们按照自己所理解的重要性，对事物进行评价与抉择的标准。 它是比态度更广泛、更抽象的内在倾向。 价值观与态度的根本不同是它不像态度那样有直接的对象，也没有直接的行为动力意义。 它对行为的作用是通过影响态度来实现的。 从发展上说，价值观的形成高度依赖于情感。 儿童从很早开始就依据客体能够满足自己需要的程度形成一定的价值倾向，最终的价值观就是在原有价值倾向的基础上，在积极情感的支持下形成的。 而针对具体对象，具有认知依据的态度，则是在价值倾向与后来的价值观基础上发展起来的。

一个人的各种价值观按照各种价值选择的重要性构成了一个完整的价值体系。 相应地，人们的各种态度也就构成了一个具有整体性的态度体系。 越是接近价值系统中心的核心价值，越是接近态度体系中心的核心态度，对行为的影响作用就越大。

（四）态度与行为

事实上，不仅态度能够影响我们的行为，行为反过来也会影响我们的态度，这在现实生活中以及科学研究中都已经得到了证实。 人们的行动可以改变先前的认识、感受和意向，特别是当人们觉得自己对该行动负有责任的时候。 比如，一个我们所熟悉的实验，即一个心理学家引导 10 个人在黑暗的环境中穿越一个房间，当房间亮起一盏灯时，房间的地面是一个养着鳄鱼的大水池，心理学家让人再去走一遍刚才的路，结果没人敢走，但当房间的灯全部亮时，发现水池已经做好防护措施，就有人敢走这条路，可见，人的行为是受自己所看到的、所持有的态度所决定的。两个本来互有偏见的社会群体，一旦有了相互间的更多接触和沟通，原有的偏见就可能会有所改变。承担新的社会角色，从事于该角色所规定的行为，也将使人们产生新的态度。“态度决定一切”，态度对于我们生活的方方面面起着决定性的作用，特别是当我们处在一个角色中时，一个人的态度往往对于这个人的行为具有指导性的动力性的影响。在我们所处的角色中，好的态度能使我们个人做出更具有实际效果的行为，使我们在这个角色所在的环境的竞争中取得一定的优势，而当你抱着一种无所谓的态度参与到这个角色中时，那么，在如今社会复杂的竞争环境中，你的行为在别人看来可能是可有可无的存在，所以，往往会在竞争中处于下风。社会心理学家的各种研究调查表明，当你的态度和行为保持一致时，带着这样的态度去考察、去研究，你会发现你所做的这些事具有一定的意义，所以，我们每个人无论处于什么角色环境中，都应该抱着相应的态度去履行行为。

第二节 ◉ 民航旅客态度引导

旅客的态度形成和服务息息相关，服务是从心开始的，服务必须发自内心，否则，再多再好的培训、再系统的理论都无济于事。“一位服务人员若是为了怕被旅客投诉，或是害怕管理人员追究责任，再或者为了更高的薪水和职位，甚至只是为了保质、保量地完成工作，从而有优秀的业绩，那么他所做的并不叫真正的服务，也更谈不上有良好的服务态度！”

● 一、改变旅客态度形成的因素

（一）态度形成理论

美国心理学家费斯廷格（Festinger）认为，个体对世界的认知包含知识、观念、态度等多种元素。这些元素之间有的相关，有的无关；有的是协调的，有的则是失调的。当认知元素之间是失调的时候，个体心理就会失去平衡而发生不愉快，甚至有压迫感。为了保持平衡与协调，人们就要设法解除失调状态。这里有一种认知失调理论：真正的态度改变发生在使认知失调的元素之间。一是改变一种认知元素。改变原先的看法，变消极为积极。二是增加新的认知元素。例如，虽然我的人际关系处理得不是最好，但是我的服务理念却是最新的。三是强化某一元素的重要性。比如，能从事这份自己很喜爱的工作是最重要的，其他因素都次之。或者强化后一因素，因素强化的结果可能导致离开群体。无论强化失调的哪一方，都可以促进问题的解决。

根据学习理论原理，环境刺激的重复，可使人对一定事物产生较为稳定的态度体验，如果新的刺激与既有态度的对象相联系，那么新刺激也可引起同样的态度体验。

强化是影响态度学习的重要因素。如果人们对于某种对象的态度得到了积极强化，则强化所产生的愉快情绪会同态度对象形成更紧密的积极联系，从而使一种态度得到加强。

（二）态度改变理论

通过沟通手段、创设或利用某种情境说服具有各种创设或利用某种情境说服具有各种主观条件的人们改变态度。

社会心理学家凯尔曼（1961）从认知的角度研究了态度的形成过程，通过分析典型的态度变化例证，指出态度形成及变化经历了依从、认同、内化三个阶段。

1. 依从

依从是指人们由于外在压力，个体没有深刻的认知和情感，比较表面化，行为受外部条件控制，为了达到一个更重要的目标而改变自己的态度反应或表面行为。这是一种权宜的态度改变，其目的是在表面上显示出与他人的一致。

2. 认同

认同是指个人的自我同一性与他人或群体存在依赖关系，或者说个人情感上存在与别人或群体的密切联系，从而接受某些观念、态度或行为方式。是自愿接受和认同某种观点、信念的阶段。有较多的情绪、情感加入，已不是外界压力和条件下的态度。

认同阶段的态度变化与依从的根本区别在于：第一，态度的变化是自愿的，而不是被迫的；第二，认同性的态度变化已不是简单的表面态度反应的变化，而是已有情感因素的改变，并开始涉及态度的认知因素。长期的认同会导致整个态度的根本转变。

3. 内化

内化是指个人获得新的自觉的认知信念，并以这种信念评判自己的价值时所发生的完全的态度改变。内化性的态度改变是一种新价值观的获得，是态度改变中的最深刻的层次。态度一旦内化就成为一种独立的态度，因而无论从态度改变，还是从新态度的形成来讲，内化的态度都是最为坚定的态度。将所接受的信念纳入自己的价值体系，成为人格的一部分。一种态度到了内化的阶段才是稳固的。

（三）改变旅客态度策略

1. 促使旅客对航空公司服务有新的积极的评价

这是最常用的策略。这种策略也许往往需要航空公司服务有新的内容，如由于天气等原因，北方旅客冬季到南方出差或旅游，南北方约 20 ℃的温差，使旅客身上厚重的衣服成了累赘。本来将旅客安全地送到目的地就算完成服务，衣服累赘不累赘是旅客自己的事，与北航无关，但是，北航在看到旅客携带棉衣不便的情况后，主动将服务细化：若旅客提出要求，上飞机时北航可免费为旅客保管御寒外套，待旅客搭乘北方航空公司飞机返回时，再将外套交回旅客手中。这一服务一经推出，立刻受到旅客的欢迎。还有因天气原因经常造成航班延误，旅客情绪容易波动，北航地面服务公司推出的四项全方位服务有效地缓解了旅客的情绪，打破了旅客与航空公司的对立僵持局面。这四项服务是：主动向旅客提供最新的航班动态信息；主动向旅客提供电脑查询信息，让旅客了解衔接或转乘航班的时间、运价、机型等情况；主动协助旅客进行客票的变更、退票手续，帮助旅客提取已交运的行李；主动提供休息、娱乐用品。当旅客们身着薄薄的夏装，投入到南国温暖的天气里，也感受到了北航服务的贴心。

2. 提高已存在的积极信念的强度

我们也可以通过改变已存在的积极信念来影响旅客的态度。例如，随着人民生活水平的提高，旅客对民航服务种类和范围的要求也越来越高，但是安全、准时到达一直是旅客最重要的需求。近年来，天津航空针对航班正常率，通过优化航班结构，自主研发“精卫云决策”平台，引进民航局视频会议系统及 CDM 系统，运用多种技术手段来提升运行决策效率，建立每日航班预先评估机制，不断提升航班正常率。根据民航局发布的数据显示，在国内各主要客运航空公司 2017 年的航班正常率排名中，天津航空以 75.23% 的成绩位列第一，高于全国平均航班正常率 71.67% 近 4 个百分点。这也是天津航空在 2016 年拿下全年最准点航空公司后，再次蝉联航班正常率榜首，彰显优质且持续的运行服务品质。

3. 和某种消费者强烈持有的信念相联系

这是一种借力的策略。航空公司将特色服务和已经存在的，旅客强烈持有的信念相联系起来，从而有效影响旅客的态度。它要求航空公司通过使一个更积极、更高等的结果与此属性相关联，来构造一个新的“目的链”。例如，于丹是海航海口贵宾室的主管，从 2004 年入职以来已在海航贵宾室默默耕耘了 11 个年头。在直接接触旅客的一线岗位上，于丹一直秉持最初的信念，用心服务每一位贵宾旅客。遇到特殊情况时，她能够沉着冷静，快速反应，想旅客之所想，急旅客之所急。此前，一位公司 CIP 旅客希望能乘坐航班第一排座位，而恰巧当日符合要求的座位已经发放完毕，旅客因此感到很失望。得知此事后，于丹闻讯赶来安抚旅客情绪，引导旅客进入贵宾室休息并及时端来茶水，安顿好旅客后她便前往值机柜台协调座位安排，尽可能在标准规定范围内为这位旅客争取最大利益。最终，于丹用她真诚的态度和负责任的行为获得了旅客的认可。

实践练习

以“改变态度”为主题，结合知觉原理、态度原理以航空旅客为研究对象写一篇小论文。

二、态度的心理功能

社会心理学卡茨提出，态度的心理功能，在于以下四个方面：

（一）工具性、调整性和功利性功能

人作为有机体，在与环境发生相互联系时，总是根据自己的需要，根据周围世界的客体能否满足自己的需要，以及多大程度上满足需要来对其决定取舍。一种对象满足机体需要的价值越大，人们对其的态度也越积极；相反，一种对象越是不利于机体需要得到满足，人们就越倾向于形成拒绝或逃避态度，因为此时拒绝态度更有利于机体。

（二）自我防御功能

态度的这种功能，使人倾向于选择有利于自我防御的态度。根据自我价值定向理论，人是理性的，需要自己的价值得到确立并维护自身价值不受威胁，任何意识正常的人都会有这种社会心理需求。为此，人需要选择有利于自我形象和价值确立的态度来进行自我防御，使自己减少焦虑，并使情绪冲突转移方向。

（三）价值表现功能

态度的价值表现功能，使人们可以主动表现自己。主动表明态度、积极参与某个隶属群体、实际帮助别人等，都是人们选择并表明一定态度的方式。人们通过这些态度来表明自己的价值。

（四）认识功能

人为了适应周围世界，必须达到对周围世界的了解和控制，使自己的行为有明确的定向。一个特定的对象，也只有在与我们的既有经验联系到一起，主体对其产生了一定的态度时，它与个人之间的关系才明确，人与其有关的行为才有明确的引导。

三、旅客态度形成后的引导措施

（一）慎重选择信息传递者

在报刊、电台上，经常请有关专家、权威传递信息，可以增强信息的可信度和影响力，借助大众传媒，可以大大提高信息传播的可信度。可信的传达者是指那些真诚地被接受，能够被人们信任的人。可信性通常包括两个方面的含义，即专长与可靠性。专长代表拥有相关的知识与经验。可靠性表示没有隐藏私有的动机——交流者是根据他所知道的证据诚实表达他的看法的。当人们认识到传达者试图影响他们而从其所倡导的观点中获利的话，人们便会怀疑传达者的可靠性，从而产生心理抗拒反应，使原有的态度较难改变。“王婆卖瓜，自卖自夸”就是对这一现象的生动诠释。

（二）合理安排传播内容和传播方式

信息内容和传递方式是否合理，对能否有效地将信息传达给目标靶并使之发生态度改变具有十分重要的影响。在说服内容方面，可选取专家或权威的组织机构的说明来增加信息的可信度。在说服方式方面，因人而异。判断水平高的消费群体宜采用双面论述，给旅客一种客观、公正的感觉，可以降低旅客对信息源的抵触情绪。但对判断力较差、知识狭窄、依赖性较强的旅客，采用单向呈递信息的方式较适宜。信息的不同呈现方式也会对听众的态度改变产生作用。信息的呈现方式主要包括说服所运用的媒体、所提供的单面论据与双面论据以及信息结论的给定方式。

从媒体的角度来看，大众传播加上面对面交谈的效果要明显好于单一的大众传播。在信息比较复杂时，书面媒介的效果较好，而在信息比较简单时，视觉效果最好。其次是听觉，书面效果最差。关于信息结论的给定方式一般有两种：一种是只提供信息，让听众自己去获得结论；另一种是提供信息的同时给出明确的结论。只提供信息材料，由听众自己做出结论，可以更好地引发态度改变；而命令式地给出结论的方式，容易引起人们的自我防卫机制，阻止态度的改变。对于较难的问题或者是接受者判断力比较低时，则提供信息时给出结论更有利于态度的改变。

（三）了解你的服务对象

要了解旅客的喜好、需求，从他们肯定的方面入手。社会心理学家长期、系统的研究显示，群体可以在各个不同层次上影响人们态度的形成。首先，人们隶属或用以参照的群体的规范、态度或特征，会作为个人社会环境的外在压力，使个人作为群体成员依从于群体压力，并做出相同的选择。其次，个人对于认同和选择的参照群体，会自愿采纳群体的态度。第三，对于同一群体的隶属，使人们有相同或相近的知识、经验和社会视角，从而使群体中各成员的态度自然地渐趋一致。

民航案例

厦门机场获得“优秀机场”荣誉的奥秘

民航资源网2015年7月24日消息：据民航资源网公布的“2015年第二季度机场服务评测报告”（CAPSE）显示，厦门机场在参评的24家大陆机场中排名第一位，再创佳绩。

差异化服务，体现人文关怀：

从机场整体服务链角度入手，优化服务流程，持续提升服务，为客户创造独具人文关怀的服务体验。如在早班转机高峰期开设转机专柜，并加强现场引导，普通旅客与转机旅客分开办理，提升效率；针对暑期特点，推出无人陪伴儿童“小小旅行家”服务产品，注重人文关怀和温馨服务的流程设置，使家长和儿童更加安心和欣喜；关注特殊旅客群体，对残障旅客实行全程“亲情陪护”、为70岁以上老人及抱婴儿旅客提供免费“爱心电瓶车”、T4候机楼母婴室增设暖奶器、新增婴幼儿座椅手推车等服务，细节关怀无处不在。

安检体验式服务，创造欣喜感受：

"以热情激情传递活力，以优雅精致体现专业，以文化内涵打造特色，以人文关怀感动客户，以爱心传播改变人心"的服务文化，通过开展"一班一品"建设、打造全国质量信得过班组和五星级服务现场，提升厦门机场安检影响力，建立起了行业内响当当的服务品牌。

科技化、智能化和精益化，让客户更便捷、顺畅：

从2014年7月起，厦门机场就在T3候机楼推出值机/安检二合一的"一证通"、自助行李托运、"平板电脑"式触摸屏、网上值机登机牌补打等多种自助设备，不仅节约了旅客登机准备时间，还带来新颖的高科技体验。

厦门机场相关负责人表示，非常感谢广大旅客和社会各界对厦门机场的关心和支持，也欢迎大家提出宝贵的意见和建议，以便及时改进和提升，让旅客具有更佳体验。

资料来源：http://news.hexun.com/2015-07-24/177801631.html

课外活动

1. 调查至少三家航空公司的促销活动对大学生消费态度的影响。
2. 调查身边的同学对自己的评价，你将如何改变大家对你的不好态度？
3. 请设计一个航空公司假期促销活动计划。

四、态度在民航服务中的应用

服务态度是反映服务质量的基础，优质服务是从优良的服务态度开始的。良好的服务态度，会使旅客产生亲切感、热情感、朴实感、真诚感。服务态度的作用是能满足被服务者的精神需求或心理需求。

（一）优良的服务态度

1. 认真负责

就是要急旅客之所需，想旅客之所求，认认真真地为旅客办好每件事，无论事情大小，均要给旅客一个圆满的答复，即使旅客提出的服务要求不属于自己岗位的服务，也要主动与有关部门联系，切实解决旅客疑难问题，把解决旅客之需当作工作中最重要的事情，按旅客要求认真办好。

2. 积极主动

就是要掌握服务工作的规律，自觉把服务工作做在旅客提出要求之前，要有主动"自找麻烦"、力求旅客完全满意的思想，做到处处主动，事事想深，助人为乐，为旅客提供各种方便。

3. 热情耐心

就是要待旅客如亲人，初见如故，面带笑容，态度和蔼，语言亲切，热情诚恳。在旅客面前，不管服务工作多繁忙，压力多大，都保持不急躁、不厌烦，镇静自如地对待旅客。旅客有意见，虚心听取，旅客有情绪，尽量解释，绝不与旅客争吵，发生矛盾要严于律己，恭敬谦让。

4. 细致周到

就是要善于观察和分析旅客的心理特点，懂得从旅客的神情、举止发现旅客的需要，正确把握服务的时机，服务于旅客开口之前，效果超乎于旅客的期望之上，力求服务工作完善妥当，体贴入微，面面俱到。

5. 文明礼貌

就是要有较高的文化修养，谈吐文雅，衣冠整洁，举止端庄，待人接物不卑不亢，尊重不同国家、不同民族的风俗习惯、宗教信仰和忌讳，事事处处注意表现出良好的精神风貌。

（二）如何提升服务意识

1. 摆正心态，克服心理障碍

任何的工作本质上都是服务；社会的分工不同，并无身份高低贵贱之分。旅客对公司有意见才会发脾气，说明服务还有提升的空间，任何客人针对的都是公司，而非个人。

2. 服务发自内心

服务是从心开始的。服务必须发自内心，否则，再多再好的培训、再系统的理论都无济于事。

3. 拥有一颗感恩的心

若心存感恩，就能深深地体会到平凡中的美丽，让原本平淡的生活焕发出迷人的光彩；心存感恩，就会永远充满自信和活力，并让快乐不期而至。

（三）提升服务需具备的意识

1. 责任意识

清楚明了地知道自己的工作职责；对每一项服务有强烈的责任心；坚信完美地执行工作是我们的义务。

2. 团队协作意识

旅客至上，团结协作，部门间要做好配合工作，明确“我们”是团队的重要组成部分。

3. 换位思考意识

对旅客表现的情绪的理解；在工作中设身处地为旅客着想。

4. 反思意识

时常保持“能有更好的方法吗?”的思路;想想“为什么服务对象满意或不满意”;受表彰的同事与我们根本的不同在哪里。

5. 整体意识

明确自己是公司的代表,在任何岗位,碰到任何问题,都必须站在整体的立场上满足旅客的需求。

6. 补位意识

从个人而言,不可能包揽一切服务,关键是甲有疏漏时,乙马上补位,从而使旅客的需求得到满足。

7. 无 NO 服务意识

如何在服务过程中避免说“NO”。服务行业中最忌讳“NO”这个字眼,当然,也没人是全能的,然而在对旅客服务中往往会碰到我们所不知道的问题,如何来回避说“不”“不行”“不可以”呢? 第一,熟知业务知识,熟记服务项目等;第二,微笑服务,使用标准规范语言“对不起,请稍等,我去问一下……”“很抱歉,让您久等了……”;第三,真诚、讲信誉。总之,应具备一颗真诚善良为人服务的心,服务在于行动,行动创造结果。服务态度是反映服务质量的基础,优质服务是从优良的服务态度开始的。良好的服务态度会使客人产生亲切感、热情感、朴实感、真诚感。

民航案例

改变旅客态度的关键

正值春运高峰的日子,曹晓东在岗期间接到通知:ZH9761 次航班有一位旅客不舒服,经机场急救中心检查,该旅客血压超标,医生建议不适宜乘机,需要马上休息。但该旅客认为自己身体没有问题,一定要乘机,并说可以签免责协议,出了事情不需要公司负责。曹晓东第一时间赶到该航班,反复跟旅客解释,说明航空公司乘机适宜标准,强行乘机会对身体有强烈的影响,并且空中的急救水平达不到地面的水平,可以先休息一晚上,改签第二天的航班再回重庆。但旅客情绪越来越激动,眼看就快到航班起飞时间了,旅客强行冲击登机柜台,并且开始辱骂工作人员。由于该旅客是一名独行老人,没有陪同人员,老人又不知道家人的电话号码,经过与客票代售点查询沟通,查到了该旅客的家属联系方式,可是其家属接电话后表示是航空公司不让老人上飞机,所以其后续所有工作都应该由航空公司安排,并直接将电话挂断。这时老人情绪也异常激动,轻微抽泣起来,细心的曹晓东觉得这里面肯定有原因,经过与老人沟通,老人终于道出了原委。

原来老人是一个人来深圳当保姆的,前几日她的老伴身体不好住进医院,所以她着急要回重庆家里照顾老伴。她所有的积蓄都已经用在她老伴的医疗费上,其雇主出于人道主义帮她买了张机票,将她送到机场就离开了,更让人想不到的是老人身上只有 2 块钱，还没准备到重庆机场坐轻轨的钱。听到这里，曹晓东的内心一阵酸楚。随后曹晓东立即带她去柜台办理好第二天的改签手续，经请示值班领导，安排该旅客在酒店住宿，在送老人上车时，他将随身不多的47块钱给了老人，老人感动得热泪盈眶，一直说遇到好人了。曹晓东用实际行动诠释了“任何时候，自然体贴”的服务理念，他说“有时候，仅仅是举手之劳，就可以使很多人受益，我们又何乐而不为呢？”送人玫瑰，手留余香。善待他人，就是善待自己，幸福就是这样传递的。

资料来源：http://news.carnoc.com/list/274/274878.html

本章小结

伊格利和柴肯(Eagly&Chaiken,1993)认为:“态度是对某人、某种思想或某个客体的持续的情感、信念和行为倾向模式。它以我们的经验为基础,并且形成我们未来的行为。态度常常是评价性的,服务于某种功能。”这类定义力图包容上述三类定义的基本内容,即将认知、情感和行为都平行地容纳于态度之中。对于旅客也可以做到“望、闻、问、切”。

望:观察旅客的外部表现和形态;

闻:在与旅客的交谈中掌握对方心理;

问:直接和间接询问旅客,征求意见;

切:掌握“望、闻、问”的信息后再进行分析和判断。

在民航服务工作面前,态度决定一切,没有不重要的服务,只有不重视服务工作的服务人员。航空旅客服务表面是为旅客,实际是为自己,很多时候服务人员的服务质量随意性很大,忽高忽低,时好时坏的主要原因还是对服务态度的理解不够,服务意识不够强烈,服务不够规范,不能将服务形成一种本能的反应。探讨航空旅客的心理动向,只有发自内心的服务才能做到最好,旅客才能真切感受到服务人员的诚意;航空旅客服务心理学是以航空服务为背景,对航空旅客的心理规律进行研究。当旅客产生不愉快的心理体验,出现了恼怒、指责的态度时,航空服务人员要首先稳定旅客情绪、倾听旅客意见并致歉,婉转地加以解释,用协商的方式求得问题的解决,最终通过优质的服务改变旅客先前的不好态度。

重要概念

态度的定义;态度的功能;改变态度的关键。

思考题

1. 航空旅客态度的形成受哪些因素的影响?
2. 就某一航空公司(特色、航线、企业文化)谈谈如何改变人们对它的态度。
3. 如何促进航空旅客对航空公司偏好的形成?

第九章 心理健康与民航服务

课程目标

· 了解心理健康的标准、心理问题的等级划分；
· 掌握心理健康的定义；
· 掌握民航飞行中常见的心理问题和精神疾病；
· 运用相关心理健康的知识，及时、恰当地处理突发事件。

引言

航空出行已从原来高端人群的出行方式日益转变为更为面向大众的普通出行方式。仅从 2018 年而言，民航全行业完成运输总周转量 1206.4 亿吨千米，旅客运输量达 6.1 亿人次。随着旅客群体的大众化趋势，在民航服务人员工作中出现心理异常人群的可能性会逐渐提高。因此，了解常见的心理问题，并能进行及时、恰当的处理是在新的运输形式下对民航服务人员提出的新要求。

民航案例

2018 年 4 月 15 日，国航 CA1350 航班执行长沙—北京飞行任务。大约上午 9：30 犯罪嫌疑人徐某突发精神病，用钢笔做工具胁持乘务长，致使该航班在上午 9：58 因非法干扰备降郑州新郑国际机场。经调查发现，该嫌疑人有精神病史。

资料来源：http://news.carnoc.com/list/442/442909.html

第一节 ◉ 心理健康概述

健康是人类生存和发展的最基本条件，是人生的第一财富。我国的一些传统观念认为“健康即没有疾病”，但这实际为一种非常狭隘而不全面的观点。早在 1948 年，世界卫生组织（WHO）即将“健康”定义为：“健康乃是一种在身体上、精神上的完满状态，以及良好的适应力，而不仅仅是没有疾病和衰弱的状态。”此即为人们所指的身心健康，一个人只有在躯体健康、心理健康、社会适应良好和道德健康四方面都健全，才是完全健康的人。所以，心理健康是个人健康的重要组成要素，对人非常重要。

一、心理健康的定义

心理健康是现代人健康不可分割的重要组成部分，是人的心理调适能力和发展水平的标志，即人在内部和外部环境变化时，能持久地保持正常的心理状态，是诸多心理因素在良好态势下运作的综合体现。但究竟什么是心理健康，却至今尚未有定论。

《简明不列颠百科全书》将“心理健康”解释为：“心理健康是指个体心理在本身及环境条件许可范围内所能达到的最佳功能状态，但不是十全十美的绝对状态。”

心理学家 H. B. English（1958）将“心理健康”定义为：“心理健康是指一种持续的心理状态，当事者在哪种情况下能做良好适应，具有生命的活力，而且能充分发展其身心的潜能，这乃是一种积极的、丰富的情况，不仅是免于心理疾病而已。”

社会学家 W. W. Boehm 认为，“心理健康就是合乎某一水准的社会行为。一方面能为社会所接受，另一方面能为本身带来快乐”。

在对主观幸福感的研究中，心理健康被定义为积极的情感和生活满意两种概念的综合，认为有关正性情绪和负性情绪的争论就是心理健康的不同维度，把两者之间的平衡作为幸福的指标，而生活满意度被看作一种认知成分，是幸福感的一种补充，是衡量心理健康的关键指标（Bradburm，1969；Andrews，1980；Diener，1984）；国内有学者认为，心理健康是个体内部协调与外部适应相统一的良好状态（刘艳，1996）。也有学者认为，心理健康乃是指个体在各种环境中能保持一种良好的心理效能状态，并在与不断变化的外界环境的相互作用中，能不断调整自己的内部心理结构，达到与环境的平稳与协调，并在其中渐次提高心理发展水平，完善人格特质（张承芬，1997）。

在综合国内外学者论述的基础上，罗晓利等从广义与狭义两方面定义了心理健康。广义的心理健康是指一种高效而满意的、持续的心理状态；狭义的心理健康，指人的基本心理活动的过程内容完整、协调一致，即认知、情感、意志、行为、人格完整和协调。

知识扩展

积极心理学与消极心理学的心理健康观

心理学界永远存在这样一个对立统一面，积极和消极。消极心理学是较早出现的心理学思潮，其感兴趣的是人或社会存在的问题。积极心理学则出现较晚，其研究的重点是人类的力量和美德等积极向上的方面。基于此，秉持积极心理学与消极心理学思想的研究者们对于心理健康的认识是截然不同的。

消极心理学理论将心理健康描述为心理的各个方面及活动过程处于一种良好或正常的状态，此定义存在一定的局限性，只是指出了心理健康的必要条件，就与"健康即没有疾病"一样不全面。积极心理学中将心理健康定义为一种持续的积极发展的心理状况，在这种状况下主体能做出良好的适应，能充分发挥身心潜能，而不仅是没有心理疾病。在此定义中心理健康包括两层含义：一是没有心理疾病，这是心理健康最起码的底线；二是具有一种积极发展的心理状态，这是心理健康最本质的含义，它意味着要消除一切不健康的心理倾向，使一个人的心理处于最佳状态。

二、心理健康的标准

人的生理健康是有标准的，心理健康也是有标准的。但人的心理健康标准不及人的生理健康标准具体与客观。了解与掌握心理健康的定义对于增强与维护人们的健康有很大的意义。当人们掌握了衡量人的心理健康标准，以此为依据对照自己，可进行心理健康的自我诊断。发现自己的心理状况某个或某几个方面与心理健康标准有一定距离，可有针对性地加强心理锻炼，以期达到心理健康水平。如果发现自己或他人的心理状态严重地偏离心理健康标准，就要及时地就医，以便早期诊断与早期治疗。

WHO 拟定了七条关于心理健康的标准：

（1）智能正常。此处所谈的智能并不是我们通常意义上的智力，人们日常生活中所谈的智力更多地涉及人的认知方面的能力；而此处所提及的智能则是指人对客观事物的认识能力和运用知识、经验、技能解决问题的综合能力。智能良好综合体现在两个精神和四个能力上，即科学精神、人文精神和发现问题的能力、认识问题的能力、分析问题的能力、解决问题的能力。

（2）善于协调和控制情绪。情绪是对一系列主观认知经验的通称，是多种感觉、思想和行为综合产生的心理和生理状态。面对日常生活事件，人必然会产生喜、怒、哀、惊、恐、爱等诸多情绪体验。但一个心理健康的人一定是情绪的主人，能对自己的情绪加以调节和控制；而非情绪的奴隶，始终被情绪所左右。

（3）具有较强的意志和品质。意志是指人类自觉地确定目的，并根据目的调节支配自身行动，克服困难，实现预定目标的心理过程。意志过程集中体现了人类意识的能动性，是人类特有的心理现象，对于人类的行为有着发动、保持、停止与改变的调控作用。良好的意志品质不仅是保证人类顺利完成工作的重要前提，同时也是衡量人们心理健康水平的重要标志。良好的意志品质具有坚忍性、坚持性、自制力、果断性和自觉性等特性。

（4）人际关系和谐。人是社会的动物，这是得到国内外心理学家广泛认同的观点。社会交往是人类社会存在与发展的必要条件，也是人类心理活动产生、维持和发展的必要条件。正常的社会交往和良好的人际关系是心理健康的重要标志之一。如果一个人长期与世隔绝，社会交往被剥夺，就会出现心理障碍，甚至有可能导致精神崩溃。正常的社会交往应当是适度的，过分冷漠、不加选择地广泛交往、过分热情均属心理不健康的表现。

（5）主动地适应并改善现实环境。“适者生存”是生物进化的普遍规律，但我们必须承认适应是绝对的，改造是相对的；重点是适应，改造仅是在适应的基础上进行。因此，对环境的适应能力是人赖以生存的基本条件，也是判断心理健康水平的重要标志。在人的一生中所面对的生存环境，包括工作环境、学习环境、生活环境、人际关系及个体心理的内部环境等都是动态变化着的，有时这种变化是相当急剧的，如果不能适应就有可能出现各种精神症状和躯体症状，如焦虑不安、血压升高、心悸、睡眠障碍等。

（6）保持人格的完整和健康。人格是指一个人在社会生活的适应过程中对自己、对他人、对事物在其身心行为上所显示出的独特个性，是一个人具有的稳定的心理特征的总和，又被称为个性。健全的人格是指构成人格的气质、能力、性格、理想、信念、人生观等诸要素各方面能平衡、健全地发展。

（7）心理和行为符合年龄特征。一个心理健康的人，其一般心理特点与所属年龄阶段的共同心理特征应该是大致相符的。这可从三个方面加以判断：一看心理活动与外界环境之间是否统一，他的言行有没有过于离奇和出格的地方；二看心理活动过程之间是否完整和协调，他的认识过程、情感体验、意志行为是否协调一致；三看心理活动本身是否统一，他的个性心理特征是否具有相对稳定性。如果生理发育超前，心理发育滞后或心理发育超前，生理发育滞后，那么应对社会生活变化的能力就差，就需要调整自己。

知识扩展

心理防御机制——退行

退行是指个体在遭遇挫折时，表现出其年龄所不应有之幼稚行为反应。它是一种反成熟的倒退现象，即以较幼稚的行为应付现实困难，惹人注意或博人同情以减低焦虑。

例如，已养成良好生活习惯的儿童，因母亲生了弟弟妹妹或家中突遭变故，而表现出尿床、吸吮拇指、好哭、极端依赖等婴幼儿时期的行为。或者有一女学生，自从被班上同学嘲笑后，每当要上学时，她就会因肚子痛而无法上学。

事实上，人的一生中，难免有想重回到未成熟时代的表现，以重温旧梦并获取满足的时候。只要无伤大雅，均可用退行作用来进行心理调节。如父亲与孩子捉迷藏，像个小孩子一样趴在地上玩。这种短时间、暂时性的退行现象，不但是正常的，而且是极其需要的。

可是假如一个人遇到困难时常常退行，使用较原始而幼稚的方法应付困难，或利用自己的退行来获得他人的同情和照顾，以避免面对现实的问题或痛苦，就成了心理问题了。因为退行作用毕竟是一种逃避行为而不是面对困难解决问题的方法，况且不成熟的行为几乎无法避免地把困难加重得愈发不可收拾。假如一个人在小时候，遇到困难时，常出现头痛、肚子痛、手脚麻木等现象，且一头痛就可以不去上学，肚子一痛就不用考试，手脚一麻父母就会特别照顾。到长大以后，遇到不能应付的困难时，就易退行，采用同样的方法处理，而产生头痛、肚子痛等现象，以此逃避现实的困难。

三、心理问题的等级划分

心理异常是指个体心理活动与现实环境不能保持一致，心理反应失去了合理性，心理过程失去了协调性，个性特征失去了稳定性，社会功能受损，以至行为后果对本人或社会都不适应。心理问题有轻重程度的区别，它们依次排列为健康状态—亚健康状态—心理障碍—心理疾病。

（一）心理健康状态

心理健康状态与生理健康状态不同，缺少一个明确的判定标准。WHO 拟定了七条关于心理健康的标准，若从自身、他人以及社会功能这三方面进行评价的话，则可将上述七条标准简化为三条。

（1）自我和谐。即自我感觉良好，没有莫名而持续的不良状态。

（2）人际和谐。在与人交往的过程中，心理活动与周围环境协调，没有出现自身不能融入周围环境的现象。

（3）社会和谐。能够胜任自身在社会和家庭中的角色，能适应与改变环境，充分利用现有基础发挥自身的价值与能力。

（二）亚健康状态

这是界于心理健康状态与疾病状态之间的状态，是正常人群组中常见的一种亚健康状态。引起该状态的原因有很多，个人心理特征（固执、孤僻、敏感等）、生活事件（工作压力、晋升失败、被上司批评、婚恋挫折等）、身体不良状况（过于劳累、身体疾病）等因素都有可能诱发该状态，但迄今为止，依然无法明确引发该状态原因的因果关系。

心理亚健康状态所具有的特征是：

（1）时间短暂。此状态持续时间较短，一般在较短时间内就能自行恢复，因此不能被诊断为疾病。

（2）损害轻微。症状和损害轻微。此状态比较单一，程度较轻，还不能被诊断为疾病，对社会功能的影响也较小。出于此种状态的人类能进行正常的工作、学习和生活，只是无法收获正常的愉悦感与成就感，“很累”“疲劳”“困倦”“无趣”是此种状态下人类的常用词汇。

（3）能通过自我调整和心理咨询解决问题。此状态下的大部分人能通过自我调整，如休息、聊天、运动、钓鱼、旅游、娱乐等放松方式使自己的心理状态得到改善。小部分人若长时间得不到缓解，就可能形成一种相对固定的状态。这小部分人应该去寻求心理医生的帮助，以尽快得到调整。

思考问题

心理亚健康状态与正常履职

心理正常是指活动具备功能。首先，心理正常是指活动具备功能。范畴内，又可分为“心理健康”和“心理亚健康”两种状态，它们反映的仅是正常心理水平的高低与程度情况，具体可用下表表示。

心理正常		心理异常
心理健康	心理亚健康	各类心理疾病

“是否有精神障碍症状”是区分心理正常与心理异常的标准。心理异常是指心理活动有典型精神障碍，包括严重的焦虑、抑郁、强迫等症状，以及严重的幻觉妄想等精神病症状。心理异常包括一般的精神障碍和严重的精神障碍。精神障碍是指由各种原因引起的感知、情感和思维等精神活动的紊乱或者异常，导致患者明显的心理痛苦或者社会适应等功能损害。严重精神障碍是指疾病症状严重，导致患者社会适应等功能严重损害、对自身健康状况或者客观现实不能完整认识，或者不能处理自身事务的精神障碍。

区分以上概念很重要，因为心理咨询的对象是健康与亚健康的人群，即没有精神障碍心理正常的人群。而对于心理异常的人，即有精神障碍的患者，心理咨询是无能为力的，必须交由精神科医生处理。

因此，心理亚健康状态不属于心理异常，而是处于心理健康状态与心理疾病之间的状态。

（三）心理障碍

心理障碍是因为个人及外界因素造成心理状态的某一方面（或几方面）发展的超前、停滞、延迟、退缩或偏离。它的特点是：

（1）不协调。其心理活动的外在表现与其生理年龄不相称或反应方式与常人不同。如：成人表现出幼稚状态（停滞、延迟、退缩）；儿童表现出成人行为（不均衡的超前发展）；对外界刺激的反应方式异常（偏离），等等。

（2）针对具体对象。处于此类状态的人往往对障碍对象（如敏感的事、物及环境等）有强烈的心理反应（包括思维、言语及动作行为），而对非障碍对象可能表现很正常。

（3）损害较大。此状态对其社会功能影响较大。它可能使当事人不能按常人的标准完成其某项（或某几项）社会功能。如：社交焦虑症（又名社交恐惧）不能完成社交活动，锐器恐怖者不敢使用刀、剪，性心理障碍者难以与异性正常交往等。

（4）需求助于心理医生。此状态者大部分不能通过自我调整和非专业人员的帮助而解决根本问题。必须在专业心理医生的指导下，完成相应的心理治疗流程。

扩展知识

心理医生与心理咨询师

心理医生主要从事心理咨询和心理治疗。心理医生是中国文化语境下通俗的叫法。心理医生是欧美范畴里的心理咨询师加上主要通过药物治疗的精神科医生。

心理咨询师是运用心理学以及相关学科的专业知识，遵循心理学原则，通过心理咨询的技术与方法，帮助求助者解除心理问题的专业人员。

在我国，这两者的认证部门、认证证书不同。心理医生的资格认证是卫健委的“心理治疗师”，以医疗工作者为主要认证对象。而心理咨询师的认证部委为人社部，颁发的证书是“心理咨询师职业资格证”。

法定职责范围不同。《精神卫生法》规定：“心理咨询人员不得从事心理治疗或者精神障碍的诊断、治疗。心理咨询人员发现接受咨询的人员可能患有精神障碍的，应当建议其到符合精神卫生法规定的医疗机构就诊。”

知识背景不同。心理医生必须具备一般医学、精神病学和心理学的正规学历知识背景；而心理咨询师仅需心理学知识背景即可，从事该行业的人属于社会服务类人员。

服务对象不同。心理医生主要治疗轻度的精神病人和非精神病人但有心理障碍的人。后者主要是解决健康人群的心理问题。

处方权不同。心理医生有处方权，可以给病人用药；而心理咨询师不可用药。

（四）心理疾病

心理疾病是由于个人及外界因素引起个体强烈的心理反应（思维、情感、动作行为、意志）并伴有明显的躯体不适感。依据其不同的标准或其严重程度，心理疾病可分为感觉障碍、知觉障碍、注意障碍、记忆障碍、思维障碍、情感障碍、意志障碍、行为障碍、意识障碍、智力障碍、人格障碍等。其特点是：

（1）强烈的心理反应。可表现出判断决策质量下降，思维敏捷性的下降，记忆力下降，头脑黏滞感、空白感，强烈自卑感及痛苦感，缺乏精力、情绪低落、忧郁，紧张焦虑，行为失常（如重复动作、动作减少、退缩行为等），意志薄弱等。

（2）明显的躯体不适感。由于中枢控制系统功能失调可引起所控制人体各个系统功能失调：如影响消化系统则可出现食欲不振、腹部胀满、便秘或腹泻等症状；影响心血管系统则可出现心慌、胸闷、头晕等症状等。

（3）损害大。此状态之患者不能或可勉强完成其社会功能，缺乏轻松、愉快的体验，痛苦感极为强烈，“哪里都不舒服”“活着不如死了好”是他们真实的内心体验。

（4）需心理医生的治疗。此状态之患者一般不能通过自身调整和非心理科专业医生的治疗而康复。心理医生对此类患者的治疗一般采用心理治疗和药物治疗相结合的综合治疗手段。在治疗早期通过情绪调节药物快速调整情绪，中后期结合心理治疗解除心理障碍并通过心理训练达到社会功能的恢复并提高其心理健康水平。

扩展知识

心理疾病与精神病

心理疾病是一种病，是指一个人因精神上的紧张、干扰，而使自己在思维、情感和行为上发生了偏离社会生活规范和标准的现象。

精神病指的是人的大脑受到各种不良因素的影响，发生病理性变化和功能损害，出现认识、情感、行为和意志等精神活动不同程度障碍的疾病的总称。精神病的致病因素有多方面：先天遗传、个性特征及体质因素、器质因素、社会性环境因素等。许多精神病人有妄想、幻觉、错觉、情感障碍、哭笑无常、自言自语、行为怪异、意志减退等症状，绝大多数病人缺乏自知力，不承认自己有病，不主动寻求医生的帮助。

第二节 ◉ 民航飞行中常见的心理问题和精神疾病

随着民航业整体的发展，民航承运的旅客数量越来越多。《中国民用航空旅客、行李国内运输规则》第三十四条中明确规定："无成人陪伴儿童、病残旅客、孕妇、盲人、聋人或犯人等特殊旅客，只有在符合承运人规定的条件下经承运人预先同意并在必要时做出安排后方予载运。传染病患者、精神病患者或健康情况可能危及自身或影响其他旅客安全的旅客，承运人不予承运。"但依然不可避免在飞行过程中乘客可能出现这样或那样的心理问题。因此，对于民航乘务员而言，了解并掌握一些常见的心理问题和精神疾病，对于保障安全和服务质量而言是非常重要的。

民航案例

2019年7月12日，国航CA4107航班在起飞滑行阶段，因有旅客使用手机，一名女士上前制止并产生纠纷。飞机降落后，该女性旅客报警，随后3名旅客和4名机组人员前往机场公安局配合警方调查和调解处理。经核实，该女士为国航一名因身体原因休养的员工，此次是个人因私出行。据查此女士患有双相情感障碍（躁郁症），在北京飞成都的CA4194航班上，已经出现了从经济舱前往头等舱骚扰头等舱乘客事件，机组人员按规定应予上报。7.12事件后，国航官方表示将根据相关规定进一步加强客舱秩序管理，不断提升服务水平，改善旅客出行体验。

资料来源：http://news.carnoc.com/list/499/499889.html

一、恐高症

恐高症又称畏高症，是一种单纯性的恐惧症。其表现为对身处高处发生强烈的恐惧，并主动采取回避的方式来解除这种焦虑不安。其特征为：

（1）患者对身处高处产生强烈的恐惧，明知过分、不合理、不必要，又无法控制，伴有明显的焦虑不安及植物性神经症状。

（2）一定有回避行为，愈是回避，说明病情愈严重。

（3）因为回避，影响了人们的正常生活。

国外调查资料显示，现代都市人中有91%的人出现过恐高症状。其中10%属临床性恐高。他们每时每刻都得想方设法避免恐高症"突发"，他们不敢乘透明电梯，更不敢站在阳台上，他们连4楼的高度也受不了，更不用说坐飞机了。

对于恐高症的治疗，主要采取心理治疗和药物治疗两种。心理治疗的方法有系统脱敏法、暴露疗法、运动疗法、冲击法。其重点是鼓励患者面对现实，发挥主动性，树立战胜疾病的信息，配合心理医生的要求进行训练，持之以恒。药物治疗则主要是采用抗焦虑和抗抑郁类的药物，在于解除焦虑和抑郁。

需要强调的是，恐高症的治疗对普通旅客是适用的；但对于空勤人员而言，即使经过矫正和治疗，恐高症对其工作的安全性依然是有极大影响的。因此，患有恐高症的空勤人员能否重新上岗，是需要谨慎评估的。

民航案例

2006 年 9 月 11 日，南方航空公司从深圳飞往南昌的 CZ3583 航班旅客正在登机，3 名青年男子登机后坐在第 12 排。此时，其中一名男子神情紧张，脸色苍白，两手不停地微微颤抖，乘务员发现这一情况后，忙过来关切地询问该男子是否身体不舒服。这时青年男子的同伴介绍说他有恐高症，害怕乘坐飞机。乘务员让他坐在靠走廊的座位上，告诉他不要看窗外，深呼吸，放松心情，系好安全带坐稳即可。劝说几分钟后，该男子终于平静下来。

8 时许，飞机关闭舱门，准备滑上跑道起飞，该男子突然情绪失控，异常紧张地站起来朝客舱后部跑去，嘴里惊慌地嚷着："不行了不行了，我头痛，很害怕……"南航空警赶忙制止他，劝他回到座位，此时他的同伴也来拉他坐回原位，但他无法自制，强烈要求下飞机。

虽然多人劝说，但该男子带着哭腔说他实在不敢乘机，一定要下飞机。乘务长告诉他一旦中途下飞机，按照民航安全规定，为了排除其遗留危险物品在航班上的可能，全部旅客都要重新下飞机再次接受安全检查，飞机客舱和货舱也都要经过安全检查，整个航班将延误近 1 个小时。该男子听后不停地用拳头捶打自己的脑袋，哭着说他也不想因此影响大家乘机，但他实在对飞上天感到恐惧。乘务长将情况报告给机长后，机长经过慎重考虑，同意该男子中途下机，该男子的同伴也一起陪他下了飞机。

随后，飞机上剩下的百余名旅客重新下飞机进行安全检查，空警将飞机客舱仔细搜查了一遍，同时飞机货舱中的 100 多件货物与行李都被重新卸下来安检，航班被迫延误了 45 分钟。事后乘务长表示，该名男子的状况本来就是不适合乘机的，他自己也不愿意来乘机，但两名同伴热心过度，非要拉他过来"练胆"，结果"练胆"不成，反而诱发了他恐高症的加重，以致到了情绪失控的地步。

资料来源：http://news.carnoc.com/list/74/74810.html

知识扩展

恐高症的心理疗法

系统脱敏疗法。让患者学会通过系统脱敏法进行自我治疗。目的在于消除恐怖刺激物与恐怖反应的条件性联系，并对抗回避反应。

暴露疗法。又称满灌疗法。它是鼓励求治者直接接触引致恐怖焦虑的情景，坚持到紧张感觉消失的一种快速行为治疗法。

运动疗法。人体负责控制平衡的要素——视觉、内耳和肌肉，通过活动才能正常运转，假如我们终日坐着不动，眼睛只盯着电脑等物体，人体的平衡功能就会衰退。

冲击法。对于“恐高症”的治疗方法有一种称为“冲击法”，比较有效。“冲击法”的具体操作方法是启发矫正对象，想象他正处在一个相当的高度且该高度还在上升。

问题讨论

怕高就是不正常吗?

很多人都认为怕高就是恐高症，其实这是一种错误的认知。怕高并不一定就是恐高症，怕高更多的是来自人类与生俱来的自我防御机制。我们现在的住宅大多是位于高层建筑内，若你在自己家的住宅内，并没有目睹窗外的一切，此时你却出现了紧张、慌乱和恐怖的感受，这就是恐高症的症状；若你没有出现上述的问题，你就是正常的。

基于此，恐高是人类对高处产生了一种与实际危险情况不相符的、过分恐惧的情绪体验，自知恐怖过度，想控制却无法控制，影响了人们正常的生活。

二、幽闭恐惧症

幽闭恐惧症又称为密闭空间恐惧症，是以焦虑、紧张、恐惧为症状，焦虑并非由实际威胁所引发，其紧张恐惧的程度与实际情况很不相符。密闭空间恐惧症是对封闭空间的一种焦虑症，属于场所恐惧症的一种。患者害怕密闭或者拥挤的场所，因为担心这些场所会发生未知的恐惧，严重的甚至会出现焦虑和强迫症状，一旦离开这种环境，患者的生理和行为都会迅速恢复正常。

出现幽闭恐惧症的具体原因未明，现在所能明确的仅是诱发该问题的相关因素。成长环境、个性因素、心理压力以及应激事件都有可能是诱发该问题的原因。另外，人生中一些严重的打击，如痛失亲友，亦可引发幽闭恐惧症。

幽闭恐惧症是可以治愈的，一般来说治疗的方式主要有精神分析法、行为疗法与认知疗法。

（1）精神分析法。用精神分析的疗法来分析患者幼年时期的创伤性经历，将创伤性经历从患者的潜意识中脱离出来，从而达到治疗该问题的目的。

（2）行为疗法。通常采用的方法是系统脱敏和厌恶疗法。

（3）认知疗法。通过分析自己对幽闭空间的不合理认知，建立有幽闭空间的正确认知，并用正确的认知去替代不合理的认知。

同时多增强自己的安全感与自信心，增强自己的心理素质。同时进行一些放松训练，能及时地调整好自己的紧张情绪，试着慢慢进入让自己恐惧的幽闭环境，一步一步地、慢慢地进行脱敏。

民航案例

2017 年 6 月 29 日，一名女士将一面写着“服务标兵，南航骄傲”的锦旗送到南航新疆分公司客舱部，对不久前乘坐 CZ6889 乘务长在航班上给予的无微不至的照顾表示衷心的感谢。

这位女士患有幽闭恐惧症，乘坐乌鲁木齐至深圳的航班时，在空中突然狂躁不安，由于害怕坐飞机，幻想飞机要掉下去，于是不停地按呼唤铃。

当时，乘务员立即到客舱处置，当看到这名乘客满头大汗，手脚冰凉，不停地说着“要下飞机”，乘务长赶到后及时给予这位乘客安抚，他拉着乘客的手说：“别害怕，不管飞机怎样，我来保护你。”

乌鲁木齐到长沙需要 4 个多小时，长沙到深圳需要 1 小时 10 分钟。该女士表示，在她最无助的时候，所有的乘务员都安慰她，而乘务长就像是一个知识非常渊博的专业人员，对于飞机构造、心理学都非常了解，他的讲解让该女士急躁的心情很快平复下来，最后，顺利圆满地完成了该飞行任务。

飞机在深圳落地后，该女士的情绪已经好了很多，乘务长嘱咐该女士在她乘坐回乌鲁木齐的飞机时，他会给当时航班的同事打好招呼给予关照。

资料来源：http://www.mhzg.net.cn/hr/201706/20170630154610.shtml

三、飞行恐惧症

飞行恐惧症亦称惧飞症，与驾车恐惧、空旷恐惧等恐惧症相同，都是属于恐惧症的一种。据估计美国有 10%的人口患有不同程度的飞行恐惧症，症状严重者根本就不敢乘坐飞机，而症状较轻的人则是采用酒精和镇静剂来克服自己对于飞行的恐惧。波音公司 2010 年的调查结果表明，有 17%的美国人承认他们害怕乘坐飞机，专家估计其中不乏飞行恐惧症的临床患者。也就是说，有些乘客因恐惧而触发的应激反应甚至短时精神失常超出一般人对飞行恐惧症的想象。

飞行恐惧症的成因是多种多样的，除我们前面提到的对高度的恐惧、对狭小封闭机舱的焦虑感之外，对安全的担心也是产生飞行恐惧症的一大原因。飞行是迄今为止最安全的交通出行方式之一，随着近年来科技水平的发展、管理技术的发展和人为因素训练的进展，飞行的安全性有增无减。而飞行恐惧症患者往往容易夸大空难事故的概率，将偶然当作必然来进行理解，而飞行恐惧症的根源也正是源于这种强烈、不理性和夸张的心理状态。同时，起飞、爬升和进近、落地时产生的超重和失重的感觉；高空巡航时的虚无感；高空乱流所带来的突然颠簸，都可能是引发飞行恐惧症的原因。

若乘务员发现飞机张可能有飞行恐惧症的人群时，可以采取以下措施实现更好的服务。

（1）适度的关心与交流。通过给予飞行恐惧症患者关心和心理支持，并利用交流消除其顾虑，从而达到减少其焦虑与恐惧情绪的目的。

（2）提供适当的餐食。可以为这样的人群提供水、果汁、牛奶、甜点等餐食，达到分散注意力、放松心情的目的。切忌提供咖啡、茶或可乐这些含有咖啡因的饮料。

（3）教授放松技术。让飞行恐惧症人群尽量进行深呼吸，采用腹式呼吸。吸气到尽头后，憋气几秒钟，再慢慢从嘴巴把气吐出来，让呼吸慢下来。

（4）持续关注其异常行为。防止飞行恐惧症患者由于应激程度太高，而做出威胁飞行安全和自己及其他乘客的行为。

民航案例

2009年10月19日，一名北京某传媒公司的CEO，在东航重庆至上海航班滑行200多米准备起飞时，要求飞机“刹一脚”，坚决要求取行李下飞机。乘务员一时不知所措，只好报警。

2012年2月28日，21岁钟姓小伙的表哥送他到飞机场安检后离开，一切正常。但小伙进了机舱后开始反常，随意走动，胡言乱语，还尾随乘务员欲闯入驾驶舱。

资料来源：https://new.qq.com/omn/20190601/20190601A0EIGZ00

四、心境障碍

心境指的是一种持续、微弱、不受意识控制较广泛地影响人的心理和行为的状态。

心境障碍也称情感性精神障碍，是指由各种原因引起的以显著而持久的情感或心境改变为主要特征的一组疾病。临床上主要表现为情感高涨或低落，伴有相应的认知和行为改变，也可以有幻觉和妄想等精神性症状。心境障碍常反复发作，间歇期可完全缓解。

该类型疾病的致病原因未明，生物、心理与社会环境诸多方面因素参与其发病过程，目前强调遗传与环境或应激因素之间的交互作用。心境障碍的临床表现可有情感高涨、低落以及与此相关其他精神症状的反复发作、交替发作，或混合发作。大致可分为以下几种类型：

（1）抑郁发作。抑郁发作通常以典型的情感低落、思维迟缓、活动减少“三低症状”，临床表现出自罪、自责和自杀“三自行为”和无助、无望和无价值感“三无感受”以及认知功能损害症状。伴随睡眠障碍、食欲减退、性欲减退、体重下降、疲乏无力等躯体症状。多数患者只患焦虑症状，个别可存在精神病性症状。

（2）躁狂发作。躁狂发作的典型症状是情感高涨、思维奔逸和活动增多“三高症状”。常伴有睡眠需求减少、食欲增加、性欲亢进、心率加快、体重减轻等躯体症状，也会出现幻觉和妄想等精神病性症状。躁狂发作临床表现较轻者称为轻躁狂，对患者社会功能有轻度的影响，部分患者有时达不到影响社会功能的程度，一般人常不易觉察。

（3）双相情感障碍。指既有躁狂发作又有抑郁发作的一类疾病，临床上较为少见。主要可分型为：Ⅰ型，躁狂和抑郁循环发作；Ⅱ型，重型抑郁和轻躁狂反复发作；快速循环型，每年发病 4 次以上。

（4）持续性心境障碍。持续性心境障碍可分为环性心境障碍和恶劣心境障碍两种。环性心境障碍是指心境高涨与低落反复交替出现，但程度均较轻，不符合躁狂发作或抑郁发作时的诊断标准。轻度躁狂发作时表现为十分愉悦、活跃和积极，且在社会生活中会做出一些承诺；但转变为抑郁时，不再乐观自信，而成为痛苦的“失败者”。随后，可能回到情绪相对正常的时期，或者又转变为轻度的情绪高涨。一般心境相对正常的间歇期可长达数月。恶劣心境障碍指一种以持久的心境低落为主的轻度抑郁，而从不出现狂躁。患者在大多数时间里，感到心情沉重、沮丧，看事物犹如戴一副墨镜一样，周围一片暗淡；对工作兴趣下降，无热情，缺乏信心，对未来悲观失望，常有精神不振、疲乏、能力不足、效率降低等体验，严重时也会有轻生的念头；常伴有焦虑、躯体不适感和睡眠障碍，无明显的精神运动性抑制或精神病性症状，工作、学习、生活和社会功能不受严重影响。常有自知力，能够主动要求治疗。

扩展阅读

我的情感是冰与火的跷跷板

情绪失控构成他的病，而原生家庭是病的根。他陷入深深的孤独，陷入彻底的无助。他努力挣扎却无济于事。他的社会关系网也一点点瓦解，朋友、恋人、家人都随之而去，甚至有怨恨和嫌弃。

五、自杀

自杀是导致世界范围内 15~44 岁人群死亡的三大原因之一，估计每年有 80 万人死于自杀，或者说每 40 秒就有 1 个人自杀（WHO，2018）。自杀多与心境障碍有关，但任何患有心理障碍的人群其自杀风险都会增大。一般的自杀者会以对他人损伤较小的方式结束自己的生命；但有些自杀者在多重因素的作用下，也可能会做出一些危害自己以及他人生命的行为。

美国疾病预防控制中心（CDC）将“自杀”定义为：因受伤、中毒或窒息死亡，并有证据（直接或间接）表明该受伤是由自己造成的，而且死者有意图杀死自己。该定义看似清晰，但须注意的是该定义是以结果为导向的。若将自杀定义为广泛的行为，则可将自杀行为分为三个类型：

（1）成功自杀。以死亡作为结束。

（2）自杀企图。也称为自杀未遂，可以以死亡，也可以不以死亡作为结束。自杀未遂比自杀成功要常见得多，世卫组织 2012 年的数据表明，自杀未遂的数量是成功自杀的 20 倍左右。

（3）自杀意念。产生过自杀的想法，很多存在心理障碍的人都产生过自杀的想法但并未尝试过自杀。

人们有很多关于自杀的错误认识，施奈德曼（1976）对其进行了一个总结，让我们去更好地关注那些需要帮助的群体。有关自杀的错误观念和事实如表 9-1 所示。

表 9-1　有关自杀的错误观念和事实

错误观念	事实
那些嘴上说要自杀的人不会真正自杀	自杀的人群中，有 80%表达了自杀的意愿
自杀的个体有很明确的决定	大多数自杀的个体并没有明确的决定，而是希望他人帮助自己
有过自杀想法的人，永远都会有自杀企图	想要自杀的人只是在有限的时间内有这种想法
自杀危机后随着情况的好转，自杀的危险就会过去	大部分自杀发生在抑郁症状开始改善的三个月以内
自杀更多发生在有钱人当中	不同阶层的自杀率是相同的
自杀是病人的行为	自杀不仅是“精神疾病”的问题，也可以说是理性的行为

若身边有朋友或家人有自杀倾向时，抑郁和双相障碍支持联盟（Depression and Biopolar Support Alliance）给出了以下建议：

（1）认真对待此人。大多数实施自杀的人在自杀之前都与家人或朋友交流过他们的自杀意图。

（2）获取帮助。打电话给专业治疗机构或心理健康保健组织以寻求帮助。

（3）表达关切。具体告诉这个人，为什么你认为他有自杀倾向。

（4）给予关注。仔细倾听，保持目光接触，用身体语言告诉他你正在关注他所说的一切。

（5）直接询问这个人是否有自杀的计划。

（6）认可此人的感受而不是加以批判。若你明确表达出批判的观点，你将失去持续获得此人思想变化的机会。

（7）告诉他情况会好转。强调自杀是针对暂时性问题的不可逆转的解决方案。

(8)确保其无法获取可供自杀的工具和途径。

(9)可能的话,不要让此人独处。

(10)照顾好自己。与有自杀倾向的人交流是极其消耗精力和具有压力的事件,保证自己的心理健康才可更好地帮助他人。

民航案例

2002年5月7日20点40分,中国北方航空公司的一架"麦道-82"飞机从北京起飞,执行北京飞往大连的6136航班。机上共有乘客103人,另有机组成员9人。21点32分:大连周水子机场接到当时在大连海滨傅家庄上空的飞机报告机舱失火,此后便与机场失去联系。21点37分:海上一艘渔船通过电话向大连海上搜救中心报告:在傅家庄上空,一架民航客机失火。21点40分:飞机坠落在大连港外侧海面,北纬38°57.063′,东经121°39.941′,飞机尾翼坠落在北纬38°57.129′,东经121°40.175′。21点50分:各相关部门立即展开了救援行动,在当地驻军的支持下,海事、边防等部门共出动了40多艘船只在飞机失事海域进行搜救。搜救结果是,机上所有人员112人无一幸免于难。

事后查明,起火位置在乘客张丕林座位附近,且张丕林登机前曾在中国太平洋人寿保险北京分公司等6家保险公司为自己买了7份航空旅客人身意外伤害保险,如果按照正常赔偿,其家属可获得约140万元保险金。经周密推理,认定"5·7"空难是一起由于乘客张丕林纵火造成的破坏事件。

资料来源:http://news.carnoc.com/list/15/15566.html

六、反社会行为

问题讨论

飞机上的不文明行为

2012年6月,从昆明飞往沈阳的航班上刘女士调整座位,遭到后面乘客许女士的抗议,刘女士与许女士及其3位家人发生冲突,机组人员几次将双方拉开都未能终止冲突,最后在旅客劝解下双方暂停冲突。飞机途停武汉时,5名女子被警方治安处罚,并取消了继续乘机的资格。

2012年9月,从瑞士苏黎世飞往北京的LX196航班上,两名中国旅客因座椅前后调整问题而大打出手,场面一度失控,上前劝架的空姐也被闹事旅客打伤。迫使飞机已飞离苏黎世3小时后返航。仅4天后,四川航空公司从塞班飞往上海的航班上,两名中国旅客因为发放餐食时,倾斜座椅引发争执,乘务员劝阻未果。双方亲友众多,造成多名旅客互殴的场面。最后机组人员将两名打架乘客移交机场警方处理。

2013 年 2 月，由新加坡樟宜机场飞往北京的捷星航空 JQ007 航班上，一对中年夫妇在飞机滑行至起飞跑道时要求上洗手间、不肯回座位并且态度恶劣，辱骂乘务员，经劝阻无效，由于影响飞行安全、妨碍航班正常起飞而被工作人员带下飞机。

2016 年 2 月，中航协发布《民航旅客不文明行为记录管理办法（试行）》，不文明乘机旅客将被记录进入黑名单。不文明行为旅客信息最长保留两年。民航旅客有下列行为的，应被列入民航旅客不文明行为记录：

1. 堵塞、强占、冲击值机柜台、安检通道及登机口（通道）的；

2. 违反规定进入机坪、跑道和滑行道的；

3. 强行登（占）、拦截航空器的；

4. 对民航工作人员实施人身攻击或威胁实施此类攻击的；

5. 强行冲击驾驶舱、擅自打开应急舱门的；

6. 故意损坏机场、航空器内设施设备的；

7. 妨碍民航工作人员履行职责或者煽动旅客妨碍民航工作人员履行职责的；

8. 违反客舱安全规定，拒不执行机组人员指令的；

9. 在机场、航空器内打架斗殴、寻衅滋事的；

10. 编造、故意传播虚假恐怖信息的；

11. 其他扰乱航空运输秩序、已造成严重社会不良影响或依据相关法律、法规、民航规章应予以处罚的行为。

反社会行为指的是一种故意或非故意、不顾他人观感，而且可能对社会造成危害、无法增进公众福祉的行为。该行为的特征是不突破法律的底线但违反社会公德。攻击他人该类行为的重要行为指标。

反社会行为的产生，心理学与社会学研究认为有以下原因：

（1）社会学家认为现代社会生活的高度复杂性是诱发人类反社会行为的重要原因。正是由于现在社会生活复杂性较高，因此容易在人与人之间产生误解、沟通失败、忽略、信息煽动等情况，进而引发人类的反社会行为。

（2）社会生物学认为遗传是人类出现反社会行为的原因。亲社会行为来自人类保存和传递种群遗传基因的生物本能。反社会行为则来自在保存种群基因的过程中，当不可避免地与他人发生冲突时本能地表现出攻击性反应。例如，为了繁衍后代和种群群体的利益，工蜂和兵蚁都会本能地牺牲小我，舍生忘死；母兽为保护幼兽与敌兽厮杀等。

（3）精神分析学派认为，反社会行为是压抑失败的结果。精神分析学派将人分为本我、自我和超我，而反社会行为本身就存在于本我之中，当自我和超我对本我的控制失败或控制力较弱时，人们就表现出反社会行为。

（4）社会心理学社会学习论则认为反社会行为来自对他人的观察与学习。社会学习理论的创始人美国社会心理学家班杜拉指出，人类通过观察他人的行为和结果，就可以学到复杂行为反应，而不必每一件事都亲自体验。这就是说，人类有通过示范行为学会他人经验的能力。人们常说，“近朱者赤，近墨者黑”，就是说耳濡目染会给人以影响。这种影响年深日久就会显现出来。

课外导读

本我、自我与超我

1923年，西格蒙德·弗洛伊德（Sigmund Freud，1856—1939）在其《自我与本我》一书中详细阐述了其人格结构理论，他认为人的人格结构包括“本我、自我和超我”三个部分。

1. 本我：人最为原始的、属满足本能冲动的欲望，本我代表所有驱力能量的来源。它依据快乐原则来运作，即追求快乐和回避痛苦。

2. 自我：是人格的心理组成部分，是从本我中逐渐分化出来的，位于人格结构的中间层。其作用主要是调节本我与超我之间的矛盾，它一方面调节着本我，另一方面又受制于超我。它遵循现实原则，以合理的方式来满足本我的要求。自我则追求现实。

3. 超我：是人格结构中的管制者，由完美原则支配，属于人格结构中的道德部分。其位于人格结构的最高层，是道德化的自我，由社会规范、伦理道德、价值观念内化而来，其形成是社会化的结果。超我遵循道德原则。

知识扩展

波波玩偶实验

将3～6岁的儿童分成三组，先让他们观看一个成年男子（“榜样人物”）对一个像成人那么大小的充气娃娃做出种种攻击性行为，如大声吼叫和拳打脚踢。然后，让一组儿童看到这个“榜样人物”受到另一成年人的表扬和奖励（果汁与糖果）；让另一组儿童看到这个“榜样人物”受到另一成年人的责打（打一耳光）和训斥（斥之为暴徒）；第三组为控制组，只看到“榜样人物”的攻击性行为。然后把这些儿童一个个单独领到一个房间里去。房间里放着各种玩具，其中包括洋娃娃。在十分钟里，观察并记录他们的行为。

结果表明，看到“榜样人物”的攻击性行为受惩罚的一组儿童，同控制组儿童相比，在他们玩洋娃娃时，攻击性行为显著减少。反之，看到“榜样人物”攻击性行为受到奖励的一组儿童，在自由玩洋娃娃时模仿攻击性行为的现象相当严重。

七、药物依赖

药物依赖即药物成瘾，指的是对药物强烈的渴求。病人为了谋求服药后的精神效应以及避免断药而产生的痛苦，强制性地慢性或周期性服用。药物依赖是一组表现为认知、行为和生理症状群，使用者尽管明白使用成瘾物质会带来问题，但还在继续使用。药物滥用和依赖是社会、心理和生物因素相互作用的结果，药物的存在和药理特性是滥用、依赖的必要条件，但是否成为“瘾君子”，还与个体人格特征、生物易感性有关，而社会文化因素在药物滥用、依赖中起到了诱因作用。

在民航服务工作中很少遇到极端的药物依赖的情况，最为常见的是酒精和尼古丁依赖的情况。

民航案例

2019年1月31日，从杭州到深圳的CZ3556航班上，乘客刘某登机后在机舱内走来走去。因其违反规定，乘务员上前询问，却遭辱骂。由于刘某处于醉酒状态，他被机组拒载。被请出飞机后，刘某更为激动，先后爬上了舱门与廊桥连接口的两边雨棚，飞机关上舱门后，他还脚踢舱门，后被立即制止。经查，该乘客于1月31日中午到机场前已经喝了一顿酒，在机场候机时，又在便利店买了两罐啤酒，喝了一罐后登机。安检人员并未发现他有什么异常，登机后他的酒劲发作并引发闹剧。

1982年12月24日，中国民航2311号班机在即将抵达广州白云机场时，一名乘客不小心把未熄灭的烟头掉在座椅滑轨与机舱内壁间的缝隙中，导致烟雾四起，飞机在紧急降落后，机舱内烟雾转为明火，最终导致25名乘客因未来得及逃生而丧生，另有33名乘客受伤。

2019年3月6日，广州至武当山的KN5830次航班，航班在巡航飞行阶段，乘客李某烟瘾难耐，便拿出随身携带的香烟和打火机钻进机舱卫生间偷偷吸烟。数分钟后，从卫生间过完烟瘾出来的该乘客，被飞机乘务长逮个正着，随即被空警控制。当晚20时20分航班降落武当山机场后，机场公安迅速上机将违法行为人李某带回审查。3月7日上午，机场分局根据《治安管理处罚法》第二十三条第一款第三项规定，对李某在航空器内吸烟的行为做出行政拘留五日的处罚，并送达执行。

（一）酒精依赖

酒精依赖是指由于长期大量饮酒而产生的对酒的强烈渴望和嗜好，以至饮酒不能自制，一旦停止饮酒则产生精神和躯体的各种症状。酒精依赖的发生率由于社会文化背景不同而不同，男性明显多于女性，白种人多于黄种人。

酒精在日常生活中人们常常饮用，并且由于饮酒以后使皮下毛细血管扩张，从而使人产生心情愉快、力量倍增、疲劳缓解的感觉，所以人们常常会误以为酒精属于兴奋剂。但实际上酒精与其他抑制剂一样，对人类的中枢神经有着强烈的抑制作用，只是饮用酒精以后短时间内使皮肤的毛细血管扩张，所以会出现面红耳赤、温暖与兴奋感，但在此时人的反应时间延长，肌肉的控制能力下降；血压降低，信息处理能力下降，这些都是镇静类药物的普遍共同特点。从长期的效果来看，酒精还会对人的快波睡眠有强烈的抑制作用，所以由酒精所引发的睡眠过程与人类自然的睡眠过程是完全不同的，却与有安眠药等镇静药物引发的睡眠过程非常相似。因此，酒精是抑制剂而绝非是兴奋剂。

一旦形成酒精依赖后，酒精会成为成瘾者的基本需要之一，有的情况下其对于酒精的需要将超过对于食物和水的需要，这种成瘾往往持续终生难以戒断。在存在心理、精神问题的人群中，酒精成瘾的总发生率要较普通人群高两倍以上。虽然两者尚不形成明确的因果关系，但存在焦虑、抑郁、社会适应不良以及情感障碍的人往往通过饮酒来舒缓其情绪，但长期的酒精依赖又会更加重他们的家庭矛盾、人际关系和社会地位的问题，从而引发更严重的焦虑、抑郁和社会适应不良。研究人员指出，遗传或早期家庭环境的影响对某些个体也有一定的影响。酒精成瘾的戒断是相当困难的，相关研究表明：酒瘾是世界上仅次于毒瘾最难于戒断的物质。因而酒精的成瘾性也是需要倍加注意的。

（二）烟瘾

烟瘾的学名是尼古丁上瘾症或尼古丁依赖症，是指长期吸烟的人对烟草中所含主要物质尼古丁产生上瘾的症状。香烟中所含有害物质如图 9-2 所示。

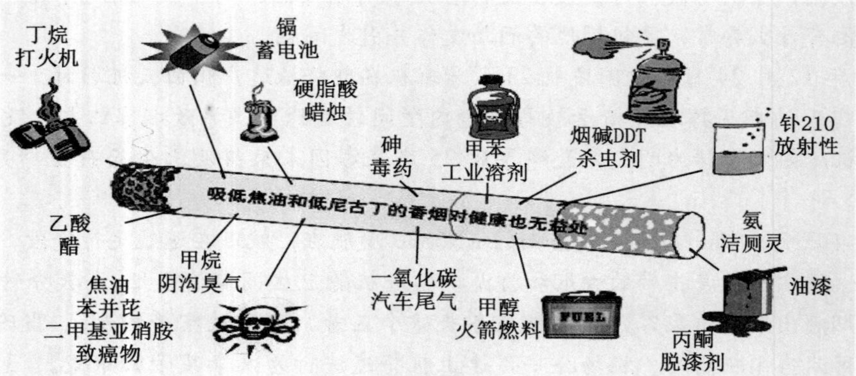

图 9-2　香烟中所含有害物质

尼古丁是一种存在于茄科植物（茄属）中的生物碱，也是烟草的重要成分。尼古丁有色、味苦，由于日常生活中香烟的广泛使用，所以人们往往错误地认为尼古丁是无毒的，而尼古丁却是剧毒物质。微量的尼古丁对人体并不直接造成危害，甚至是治疗老年痴呆症、帕金森症和抑郁症的有效药物，但长期使用尼古丁不仅会出现毒副作用，同时还会使人上瘾或产生依赖性。人类在吸食尼古丁 20 ~30 分钟内，尼古丁作用于人脑中的烟碱感受器，使人产生疲劳感减轻、异常兴奋、愉悦等感觉，同时心跳加快血压升高、食欲减弱、四肢末梢血管收缩、促进血小板凝集，容易造成心脏血管阻塞、高血压、中风等心脏血管性疾病。尼古丁所引起的兴奋之后神经系统随即出现抑制，所以吸烟后神经肌肉反应的灵敏度和精确度均下降。尼古丁依赖者停用尼古丁以后，往往容易出现情绪消沉、易激怒、充满攻击性或敌意等。

调查表明，导致人们吸烟的主要原因有：

（1）社会交往的需要；

（2）朋友之间的影响；
（3）缓解压力与疲劳；
（4）熬夜提神；
（5）好奇心驱使；
（6）与自身社会角色定位有关。

第三节 ◉ 心理问题旅客与民航服务措施

随着我国民航整体运输规模的扩大和人民群众出行方式的改变，乘机出行已经成为愈发普遍的交通方式，因此在日常运输生产中难免会遇到存在心理问题的旅客。在本节中，我们将讨论面临这样的旅客时，乘务员可能面临的困境和需要解决的问题。

一、登机阶段注意观察

实现对心理问题旅客的有效管理，应从旅客登机时就注意认真观察，既要观察旅客的总体状况，也需注意旅客的局部特征。

（1）观察旅客的表情。人的面部表情不仅反映了其当时的情绪情感和精神状况，同时也反映了其过去或者未来他的心理变化趋势。在乘客登机阶段，若乘务员发现其面部表情存在异常，应明确其原因，为进一步处置做好准备。

（2）留意旅客的言行。世界卫生组织在对健康进行界定时明确提出健康包括身体、心理与社交，因此合理而应景的言行也是旅客心理状况是否健康的重要外显特征。所以，乘务员在注意旅客的表情之外，还应留意旅客的异常言行。若出现言行异常旅客，则应判断其精神或心理状况是否适合飞行，是否可能给其他旅客造成不舒适，或可能对旅客本人或者其他人员的生命或者财产造成危险或者危害。

扩展知识

精神病患者危险性评估分级

0 级：无符合以下 1~5 级中的任何行为；

1 级：口头威胁，喊叫，但没有打砸行为。

2 级：打砸行为，局限在家里，针对财物。能被劝说制止。

3 级：明显打砸行为，不分场合，针对财物。不能接受劝说而停止。

4 级：持续的打砸行为，不分场合，针对财物或人，不能接受劝说而停止。

5 级：无论在家里还是公共场合，持管制性危险武器针对人的任何暴力行为，或者纵火、爆炸等行为。

影响危险性评估的因素有很多，性别、年龄、种族、个性特征、婚姻状况、工作经历、暴力史、药物依赖情况甚至青年期的问题等，都应被纳入进行综合考虑。

即便如此，也很难对每个个体的危险性进行有效评估。

（1）对危险性的界定问题。对个体进行危险性评估，首先需要判定什么样的行为才属于危险行为，在日常生活中随意奔跑可能并非什么大问题，但在飞行中随意奔跑就可能成为影响飞行安全的重要问题。所以，对危险行为的界定，即使在专家中也存在相当的分歧。

（2）对个体行为的预测是极其困难的事情。在危险性评估中，评估者收集到的资料仅仅是被评估者以往的行为记录，且这些记录往往是模糊且具有推测性的。因此仅凭这些资料，预测病人在航空运行中可能存在的危险性其效度往往存疑。

（3）无论是心理学家还是精神病学家，都缺乏预测个体存在危险性的特殊知识和技能。美国心理学会和美国精神病协会就明确规定，无论是心理学家还是精神病学家，都不能作为预测暴力行为的重要权威。

● 二、飞行中的伦理学问题

道德上，是根据广义的文化或宗教标准来评判行为的适当性与正确性。伦理是指在处理人与人、人与社会相互关系时理想上的目标或至高至善的行为准则，是一系列指导行为的观念，是从概念角度上对道德现象的哲学思考。它不仅包含着对人与人、人与社会和人与自然之间关系处理中的行为规范，而且也深刻地蕴涵着依照一定原则来规范行为的深刻道理。

当航空承运人决定承运一些有特殊心理问题的旅客时，机组人员就不得不面临一些现实的伦理学问题：

（1）有特殊心理问题的旅客有人权吗？

（2）如何区分心理问题旅客的正常与非正常要求？

（3）应在多大程度上保障心理问题旅客的权利？

（4）心理问题旅客和普通旅客出现利益冲突时如何处理？

（5）普通旅客有权知道飞机上有心理问题旅客吗？

扩展知识

洞穴奇案

五名洞穴探险人受困山洞，在出发之前，带了无线电，通知过救援队，带了二十三天的供给，可山崩困了他们三十一天，水尽粮绝，无法在短期内获救。为了维生以待救援，大家约定抽签吃掉其中一人，牺牲他以救活其余四人。威特摩尔是这一方案的最初提议人，但在抽签前又收回了意见。其他四人仍执意抽签，并恰好选中了威特摩尔做牺牲者，在四人实施了这一方案获救后，这四人以杀人罪被起诉并被初审法庭判处绞刑。

假设五十年后这个案子有机会翻案，其余的四人真的有罪吗？ 如果你是法官，你会做出什么样的判决？

三、飞行结束后的保密问题

有心理问题的旅客在出现问题时可能透露出一些其生活中最秘密的事件。 按照心理干预伦理和道德准则的要求，心理问题旅客的个人信息和隐私不应被公之于众。 但一旦隐私中包含对患者利益或他人利益存在威胁的内容时，特定法律机构和社会机构就有权知悉其隐私。 因此，在飞行活动结束后，这些心理问题旅客的隐私应在何种程度上被保护，这是航空承运人应思考的问题。

本章小结

健康是人类生存和发展的最基本条件，现代观点认为健康乃是一种在身体、精神上的完满状态，以及良好的适应力，而不仅仅是没有疾病和衰弱的状态。从上述定义可见，健康不仅包含身体健康而且还包含心理健康。心理问题有轻重程度的区别，它们依次排列为健康状态—亚健康状态—心理障碍—心理疾病。

民航运行中常见的心理问题有恐高症、幽闭恐惧症、飞行恐惧症、心境障碍以及反社会行为等。空乘人员需要对乘客在飞行过程中的心理状态进行察觉与管理，以保障飞行运行的安全。

重要概念

健康；心理健康；恐高症；幽闭恐惧症；飞行恐惧症；心境障碍。

思考题

1. 什么是健康？ 心理健康的标准是什么？
2. 心理问题如何进行等级划分？
3. 飞行运行中常见的心理问题有哪些？

第十章 人际沟通与民航服务

课程目标

· 了解人际沟通的定义、特点及分类；
· 了解人际沟通的要素构成及其重要性；
· 掌握民航服务过程中的旅客沟通技巧；
· 运用冲突理论了解民航旅客的投诉心理并解决实际问题；
· 了解民航服务与心理学的发展。

● 引言

人是社会人，就决定了人不是孤立存在的，在我们的日常生活、工作中，我们都没有办法回避与人交往、相互影响。我们的交往过程是从对人的知觉、理解和预见的过程，交往过程中的有序信息的交换和沟通交流却是我们能否有效交往的重要构成。事业的成功、个人的生存与发展都离不开人际沟通。

人际沟通在整个民航服务中起到了非常重要的作用。简单地说，民航服务就是对民航旅客的服务，服务质量的好坏取决于是否满足了旅客真正的需要，了解旅客想法和需要最好的直接的方式就是沟通。人际沟通贯穿于整个民航服务的过程当中，贯穿于旅客购票、值机、安检、登机、下机、取行李等全部过程当中，其中任何一个环节的沟通不畅，都会造成沟通中断而形成误会，这也是导致旅客投诉的原因之一，旅客投诉也是国内各大航空公司关注的焦点。

民航案例

插队旅客先过安检，安检人员不解释引争议

2018 年 11 月 2 日 17：30 左右，据市民王先生反映，他在青岛流亭国际机场 13 号安检口排队等待安检时，一名旅客强行插队。王先生想要制止其随意插队的行为，继而与这位旅客吵了起来，当时在场的安检工作人员不但未制止插队行为，还将插队的旅客放入安检口，反而把王先生挡在安检口外。

随后，王先生因为自己着急赶飞机，于是先通过了安检通道，没有继续进行纠缠，但是于 2018 年 11 月 4 日拨打了青岛航空的综合服务热线对此次事件进行了投诉，接到的工作人员的回复是："机场安检部门认为在该事件中，事发在场的安检人员的做法是正确的。"对于处理意见，王先生认为："连小学生都知道要遵纪守法，排队上车，青岛机场不但不制止肆意插队的不文明行为，到头来还是自己投诉错了，我始终想不通。"

安检人员未及时说明原因：

就此次事件，记者联系到了青岛国际机场集团的工作人员刘女士进行询问，得到的答复是："插队的旅客是由于搭乘的航班马上就要起飞了，才插队的。"2018 年 11 月 7 日，记者去青岛国际机场集团观看了当时的监控录像，从监控录像中可以看到，在安检口，市民张先生与插队的旅客发生了争执以后，安检口的工作人员才赶到现场，并隔开了冲突的两人。不过由于监控录像的位置靠近安检内部，因此两人如何发生争执、安检人员有无对此事进行过解释以及对旅客有无和张先生进行协调协商，看不到具体的显示，只有从现场的录音中，听到王先生说当时插队旅客没有向他表达过所乘航班马上就要起飞，现场的安检人员也并未向其说明任何情况。

可能助长插队行为：

青岛国际机场集团负责安检的邵先生表示，当时插队旅客并没有向现场工作人员说明情况，安检人员是在双方起了冲突之后，拿过这名旅客的登机牌查看，才知道他乘坐的航班马上就要起飞了，为了保证旅客顺利登机，才让插队旅客先走了。邵先生表示，安检员的最主要职责就是保证旅客快速通过安检通道，顺利登机，而没权指明谁对谁错，能做的就是保障安检通道的顺畅。刘女士说，如果旅客能够留出充足的登机时间，或许此类情况会少很多。我们欢迎大众的监督，有不完善的地方也会改正，但也希望旅客乘机时能够早点过安检，有足够的时间等待登机。

资料来源：http://m.sohu.com/a/274309497_446544

第一节 ◉ 人际沟通概述

一、人际沟通的定义

人际沟通是心理学名词，指人与人在人际交往过程中，通过语言、非语言、表情、通信、媒体等方式进行的思想、情感、观念、兴趣等的交流，以达到对信息的共同理解和认识，构建良好人际关系。

从这个定义看，人际沟通的内涵主要包括三个内容：

（1）人际沟通的过程就是信息传递的过程。符号信息论较为强调信息在人际沟通的作用，并用此解释人际沟通的整个过程，把人的思想、情感、观念、兴趣、知识等作为人际沟通中信息在人与人间进行传递。

（2）人际沟通的过程是双向的互动。人际沟通不是一种简单的“信息传递过程”，人际沟通的双方是积极的互动模式，在沟通过程中，沟通传递者和沟通的接收者的角色是在不断地转换当中，具有双重角色，既是沟通者也是接收者，不断地传递信息、接收信息，依据对彼此的动机、目的和态度的判断，然后预期对方反馈的信息。

（3）人际沟通是一种有意义的沟通历程。人际沟通是一种有目的性的沟通过程，人际沟通中的“信息是什么”“信息传递给谁”等类似的问题显得尤为重要，沟通者和接收者的关系不同，沟通的效果不同，人际沟通的本质在于建立好良好的人际关系，并实现对方行为调整的目的。

二、人际沟通的特点

1. 双向互动性

人际沟通中的双方是相互依赖的，如教师授课，教师离不开学生，学生也离不开教师，沟通者既不是完全的单方依赖，也不是完全的独立，而是沟通双方参与间的沟通行为所构成的有机整体，是积极的双向互动过程。在整个的人际沟通过程中，沟通者与信息接收者之间的角色是不停地转换的，具有双重角色。

2. 情境性

人际沟通是发生在特定场合当中的信息沟通行为，这个特定场合是信息传递的时间、地点、沟通参与者及其关系等因素的组合，我们也可以把它看作人际沟通的情境。人际沟通的方式、内容会受到情境性的影响，也就是我们常说的“什么场合说什么话”“见什么人说什么话”。

3. 目的性

人际沟通的本质就是要建立起对话双方之间的良好关系，形成双方意识的统一，按预期的调整对方行为的目的，因此人际沟通有明确的目的性色彩。在一定程度上，人际沟通更多的是通过信息的传递和交流，能够解决双方的疑问和问题，如当你在国外旅行迷路时，无论你询问的对象是谁，是当地人或是旅行者；无论你采用的语言是什么；无论你采用沟通方式是什么，但是你沟通的目的在于找到你想去的方向。

4. 学习性

人际沟通的技巧是可以通过学习而改进的。人们常常发现，有的人天生就很容易地融入陌生的环境，很容易和别人进行下一步的交往，获得他人的信任和喜欢，建立较好的人际关系，而忽略了人的学习能力，人们可以在长期的社会交往沟通的过程中，总结自己的不足，掌握一定的沟通技巧，能够在一定程度上提升自身的人际沟通能力。

三、人际沟通的分类

根据不同的分类标准，可以将人际沟通分为以下类型：

1. 根据信息沟通是否依赖第三方媒介传递信息，将人际沟通分为直接沟通和间接沟通

直接沟通是指不依赖第三方媒介，沟通双方依靠人类自身固有手段，直接进行信息传递与交换的沟通，如面对面聊天、上课、演讲等。从人的社会生活交往的形式来看，直接沟通是人际沟通的主要方式。

间接沟通是指沟通双方没有直接接触，而是必须要依赖第三方媒介实现的信息传递与交换的沟通，如纸质书信、电子邮件、网上聊天软件（QQ、微信等）、电话等作为媒介的沟通方式。尽管间接沟通的方式不是人际沟通主流方式，但是随着人们生活方式的改变，电子技术的发展，这种沟通方式逐渐成为人际沟通的重要途径，拓展了人际交往的范围。

2. 根据沟通时使用的符号形式，将人际沟通分为言语沟通与非言语沟通

言语沟通是指沟通双方利用语言符号系统进行的沟通。语言可以分为口头语言和书面语言两种语言形式，即语音符号系统和文字符号系统。口头语言沟通是指沟通双方使用口头语言，如面对面的谈话、授课、演讲、视频通话等方式的沟通，此类沟通方式具有直接有效、及时反馈等特征，但是也有其缺点：受到时空限制、信息记忆保存时间较短、受到沟通双方人员本身素质影响较大（如理解能力、语言沟通能力等）。书面沟通是指沟通双方通过文字书写的方式进行的沟通，如纸质书信、电子邮件、网上聊天软件的文字输入等方式的沟通，此类沟通主要以文字为媒介，有能够突破空间限制，信息保存时间长、能够再次查阅等特征，但也有其缺点：不能实时反馈、沟通效果受限制、与口头语言相比传达的信息资源减少等。

非言语沟通是与言语沟通相对的另一种沟通，是指以人的表情、手势、姿态、动作以及着装等为媒介的一种无声语言的沟通，人与人在交流的时候，很难去隐藏一些非言语的行为，接近人的真实动机。非言语沟通的语言体系始终不太完善，要以语言沟通为依托表现出来，但是却是语言沟通的有利的信息补充。非语言沟通具有能使传递的信息内容变得更加的鲜明而突出；在某些场合可能会代替语言沟通的功能，如简单的手势“OK”，大家就会

明白是什么含义;对言语沟通的内容进行补充,等等。总的来说,非言语沟通是建立在语言沟通基础之上的,不能离开语言沟通而单独存在。

3. 根据沟通是否有组织进行的,可将人际沟通分为正式沟通和非正式沟通

正式沟通是指在政府组织机构或者企业当中,通过明文规定的渠道进行的信息传达,这种方式一般是正式性的,如组织机构内部的文件下发、会议活动的通知、工作内容的分工与布置、工作汇报以及各种会议的研究讨论、公对公的发函等。正式沟通具有规范性、准确性、目标明确等特征。

非正式沟通是指除了正式沟通以外的信息沟通,是以个人的身份进行的信息交流活动,如朋友间的聚会交流活动、私下对某事件的意见表达,或者“小道消息”的传递等。这种非正式的沟通通常带有个人色彩,能够反映出个体的真实意图和动机,同时还会掺杂一些额外的信息。非正式沟通具有形式灵活性、信息传递速度快、随意性、无预见性等特征。

4. 根据信息传递后有无反馈信息,将人际沟通分为单向沟通和双向沟通

单向沟通是指信息单向流动的人际沟通。在沟通交流时,沟通双方地发送信息者将信息发送出去以后,收到信息者只收信息而不做反馈意见,如单纯的报告或大型的演讲等,但在现实生活,单向无反馈信息的沟通是非常少见的,接收信息者或多或少都会发出某些形式的反馈信息,如非语言的信息。

双向沟通是指双向信息流动的人际沟通。这是我们之前由提到的双向互动模式,即在沟通的过程当中,信息发送者和接收者两者间的角色是不停地转换的,信息在两者间不停地传递、接收、反馈,如谈话、协商、讨论等形式的沟通,双向沟通是人际沟通的常用方式。

四、人际沟通过程的要素组成

人与人沟通的模式具有多样化,但是人际沟通的过程却是具有规律性的。人际沟通的过程的要素组成包括信息的发出者、信息、通道、信息的接收者、反馈、障碍和沟通情境等。人际沟通的过程如图 10-1 所示。

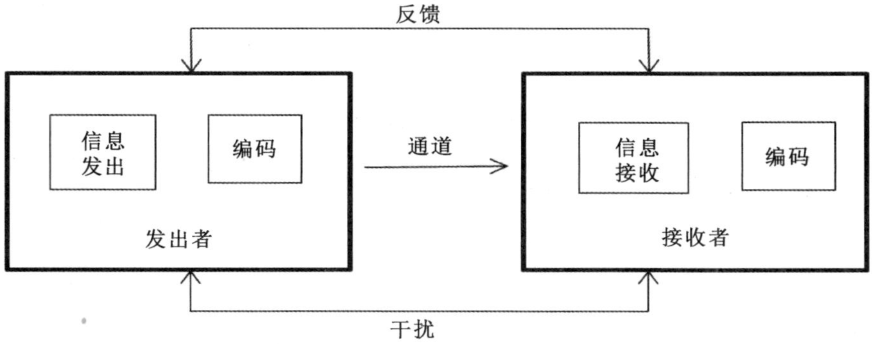

图 10-1　人际沟通的过程

1. 信息的发出者

信息的发出者是指信息沟通的主体,信息的发出者必须要对传达的信息进行编码,即进行信息的加工程序,根据信息接收者的情况,选择合适的沟通通道将信息传递出去。

2. 信息

信息是指沟通的内容,特指信息发出者希望信息接收者能够接收到的观念、思想和情感等信息。这类信息包括的范围很广,包括言语和非言语的信息,如语言、肢体语言、表情等,当然,具体信息接收者能够接收到的信息内容真实程度以及信息量的大小,还是取决于信息发出者的编码与信息接收者解码的情况,也有可能信息发出者会发出一些与自身想法不一致的额外信息。

3. 通道

通道是指信息传递过程中的媒介和载体。人与人之间能进行信息沟通,必须要借助于传递的媒介,如声音、光、电、报刊、电视、电影、手机等传收通道。沟通渠道不仅能够快速传播信息,还能及时、准确地收集信息,通道是有效人际沟通的重要环节之一。不同的信息源可以采用不同的沟通渠道,达到有效的沟通效果。

4. 信息接收者

信息的接收者是指沟通过程中信息的解码人。信息接收者要将从信息发出者那儿获得的信息,根据自己的理解和知识结构进行解码的工作,转化成自己的想法和观念。也正是如此,解码程度很大程度上受到信息接收者本身的知识经验、认知水平、个人素质等多种因素的影响。

5. 反馈

反馈是指信息发出者的信息发出后是否被信息接收者所接收和理解,反馈来自两个方面:其一,信息发出者自己觉知到的所传递的信息,有无被信息接收者所接收到;其二,信息接收者接收到信息发出者的信息后,主动地进行反馈意见。由于人际沟通过程是双向互动的过程,两者角色不停转换,因此,反馈在沟通过程中是反复出现的。反馈对于沟通的效果起到了决定性的作用。

6. 障碍

障碍在人际沟通中是一种常见的现象。在人际沟通过程中的每一个环节,都会出现一些不经意的障碍,如信息传递者的编码如果不够准确,或是信息通道选择有误,或是信息接收者的解码不正确,都可能造成人际沟通中的障碍,我们应该正确地看待以及找寻解决的途径。

7. 沟通的情境

人际沟通一定要放到特定的环境中进行,如社会的政治环境、文化环境、道德观念等。不同国家对于相同的肢体语言所表达出来的信息含义是完全不同的,又如与个体直接相关的家庭环境、学习环境、工作环境,信息传递的内容也不相同,因此,要注意沟通中的情境对话。

第二节 ◉ 沟通障碍

一、沟通障碍的定义

沟通障碍是指人与人或人与团体之间进行信息交流、信息传递、信息反馈时存在的困难。沟通障碍直接会影响沟通的效果，达不到沟通应有的目的，甚至使沟通中断。

二、沟通障碍的类型

根据造成沟通障碍的内外部原因，沟通障碍分为内部障碍和外部障碍。

（一）沟通的内部障碍

沟通的内部障碍是指造成沟通障碍的个体的原因，即信息发出者和信息接收者的主体因素，可以将沟通障碍分为三类，即语言障碍、理解障碍和情绪障碍。

1. 语言障碍

语言障碍指沟通交流双方主体语言不通的情况，体现在以下几个方面：一是沟通的任何一方有生理残疾，如听力、发声、失语等障碍，这类会直接导致沟通障碍；二是跨文化沟通，由于语言体系不同，双方无法通过语言来获取信息，只有通过非语言信息途径获取少量信息，但无语言沟通情况下，获取的信息极有可能是无效的，也会造成沟通障碍；三是涉及沟通中的个体本身的语言沟通、表达能力，如果词不达意或表达能力过低，也是沟通障碍的原因。

2. 理解障碍

理解障碍主要指沟通交流双方主体在智力水平、认知结构上的差异造成的障碍类型。表现在沟通信息中的用语、词汇的专业程度和专业领域，对信息内涵的理解不同，进而难以沟通的情况。

3. 情绪障碍

良好的情绪状态，能使沟通的双方有一个积极的沟通态度，在沟通过程中显得有耐心、积极配合，也更容易沟通。如果沟通的任何一方处于消极的情绪状态中，人都会产生焦虑、不安和烦躁，思维也比较混乱，很难投入到顺畅的沟通中，发生沟通障碍。

（二）沟通的外部障碍

沟通的外部障碍是指除去了作为沟通主体的个体原因的其他的障碍，包括物理原因、信息渠道原因、其他原因等等。

1. 物理环境障碍

物理环境的原因主要是由于噪声干扰、光线不足或环境杂乱等引起的沟通障碍类型。良好的物理环境能够营造相对舒适的沟通环境，反之，在嘈杂的环境中进行沟通和交流，会影响到信息的发出和信息的接收两个环节，难以达到信息传递的准确性和信息接收的有效性，造成信息传递的缺失与遗漏，导致沟通障碍。

2. 沟通通道障碍

沟通通道障碍也是造成沟通障碍的原因之一，沟通通道障碍主要体现在以下几个方面：其一是沟通媒介的选择不当。沟通媒介的选择是多种多样的，但是具体的沟通交流要选择适合的沟通媒介，如本身适合于用口头沟通方式进行的，却非要采用书信沟通方式；其二是多种媒介相冲突。当沟通时，出现多种媒介，且每一种媒介传达出的信息内容不一致，甚至出现相互矛盾的现象，会使信息接收者难以理解信息的真正意义，如在表达表扬的同时却出现摇头的肢体语言；其三是沟通的渠道太长。从上至下的信息传达构成经过太多环节的信息加工与解码，让原本的信息量减少。

3. 其他障碍

主要是指成见、偏见及聆听的习惯等引起的沟通障碍。特别是沟通中的一些偏见，常常是具有致命打击的，从源头上就杜绝了沟通，难以将沟通进行下去。

第三节 ◉ 旅客沟通技巧

民航案例

乘务员谈如何与旅客沟通

时光飞逝，今年已经是我飞行的第七个年头了，在这说长不长、说短也不算短的七年里，我服务过很多不同类型的旅客，今天跟大家分享下我的一些工作感想。

我认为乘务员的服务工作从本质上来说，代表的是一种人际交往关系。我们作为“客舱的主人”，需要拥有一个正面的积极的心态，用现在流行的话说，就是正能量的体现。乘务员的态度在为旅客服务过程中占了首要地位，我们可以试着换位思考一下，从旅客的角度出发，如果我是旅客，我希望可以得到一个什么样的服务？每一个乘务员都要学会说话的艺术，跟金银卡旅客的沟通、跟老年旅客的沟通、跟儿童旅客的沟通，乃至跟情绪不稳定旅客等特殊旅客的沟通，等等，与不同的旅客应该使用不同的语言技巧。同时，我们的笑容也是为旅客服务时候的强大“武器”，没有人喜欢受到冷漠的对待，没有人会喜欢呆板无趣的教条式的对话，凡事要“请”字当头，多说“谢谢”。你如何对待旅客，旅客的心是可以感受到的，在为旅客服务的时候，用心感受一下，你会发现，客人其实也有着可爱的一面，他们也会跟你说，“谢谢，你辛苦了”。不得不说，我听到这句话的时候，心里非常感动，自己的辛苦付出原来旅客都看在眼里，是被理解认可的，这种喜悦相信很多同事都体会过。

都说乘务员是容易满足的人，容易满足的人都有着一颗善良的心，我们为旅客服务的时候，需要多一份责任感，用我们的爱心、包容心、同情心和耐心，把旅客当作我们的家人和朋友，当他跟你说需要一杯水、一条毛毯、一个枕头的时候，我们可以很热情地回应他“好的好的，您稍等，我马上来！”让他感受到家人般的关怀，无形中提升了旅客的满意度。

在为金银卡旅客提供服务的时候，其实我们的金银卡旅客人真的不仅仅需要“毛毯、枕头、拖鞋加《环球时报》”这些形式上的东西，你的亲切问候，第一时间优先为其提供服务，及时满足他的需求，提前告知他各种航班信息，不要光是启动我们的程序化流程。上客时候引导旅客入座，巡视客舱的时候，提供餐饮的时候，下降前告知时间、温度与其道别的时候，都是你跟他沟通的良机，你知冷知热的一句话，都可以让他对你的服务加分。

在与旅客沟通时，会说话、说好话，真的很重要，比如为旅客提供餐食，提供到某位旅客的时候，他所需要的餐食品种刚好没有了，或者旅客提出可供选择的餐食他都不喜欢，乘务员很热心地到头等舱找了一份餐送到旅客面前说：“真对不起，这是头等舱多余了一份餐，我给您送来了，您看合不合口味？”这个时候，旅客说不定非但没有感谢你，反而会不高兴，如果你这样跟他说：“真对不起，这是我特地去头等舱为您拿的餐食，您看是否合口味？”同样的一份餐，但不同的话，可能会带来不同的效果。或者当我们航班延误的时候，旅客可能在地面等待了几个小时后，终于上机了，我们歉意地问候：“您好，让您久等了，欢迎您登机……”相信很多人都跟我一样听到过这样的话，“好什么好，让我等了这么久……”这样的话很容易让旅客感觉我们的问候没有诚意，是一种置身事外的程序化的问候，如果我们用另一种话来打招呼呢？“十分抱歉，谢谢您的等候，您辛苦啦，让您久等了，谢谢您的理解……”这样的问候语，可能旅客更能接受些，尤其针对带小孩的旅客，我们可以多关注夸赞小朋友，相信旅客的感受就会不一样了。

学会说话，恰到好处地说话，巧妙地运用我们的语言技巧，在工作中锻炼提升我们的服务能力，一定可以为旅客带来更好的服务感受，为旅客营造一个和谐温馨的客舱氛围，有利于提升我们的服务品质，提高旅客对我们服务的满意度。

资料来源：http://news.carnoc.com/list/287/287513.html

一、微笑的技巧

上一节提到了言语沟通和非言语沟通，非言语沟通是对言语沟通的补充，不管是机场面试地服，还是各大航空公司面试空乘人员时，其中有一个非常重要的标准是亲和力，亲和力最直接的表现形式就是微笑，但不能简单地将亲和力直接与微笑画等号。航空公司在培训时有相关的微笑课程。为什么微笑还需要培训，因为微笑是有技巧的。

微笑是一种极具感染力的非言语交流语言，是全世界同胞所共同拥有的通用语言，它有着独特的魅力，在人际沟通中起到了重要的作用。因为微笑能够在短时间内拉近彼此的距离，能够完成情感的表达，看似简单，却是不容易的。

1. 自然微笑

在人际沟通与交往时，笑是自然的微笑。自然而然的微笑天生就具有一定的亲和力，能够获得旅客的认同，切记不能笑不出来而强行装笑，微笑时要自然，展现出微笑的美和大方得体。

2. 真诚的微笑

微笑是外观的，实则是内心的，只有真诚的微笑才是打动人心的那把钥匙。民航服务人员在与旅客进行沟通交流时，旅客很容易从表情看出是真笑还是假笑，从而影响旅客的评价，影响到沟通的效果。

知识扩展

真笑与假笑

"杜兴微笑"是以纪念法国神经病学家杜兴·德·布伦（Guillaume-Benjamin-Amand Duchenne de Boulogne）而命名的。法国神经学家杜兴·德·布伦在100多年前就开始研究人的面部表情，发现了真笑和假笑的区别。19世纪，他为了治疗一名面部表情丧失的病人时，突然发现用电刺激面部的相关肌肉，能够使面部肌肉产生特定的表情。

随着研究的深入，他发现了真笑和假笑的区别：一个人发自内心地微笑时，眼角周围的肌肉收缩，产生乌鸦脚似的皱纹；而假笑只牵动颧骨附近的肌肉，使嘴角向上翘。

你能区分上面两张图哪一张是真笑吗？

3. 适度的微笑

微笑时向旅客表达一种尊重和礼节，在民航服务过程当中，我们是提倡微笑服务的，但是微笑服务不等同于时时刻刻都在微笑，当你与旅客目光接触的时候会微笑，当与旅客进行沟通表达赞同时回以微笑，而不是没有度、没有节制的微笑。

二、移情的技巧

移情也称为“换位思考”“同理心”，是指转变自身的角色，从他人的角度来看待事情，理解他人的感受、体会他人的情感，能够产生共情。 移情在整个沟通交流中有着重要的位置，是人与人之间能够取得理解的重要前提。

在服务中实现移情，要做到两点：一是换位思考；二要移情表达。

（1）换位思考

在给旅客提供服务时，一定要清楚旅客急需的是什么，一定要围绕着旅客目前最需要解决的问题进行沟通，体会旅客着急的心情，急旅客之所急。 例如面对老年旅客时，换位思考就是要从老年人的角度来思考问题，年龄较大的人，行动思维可能比较缓慢、普通话有可能听不太懂、听力不太好等，在提供餐食服务时就应注意一些问题等。

（2）移情表达

要做到移情，就要注意语言上的表达，要给予肯定。 初次乘机的人一般来说都会感到紧张、害怕。 当他和你说“我挺害怕时”，乘务员如果回答“这有什么好怕的”，就不是一个正向的回答，而应该采取一种共情的方式，如：“我很理解您的心情，第一次乘机都是这样的感受，下次乘机您会感觉好很多的。”

三、尊重与理解

沟通的前提是要对谈话者有最基本的尊重和理解。 在服务过程中让旅客感受到尊重和理解，需要主要注重以下细节：

（1）展现出对旅客谈话内容的认同；

（2）随时关注旅客谈话时的言语和肢体语言的变化；

（3）与旅客沟通时，让旅客感受到你在认真地倾听；

（4）谈话的节奏应该跟随旅客的节奏，而非自己的思路进行；

（5）给予肯定的反馈信息；

（6）不要随意打断旅客的谈话，给一些不必要的建议。

问题讨论

谈谈自己的看法

一次，英国维多利亚女王与丈夫吵了架，丈夫独自回到卧室，闭门不出。 女王回卧室时，只好敲门。 丈夫在里边问：“谁？”维多利亚傲然回答：“女王。”没想到里边既不开门，又无声息。她只好再次敲门。里边又问："谁？""维多利亚。"女王回答。里边还是没有动静，女王只得再次敲门。里边再问："谁？"女王学乖了，柔声回答："你的妻子。"这一次，门开了。

四、倾听的技巧

倾听不仅是人际沟通中的基本技能，也是一门艺术。"倾听"与"听"之间仅仅差了一字，却隔了千万里的距离。倾听是一种态度、一种情感，是用自己的心去感受。

1. 倾听的态度

在与旅客沟通交流时，首先要让旅客感受到你在真正对待彼此间的谈话，你是重视谈话的内容的，也可以说你倾听的态度是正向积极的。从你的姿态可以看出，你在很认真地接收旅客传递的语言信息以及非言语信息，认真的倾听是成功沟通的第一步。

2. 倾听的关注点

与旅客进行沟通时，除了认真倾听旅客传递出来的语言信息外，还应该关注旅客的非语言行为，可以观察旅客对事件的真实想法。可以观察的非言语行为的主要表现有：

（1）面部表情，如开心、愤怒、不耐烦等表情的识别。

（2）眼神接触，如果没有对视谈话人的目光，通常会被认为冷漠和不关心谈话内容，反之，会显得专注。

（3）肢体动作语言，如适当地赞许性地点头、手势等。

（4）语音变化，如音量、语调、语速的变化等。

3. 倾听的适时反馈

在倾听的过程中，并不是一味地听，还必须在适当的时候给予反馈信息，用一些简短的语言、动作和表情来进行呼应，以此表达自己对谈话内容的理解，甚至给予一些支持性、赞同的语言。这些技巧包括：与旅客保持同步协调的姿态；用一些词语表达赞同，如"嗯""对""是的"等；用眼光表示赞许；学会使用肢体语言来表达，如点头之类的动作等。倾听过程还可以进行一些简单的提问，但是提问需要有助于双方的沟通，问题不宜过多，且是围绕谈话的主题的。

五、耐心

耐心是从事服务行业应该具备的个人品质。耐心不仅体现了服务人员的基本职业素养，还代表了航空公司的企业文化及企业形象。民航服务人员在服务过程当中要实现"真情服务"，就要做好"耐心服务"。

1. 耐心听取旅客意见

民航从业人员每天都会与形形色色的旅客打交道，旅客的性格、素质、需求各不相同，民航服务人员将面对各种各样的问题，旅客可能会遇到一些难题或不满意而抱怨，甚至会因为工作人员的微表情而指责工作人员，因此，遇到旅客发牢骚或提意见时，我们首先应该做到的是耐心听取旅客的意见，坚决反对去辩解或者和旅客争辩。

2. 耐心解答旅客的提问

旅客在乘机的各个阶段，都可能会遇到一些需要专业人员解答的问题，比如说地面值机的时候，可能会问“我提前多久可以值机？”“行程单在哪儿可以打印？”“托运行李在什么地方办理？”“安检口在什么位置？”等；又例如在空中飞行阶段，可能会问“餐食可以多发一份吗？”“普通舱旅客可以使用头等舱的卫生间吗？”“卫生间在什么地方？”等。对于旅客第一次问的问题，地服和空乘人员可能已经回答过了无数次，是每天都会遇到的问题，服务人员难免会产生不耐烦的情绪，因此，一定要换位思考，耐心解答。

六、复述与反馈方式

1. 复述

沟通中的复述是指信息接收者把信息传出者的思想、情感、观念，通过自己的理解组织以后表达出来。复述的作用主要有两点：

一是告知信息传递者，信息已被接收；

二是信息接收者可以检查信息接收的正确性。

2. 反馈方式

反馈是对信息接收是否正确的反馈，主要有三种形式：

第一种形式：是把信息传递者的话语，逐字逐句地重复一遍；

第二种形式：重复话语时，将说话的人称进行变化，把“我”改为“你”；

第三种形式：通过对信息内容整理，完全用自己的语言来表述。

课堂练习

根据本节所学的沟通技巧的学习，请同学们设计一个与沟通有关的服务情境对话，并请同学进行演绎，对话发生场景为：

1. 地面值机；

2. 空中飞行。

第四节 ◉ 冲突与投诉解决

一、冲突与民航服务

冲突是一种社会现象，足以引起任何组织机构的重视，对于为民航旅客提供服务的民航企业而言也不例外。

1. 冲突的概念

冲突（Conflict）是一种对抗性的交往过程，这种过程始于一方（包括个体、群体或组织）感觉到另一方对自己关心的事情正在或将要产生消极的影响。 冲突有三个特征：

（1）冲突是客观存在的。 冲突是一种正常的社会现象，是不可避免的。

（2）冲突必须被冲突的双方所感知。 如果人们并没有感知到冲突的发生，说明冲突是不存在的，没有单方面的冲突存在。

（3）冲突是由冲突双方意见不一致或者对立引起的，是以击败对方为目标的一种互动行为。

2. 冲突发生的过程

管理学家罗宾斯（Robbins）提出五阶段冲突理论，把冲突的过程划分为五个阶段，这五个阶段分别为：潜在的对立或不一致，认知和个性化，行为意向，行为，结果。 这一过程，如图 10-2 所示。

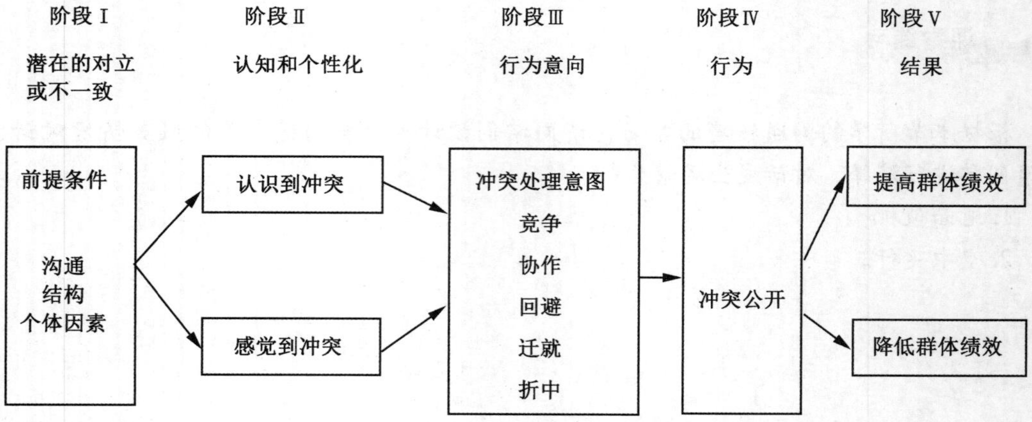

图 10-2　冲突发生的过程

阶段Ⅰ：潜在的对立或不一致

冲突发生的第一步是冲突发生的必要条件，这类条件可以概括成三类：沟通、结构和个体因素。

(1) 沟通

这里的沟通主要是指由于人们的个体差异(如观念、意识、性别、国籍、社会阶层等)方面造成的沟通障碍、理解障碍及沟通渠道障碍,形成的冲突的潜在条件。沟通过少或者太多也会增加冲突发生的可能性,总的来说,沟通过程中产生的偏差,就会给冲突提供发生的条件。

(2) 结构

结构概念里面包括一些变量因素:群体规模、分配给群体成员的任务专业化程度、组织成员的任务目标的差异性、组织成员与目标任务的匹配程度、组织内领导的分格、激励系统、群体成员间的相互信任与依赖的程度等,这些影响变量都可能引起冲突。

(3) 个体因素

个体因素也是引起冲突的条件之一,人与人的个体因素主要包括个人价值观体系和个性特征,价值观的差异是很难改变的,涉及人对事的看法、观念方面各不相同,而人的个性特征反映了一个人的整体风貌,包括了一个人的做事风格、性格色彩,以与其他人相区别。

阶段Ⅱ:认知和个性化

冲突的发生一旦提供了发生的条件,具备了潜在的对立以后,在第二个阶段就会显现出来,也就是说冲突的发生一定是要被知觉的,冲突逐渐明朗化。知觉到冲突不代表就个性化了,即冲突双方都意识到彼此间的意见出现差异性和不同,但是并没有引起个体在情绪上的冲突,如焦虑、紧张、挫折感和敌对时,冲突还不能转变为现实。

阶段Ⅲ:行为意向

行为意向代表人做出某种特定行为的决策。我们可以通过一个人的行为意向,来判断一个人可能会出现的行为,冲突的发生很大程度上是由于一人对另一人的行为判断失误或做出了错误的归因。但是应该注意的是,一个人的行为意向也并不能完全准确地反映其行为意向。行为意向处于认知与行为之间的,行为处理冲突的行为意向主要分为五种:竞争、协作、回避、迁就和折中。

(1) 竞争

竞争是指在冲突过程中,个人为了寻求自己的利益而不考虑他人的利益的一种自我肯定不合作的行为。

(2) 协作

协作是指冲突双方为了满足双方的利益,寻求一种双赢的策略,双方皆能受益。尽管在协作的过程中,双方的意见存在不统一,但是为了能够合作达到双赢,倾向于接受差异性,在一定程度上达到意见的一致性。

(3) 回避

回避是指冲突的双方意识到了冲突的产生,但其中一方故意忽略它的存在而产生的一种逃避行为。当个体认为自己没有办法解决和对抗时,往往采取这种回避的态度。

(4) 迁就

迁就是指冲突的一方愿意牺牲自己的利益,屈从他人意愿的行为。一般来讲,采取这种应对方式,更多出于追求长远利益、维持相互之间稳定关系而做出的暂时性的牺牲行为。

(5)折中

折中是指冲突的双方为了某些目标，为了分享共同利益时而采取一种行为。在折中里，没有明显的输赢，大家愿意共同承担冲突带来的影响。

阶段Ⅳ：行为

行为阶段的冲突是显而易见的，当一个人开始采取行为去阻止他人达到目标或与他人目的对立时，就进入冲突的第四个阶段，即冲突公开化阶段。行为阶段包括行为的整个过程，从微妙、间接、节制发展到直接、粗暴、不可控的斗争。

阶段Ⅴ：结果

冲突双方行为最终会导致结果，这些结果有可能是具有建设性的、具有正常功能的，也可能是功能失调的。如果冲突的最终结果是带来创新，提升了决策的质量，体高了工作效率等，冲突就是有建设性的。

二、民航服务中的冲突

民航服务人员在服务工作中，会有各种各样的冲突。从角色冲突的角度来看，民航服务人员处理的冲突类型主要有四种：个体的情感冲突、航空企业与旅客之间的冲突、乘机旅客之间的冲突和工作量与服务质量的冲突。

1. 个体的情感冲突

民航服务人员从事的是服务行业，这就要求其必须要遵循服务原则、要具备服务意识、养成一定的职业素养，符合职业要求。要做好服务工作必须要有良好的沟通能力，具备一定的沟通技巧，面对旅客时，微笑以对，要有亲和力。当受到外界刺激时，或多或少的人就会产生情绪变化，可能产生积极或消极的情绪，当民航服务人员在受到外界刺激（如家庭矛盾、工作失误、压力过大等）时，产生了消极情绪的时候，如烦躁、郁闷、压抑等，还要为旅客提供优质服务，个体将会产生情感冲突，因为民航服务人员一方面要控制自己的消极情绪，另一方面要调动全身的积极因素，面带笑容地为旅客服务，个体内心会发生较大的矛盾，用较大的意志力控制自己尽量不要把自己的私人情绪蔓延到工作中去。

2. 航空企业与旅客之间的冲突

民航服务人员作为航空企业的员工，必须要遵守航空企业相关规章制度、员工手册。当民航服务人员在服务过程中发现，旅客的需求和航空企业的制度相冲突、相矛盾时，需要民航服务人员来解决，这时候冲突会直接转移到服务人员身上。民航服务人员是一味地满足旅客的需求，还是越过航空企业的规章红线？如果只是想着满足旅客的需求那就会违背职业要求，被发现以后，就面临着公司的处分；如果严格遵守公司的制度，按程序办事，违背旅客的意愿，就可能会被旅客投诉。无论采取哪种做法，服务人员都会出现心理冲突。

3. 乘机旅客之间的冲突

乘机旅客之间的冲突有几种情况：第一种是民航服务人员在为乘机旅客提供服务时，由于人力有限，无法在同一时间同时满足多个旅客的需求而引发的旅客与旅客之间的冲突，如乘机旅客在地面办理行李托运时，虽然同一个航班办理托运的窗口有多个，但是也不能同一时间满足所有旅客在同一时间办理，可能会因为插队或办理速度问题而引发冲突；第二种是由于对于某些资源的获取，乘机旅客之间发生的冲突，也是需要服务人员从中进行协调和调节，如旅客乘坐的是“红眼航班”，多半会在平飞以后调整座椅靠背以便更好地休息，特别是廉价航空的座位之间的距离较窄，调整座椅靠背后会影响到他人的舒适度，因此也常引起客舱冲突，也需客舱乘务员来解决。

4. 工作量与服务质量的冲突

民航服务人员的服务程序比较烦琐，拿客舱乘务员的服务流程举例来说，从旅客未登机之前就要开始准备工作，一直要到旅客下机为止，中间基本上是没有休息的时间。有的航空公司要求客舱乘务员要对本公司白金会员以上的常旅客进行单独、逐一的问候，提供更加贴心的服务，让旅客有家的感觉，对航空公司的服务有认同感，但是客舱乘务员经常会发现这样的白金会员在一个航班上会有几十名旅客之多，甚至更多，每位旅客问候下来会花去大量的时间，面对如此工作量如何平衡服务质量，这就是冲突。

三、投诉与民航服务

随着市场的发展，旅客的维权意识增强、个性服务的需求多样化，旅客预期与航空公司的供给发生差异时，投诉是一种必然的产物。关于 2018 年航空运输消费者投诉情况的通报如表 10-1 所示。

表 10-1　关于 2018 年航空运输消费者投诉情况的通报

2018 年国内航空公司投诉类型及比例			
序号	投诉类型	投诉件数	比例(%)
1	航班问题	6653	39.38
2	预订、票务与登机	4016	23.77
3	行李	1769	10.47
4	退款	1326	7.85
5	旅客服务	1319	7.81
6	票价	887	5.25
7	综合(包括常旅客)	546	3.23
8	超售	284	1.68
9	短信诈骗	58	0.34
10	残疾旅客	12	0.07
11	广告	10	0.06
12	歧视(残疾人除外)	5	0.03
13	动物:丢失、受伤、死亡	4	0.02
14	吸烟	3	0.02
15	旅行或包机	2	0.01

（一）民航旅客投诉的概念

民航旅客投诉是指旅客在与航空公司之间发生供求关系之后，对航空公司所提供的服务质量不满的评价，通过书信、电话等方式向航空公司的有关服务管理部门提出诉说，并要求予以答复或者请求补偿服务不足的过程。

（二）民航旅客投诉的意义

航空公司及服务人员应该正确地面对旅客投诉的行为，民航旅客投诉的行为是行业发展的必然产物，是正常现象。当我们接到或收到投诉时，相联系的是服务人员的绩效、相关部门被追责、某一个航空公司被通报等等，都是投诉的消极影响。但换一种角度来看，投诉也有其积极的一面，可以从投诉的内容、类型找出航空公司在服务、管理中的漏洞，从而完善旅客服务。民航旅客投诉的意义主要在于：

1. 旅客投诉是航空公司创新的动力

通过 2018 年航空运输消费者投诉情况的通报（本节知识导航），有关旅客投诉的类型达到 15 种，类型较多，投诉类型的多样化对应着旅客需求的多样化和个性化，国内外航空市场竞争激励，在保障飞行安全的基础上，基本是民航服务的竞争，航空企业还停留在以往的服务观念、服务水平、服务类型，将被市场所淘汰，因此，各大航空公司如何开拓市场，如何更大限度地满足旅客的需要，获得旅客的认同，就需要进行服务创新。而旅客投诉就是寻求创新的一个很好的信息源头，航空企业组织内部或服务方面的问题，可能是航空企业自己都未注意的潜在领域，由于旅客投诉，这些信息凸显出来，因此航空企业应该好好加以利用。

2. 旅客投诉有利于找到服务漏洞，提升服务质量

旅客投诉的内容是具有一定指向性功能的，进行投诉的旅客是因为航空企业的产品及服务中的不到位给其造成了物质上或者精神上的损失才进行的投诉行为，投诉的目的性很强，急需解决自己遇到的问题，因此要求航空企业对症下药。与此同时，航空企业可以通过旅客的投诉找到服务、管理上的漏洞，加以弥补，进而提高旅客服务质量。

3. 旅客投诉有助于航空公司树立良好形象

旅客投诉并不可怕，可怕的是旅客投诉之后的弥补。如果旅客的投诉能够被快速、及时、高效地解决，旅客对于航空企业的服务满意度会在一定程度上得到弥补或者对航空企业的服务的认可度会增加，由于航空企业的服务保障好，旅客乘机时会再次选择乘坐该航空公司的飞机，并且在无形中起到宣传的作用，有利于航空企业建立较好的企业形象，树立自己的公司品牌。

（三）民航旅客投诉的原因

民航旅客投诉的原因是多种多样的（如表 10-2、表 10-3 所示），原因也是比较复杂的，其中有民航服务人员的原因、有航空服务设施的原因、有航空企业管理的原因，还有民航旅客

自身的原因等等，归纳为两大类：客观原因和主观原因，其中主观因素引起民航旅客投诉的投诉数量占比较大。

表 10-2　旅客投诉的客观原因

投诉类型	投诉原因
①由天气原因、机械原因引起的航班取消、延误和中断起飞 天气：雷暴、低空云、低能见度、冰雹等 机械：飞行器设备故障	②由服务设施设备原因引起的旅客不满，飞机客舱布局、娱乐设施设备使用、服务设备不足等

表 10-3　旅客投诉的主观原因

投诉类型	投诉原因
①由民航服务人员的服务态度引起的旅客投诉 态度恶劣、态度冷淡、拒绝回答问题、爱答不理等	②由民航服务人员的服务技能引起的旅客投诉 缺乏沟通技能、服务技巧掌握不到位、业务流程不熟悉、工作操作失误等
③由民航旅客主观感受引起的投诉	乘机旅客乘机时的情绪状态、乘机旅客对民航服务要求的差异性等

（四）民航旅客投诉的心理原因

民航旅客对民航服务的不满发展到要投诉，往往是经历了小事—息事宁人—算了到忍无可忍—不能忍的心理历程，旅客心理需求未得到满足是导致民航旅客投诉的心理原因。民航旅客投诉的心理原因主要表现在三个方面：

1. 被尊重

尊重有两个方面：一是“他尊”，二是自尊。当民航旅客在享受民航服务时，明显就是在满足自己的“他尊”，也就是获取他人尊重。服务中的“他尊”，来自两个层面：一是旅客作为被服务者，要享受服务人员对其的尊重感，服务人员的话语、肢体语言、眼神等表现在任何的不尊重，都会被旅客捕捉到并扩大；二是旅客对服务提出异议时，也要受到“他尊”，表现为服务人员不能反驳、挑衅，不然会视为不尊重旅客。如果旅客感受到没有被尊重，极有可能会产生投诉行为。

2. 求补偿

求补偿的心理主要来源于民航旅客与航空企业之间服务供求关系满足程度的体验，换句话说，民航旅客乘机是对航空企业的服务质量、水平有其自己的期望和要求，当自己的这种期望与航空企业实际上提供的服务质量相差过大或未达到自己的标准时，而延伸出的一种心理现象，旅客希望通过投诉的方式，弥补自己的损失，以达到自己心理上的平衡。

3. 需宣泄

旅客在服务过程中本应享有舒心的服务，但是由于种种原因，中断了服务或是引起了不满的情绪时,特别是旅客认为自己是占理的一方,理由充分,常常会和服务人员进行争辩,把自己的情绪和不满直接宣泄出来,最直接的渠道就是投诉。

(五)民航旅客投诉处理

旅客投诉处理也称为旅客投诉管理,也是售后服务投诉。

民航案例

南昌乘客投诉××航空态度傲慢

2017 年 12 月 27 日,网友任先生告诉中国江西网记者,他预定了当天中午南昌飞北京的 HU7794 次航班,在准备去机场的路上看到航班取消的消息,通知取消短信及电话都为凌晨 4 点左右,导致他错过了最佳的改签时间。知道航班取消而无法改签时,他多次向客服表示,他前往北京是参加很重要的会议,延误后会导致严重后果。但客服无动于衷,无奈之下,他重新购买了当天下午 3 点的东方航空的机票,他说"我购买时已经是该班次的最后一张票,真是好险","下午 2 点左右我办理完手续后,就前往海航地服柜台开不正常航班证明,并询问后续如何处理,前台客服称要找领导。约 5 分钟后,一位郑姓领导来到前台,刚向客服了解大致情况后,不但没有重视,反而有说有笑地接起了电话。我反复强调是 3 点的飞机,请快速处理,没想到对方不理不睬,继续接听电话。"任先生称,地服柜台的服务态度令他十分气愤,甚至心寒。

12 月 28 日上午,记者多次拨打该航空的客服电话,反映了任先生的遭遇后,工作人员表示,如果航空公司没有将航班取消的信息及时通知到客户,这种情况下客户可以申请免费退票。但问及因通知不到位导致很重要的事情被耽误该如何处理时,其称目前公司没有这方面的规定。对于航空公司的服务态度等问题,客服人员表示她只能登记投诉内容,并不能立即给出答复。

资料来源:http://jiangxi.jxnews.com.cn/system/2017/12/28/016662466_01.shtml

民航旅客投诉处理要点如下:

1. 迅速受理投诉

受理投诉的速度直接关系旅客满意度评价。当投诉发生以后,必须要及时地做出反应,聚焦旅客反映的关键问题,做到在最短的时间内对此进行解决和处理。解决问题速度越快、跟进越紧密,越能体现出航空企业的诚意以及重视的程度。如果不能及时处理,而是采取"拖延""踢球"的形式应对,会加重旅客的不满情绪,或者延伸出其他的不必要的问题,影响旅客对航空公司的信任及忠实度,因此,在接到投诉的第一时间,就要进入处理状态,不能拖延。

2. 安抚旅客情绪

面对情绪激动甚至是发怒的旅客,首先应该做的是安抚旅客的情绪,想办法让旅客恢复理智，当旅客冷静下来后，再询问事件始末，了解投诉的原因。切记不管投诉合理或不合理，是有效投诉还是无效投诉，都不应该和旅客发生口角，反驳旅客，控制好自己的情绪。安抚旅客的几个技巧：一是注意态度。面对旅客的投诉，态度一定要端正，展现出积极配合解决问题的态度。二是注意用语。在未清楚具体原因时，主动表达歉意，但不要主动归责，可以用一些模糊性词汇，如“非常抱歉影响了您的心情”“非常抱歉耽误了您的时间”等，了解原因后，根据旅客关切的事情予以语言上的缓冲，如“为了节约您的时间”“我理解你的心情”“我们会尽快帮您解决”等。

3. 掌握投诉的真实情况

接到投诉的处理人员应该向旅客了解投诉的原因，事件发生的经过、投诉的需求等等。在旅客的讲述过程中，处理人员应该认真倾听，不要随意打断旅客的讲话，时不时给予反馈，如理解性点头，或用简短的词语回答，如“嗯”“是的”等，在不清楚的地方，可以采取复述的方式来确认旅客投诉内容，但是不要使用敏感性词汇，使旅客有被质疑的感觉。有时可以调取相关视频资料，或有旅客提供与投诉相关的照片，以确保事件的真实性。

4. 双胜原则

面对旅客投诉，要把握“双胜原则”，即一是解决旅客的投诉；二是航空公司的服务改进。首先，解决旅客的投诉，根据旅客投诉类型，理清投诉处理部门权责，找出旅客投诉问题的关键，做到投诉处理的快和准；其次，航空公司的服务改进，旅客的投诉如果是有效投诉的类型，公司要对此次的投诉案例进行深层次的剖析，找出服务中存在的漏洞，改进不足，减少此类投诉的数量。

知识扩展

投诉处理方法

处理投诉的 CLEAR 原则：

令旅客心情晴朗的 CLEAR 投诉应对原则包括的步骤为：

C （Control）——控制您的情绪。

L （Listen）——倾听旅客诉说。

E （Establish）——建立与旅客共鸣的局面。

A（Apologize）——对旅客的情形表示歉意。

R（Resolve）——提出应急和预见性的计划。

投诉沟通的 3F 原则：

“良好的沟通”3F，其中 3F 指：

F（Fact）——倾听事实。

F （Feel）——觉察感受。

F （Focus）——聚焦意图。

本章小结

良好的人际沟通能力是为民航服务的前提，了解旅客想法和需要最好、最直接的方式就是沟通。作为一名民航从业人员，其一，要意识到人际沟通在民航服务中的重要位置；其二，要学习人际沟通的特点、人际沟通过程的要素、造成沟通障碍的原因等基本理论知识；其三，要掌握人际沟通的技巧并运用到旅客服务实践当中；其四，要学会分析民航旅客投诉的心理原因并尝试解决问题。

重要概念

人际沟通；通障碍；冲突；旅客投诉。

思考题

1. 民航服务过程中存在哪些沟通障碍？
2. 谈谈人际沟通在民航服务中的重要性。
3. 如果你作为客舱乘务员被旅客投诉，你要如何与旅客进行沟通？

第十一章
群体心理与民航服务

课程目标

- 了解群体的概念、特征及分类；
- 了解群体心理与民航旅客管理的关系；
- 掌握民航旅客的心理特征；
- 运用群体心理的理论解决旅客群体事件冲突。

引言

我们在日常生活、工作中会出现一些现象，如当一大堆朋友谈论同一件事情，你和其他大多数人的看法都不一致时，是不是感到有压力？在完成一个任务时，个人独立完成和多人分工完成，压力会不会变得不一样？在我们参加社会活动时，往往都会自动地“成群结队”。事实上，人们都有主动加入到自己认同的、期盼的群体之中。民航旅客群体是群体的“一员”，有其特殊的群体心理特征，随着民航旅客群体事件发生频率以及类型的增加，民航旅客群体事件进入了民航企业和民众的视野。

民航案例

粉丝大闹机场致航班延误

2018 年 5 月 7 日晚间，在上海虹桥机场某登机口前排队等待检票时，有乘客出现了不检票直接冲撞的举动。原来是 20 多名粉丝为了追随某偶像团体，自行购买机票全程追随。登机时粉丝为了拍摄明星，不听工作人员劝阻，堵在登机口导致航班延误超过两个小时。航班晚点起飞后，一部分位于经济舱的粉丝又齐刷刷奔向头等舱，航班落地滑行时，他们又不听安全劝阻起身围堵在机舱的出口处，造成航班秩序被严重扰乱。无独有偶，就在三天后的 5 月 10 日，从北京首都机场出发的国航 CA1549 次航班又因为粉丝的干扰而迟迟无法起飞。类似事件并不少见，根据相关统计，以首都机场 T3 航站楼为例，2017 年航站楼有记录的粉丝警情就达 20 起，且粉丝规模都在 50 人以上；2018 年有记录的粉丝警情更新已经达到 7 起。

明星乘坐飞机出行毕竟涉及隐私，这些粉丝如何获取明星的出行信息呢？当问到如何获得明星航班信息并且如何买到同一趟航班时，一位经常参与接机的粉丝代女士告诉记者，航班信息粉丝团的小伙伴有内部途径，一传十、十传百，大家都知道了，但航班不用非得同一班，只要跟他的时间差不多就行，现在出了新的退改签政策，可能需要付出一定的金钱代价才能和他一起进去。

资料来源：http://m.people.cn/n4/2018/0522/c676-11018095.html

第一节 ◉ 群体概述

一、群体的定义

《易经·系辞上》云："方以类聚，物以群分，吉凶生矣。"《战国策·齐策三》云"夫鸟同翼者而聚居，兽同足者而俱行"，后来演变成"物以类聚、人以群分"，用于比喻志同道合的人相聚成群。

群体是指为了实现共同的目标，由两个或者两个以上的个体相互作用、相互影响和相互依赖组合而成的集合体。相互影响和相互作用不一定是面对面的，也不一定是言语形式的，随着科技的发展，影响作用是多种形式的。个体之间的相互依赖主要是指在完成同一个目标任务时，相互依赖的程度。

二、群体的特征

1. 具有一定数量成员。 群体中的成员至少是两个或两个以上，是群体的构成主体。

2. 拥有共同的目标。 群体的形成源自共同的目标，是维持群体存在的条件。

3. 具有共同遵守的群体规范。 群体一旦成立，群体中所有的成员都应该遵守统一的行为规则，而且每个群体都有独特的规范。

4. 相互作用。 群体中的各个成员彼此之间能够通过暗示、模仿、感染等相互影响，形成互动；群体对于个体的影响也非常显著，是个体观念、价值观形成的社会体系。

三、群体的分类

常见群体的分类有以下几类：

（一）根据规模，群体分为大群体和小群体

按照此种分法给群体分类，实际上是个比较模糊的标准，大和小是一个相对的概念，因此大小群体的划分原则是看群体成员之间是否存在面对面的接触和联系。

大群体是指群体内成员数量较多，相互之间的接触大多通过间接方式接触或者相互之间是不认识的，主要通过群体之间的共同的目标形成联系。 其中大群体还可以分为两种：一种是因为偶然因素形成的，有自发性、时间短暂性的特征，如大型演唱会的听众、电影院的观众等；另一种是一些社会群体，具有稳定性、存在时间较长等特征，如种族群体、职业群体等。

小群体是相对于大群体而言，是指群体内成员数量比大群体小，群体成员之间由于人少，因此，个体之间是通过面对面的接触而联系的。

大群体与小群体的区别在于：

（1）群体中个体数量不同，大群体较小群体而言，人数多；

（2）小群体的凝聚力要高于大群体，且成员联系更紧密；

（3）大群体的决策速度要比小群体慢。

（二）根据是否实际存在，群体分为假设群体和实际群体

假设群体是实际上并不存在的群体，是为了进行研究分析的需求而假设出来的群体概念，也称为统计群体。 当我们为了对具有某一类特征的人群进行相关研究时，根据其特征进行划分而命名的群体，如蓝领群体和白领群体（按照收入区间的划分），30~40 岁的中青年高级知识分子群体（按照年龄与学历水平的划分）。

实际群体是指实际存在的群体，这类群体的个体之间存在直接、间接的相互联系和影响，成员之间也非常清楚彼此之间的存在，把自己归属于同一个群体之中，有着共同目标。 比如公司的班组、企业的科室、学校的班级等。

（三）根据构成的原则和方式，群体分为正式群体和非正式群体

正式群体是指由组织设立的、结构稳定、职位明确的群体，共同的目标是完成组织拟定的目标的群体。 正式群体可以分为两种：一种是“命令型群体”，是指组织内，直接向上级主管汇报工作的下级成员组成的群体，形成的联系主要依靠正式的命令下达和下级的服务执行的关系，可以看作上下级关系，如公司董事长与总经理之间、学院院长与教研室主任之间构成的群体，都是属于正式群体的范围；另一种是“任务型群体”，是指有组织决定的，为了完成某一项工作任务，从各组织单位抽调的人员组合而成的群体。

非正式群体的概念是由美国哈佛大学教授梅奥在其主持霍桑实验中首次提出的。 非正式群体是指个体为了满足某些需要、兴趣、爱好等而自发形成的临时群体，这些群体没有正式组织结构，也没有固定的目标、固定的规范意识，群体中的规范主要来源于自然而然、约定俗成的约定和规则。 如旅游团中为了去同一个地方旅行而形成游客群体、民航事件中因为某些冲突而形成的旅客群体等。 非正式群体可以分为两种：一种是利益型群体，是指个体以某种利益为目标而形成的群体；另一种是友谊型群体，是指个体的年龄、兴趣爱好、价值观等相近而形成的群体。

心理实验

霍桑实验

霍桑实验是 1924 年美国国家科学院的全国科学委员会在西方电气公司所属的霍桑工厂进行的一项实验，实验假设是“提高照明度有助于减少疲劳，使生产效率提高”。 可是经过实验发现，照明度的改变对生产效率并无影响。 具体结果是：当实验组照明度增大时，实验组和控制组都增产；当实验组照明度减弱时，两组依然都增产，甚至实验组的照明度减至 0.06 烛光时，其产量亦无明显下降；直至照明减至如月光一般、实在看不清时，产量才急剧降下来。 研究人员面对此结果感到茫然，失去了信心。

1927 年哈佛大学的心理学教授梅奥和哈佛大学的同事应邀参加霍桑实验和研究。

研究人员选定了一些人在单独的房间里工作，并对这个班组实行特殊的计件工资制度。 这种方法的设想是工人会因此更加努力工作，这样就能得到更多的报酬。 但是观察的结果发现，产量只保持在了中等水平，而且每个工人的日平均产量都是差不多的，并且工人并不会如实地报告产量。 经过研究和调查发现，这个班组为了维护群体的利益，自发地形成规范，约定了谁也不能干得太多，突出自己，也不能干得太少，影响集体的产量，并且不能够向管理当局告密。 经过调查，工人们之所以维持着中等的产量，是因为担心产量提高而改变奖惩制度或者裁减人员使得部分员工失业。

这一试验表明，为了维护班组内部的团结，可以放弃物质利益的引诱。 由此提出“非正式群体”的概念，认为在正式的组织中存在着自发形成的非正式群体，这种群体有自己特殊的行为规范，对人的行为起着调节和控制作用。 同时，加强了内部的协

作关系。

资料来源：根据百度百科关于霍桑实验词条整理

四、影响群体形成的原因

（1）相互接触和作用的机会。相互接触和作用的机会是指个体与个体之间所在区域邻近或身体接触距离较近，都可以增加群体形成的可能性。也就是说，在同等条件下，如果区域邻近或身体接触距离较近，提供了相互接触的机会，接触性增加，给彼此提供了了解的机会，形成群体的概率会增加，然而形成真正意义的群体，还需心理距离的接近。

（2）目标达到的可能性。在提供了相互接触和作用的机会后，形成群体还需要个体之间有共同的目标，目标是群体形成的原因也是群体解散的原因。群体目标是各种各样的，根据群体的不同的动机，群体目标是不同的。比如公司要完成一个文案时，调动各部门人员，组成一个任务小组，完成这一任务的群体的共同目标就是文案能够被采用，当文案被采用后，参与群体也会解散，回到自己的归属部门。

（3）群体成员的个性特征。当我们看待群体成员的个性特征对于群体形成的影响时，应该持有辩证的观点，针对不同的目标实现，群体的个性特征有不同的影响。人都倾向于与自己有类似个性、观点、价值观的个体交往，在同质性群体中，个体之间更容易沟通、冲突也较少；反之，如果群体成员在个性特征上的差异较大，属于异质性群体的话，成员间沟通困难，可能冲突会增加，但是群体可能会拥有更多解决问题的途径和异质信息，反而会增加完成任务目标的可能性。

第二节 ◉ 民航旅客群体心理

一、群体心理的定义

处于同一群体中的个体，既要遵守群体规范、要求，也要受到群体成员间的相互作用和影响，自然会产生群体心理。群体心理是指群体成员间在完成共同目标的过程中相互作用、相互影响而产生的群体心理。

二、群体心理现象

群体心理的产生是一个有趣的过程，会出现许多我们在日常生活中感知到，却无法说清的现象。群体心理现象主要有从众、众从、服从、社会责任分散、群体极化和社会助长与社会惰化等。

（一）从众

群体中的群体规范对于群体个体的行为反应产生的一种无形的压力心理，迫使群体成员的行为要与群体行为保持一致。 作为群体中的一员，为得到群体的认可、接收，便会倾向于遵循群体规范行事。

1. 从众的定义

从众是指群体成员采纳了其他大多数群体成员的行为和意见的倾向，换句话讲，个体在群体压力下和多数成员在认知、判断、行为等方面表现出一致的现象就被称为从众现象，比如在一些答题类综艺节目中，有一个环节叫作场外观众求助环节，当答题者无法确定答案的时候，可以采取场外观众求助，让场外观众给出该题的答案，并将观念的答案以百分比的方式呈现，结果发现，答题人员倾向于把大多数人的选择作为自己的答案。

心理实验

阿希的从众实验

阿希的从众实验是心理学家阿希（S. Asch，1951）进行的关于线条判断的从众实验，验证了群体压力对群体成员的判断和态度会造成影响。

1. 实验目的

研究被试是否会在正确答案非常明显的情况还会去附和其他被试错误的答案。

2. 实验材料

（1）18 张套卡，每套包括 2 张卡片；

（2）每套卡片中，一张是标准线段（X），一张是比较线段（A/B/C）。（参照图 11-1 所示）

3. 实验被试

每一组被试都安排 7 人，其中 6 人为实验助手，即假的被试验者，其中 1 人为真被试，即真的被实验者，每一组的真被试被安排的顺序在第 7 个人的位置。

4. 被试任务

当实验者呈现出一套卡片时，根据标准线段 X 的长短，判断比较线段 A、B、C 三条线段中，哪一条和 X 线段是等长线段。

5. 实验过程

（1）实验的前 6 次判断，假被试验者都给出正确的选择；

（2）实验从第 7 次开始，假被试验者开始故意给出错误的判断，实验者开始记录真被试的选择，是给出的正确选择还是发生了从众行为。

6. 实验结果

阿希从 1951 年开始到 1958 年，不断地多次重复了该实验，发现：

（1）大约有 1/4 ~1/3 的真被试做出了正确选择，保持独立判断，无从众行为；

（2）大约有 15%的真被试在整个实验判断中，发生了 75%的从众行为；

（3）所有真被试在整个实验判断中，平均从众行为百分比达到了 35%。

7. 实验结论

根据对真被试的访谈调查，将从众的情况归纳为三种：

（1）真被试确实受到了假被试反应的影响，发生了知觉的歪曲；

（2）真被试觉知自己与假被试判断不同，认为多数人的决定肯定是正确的，发生了判断歪曲；

（3）真被试能肯定假被试的判断是错误的，还是做出了错误的决定，发生了行为歪曲。

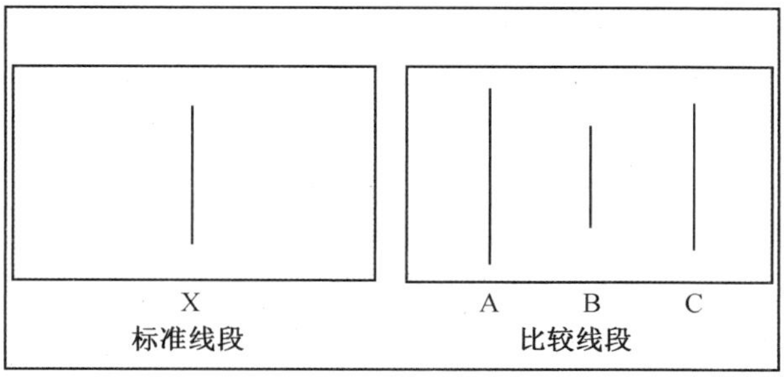

图 11-1 阿希的从众实验的实验线段

2. 从众产生的原因

讨论：

你认为哪一种观点你更认同？

托马斯·富勒：“做多数人做的事，人们就会赞赏你。”

马克·吐温：“人们的想法都一样并不一定最好，正是观点不一致才让马儿跑起来”。

（1）寻求参照行为。人置于不同的情境中时，常常会不知道如何反应，不确定自己怎么做才是对的，怎么选择才是正确的选择的时候，便倾向于寻求参照行为。

寻求参照行为主要表现在三个方面：

①缺乏信息途径时，倾向于寻求参照行为。当我们在缺乏知识经验、缺乏应对方式的时候，我们身边的其他人的行为能够给我们提供可供参照的行为，很容易受到他人的影响，如我们参加聚会，不知道如何称呼初次见面的人时，我们通常会参考其他人对该人的称呼。

②当人处于危机状态时，倾向于寻求参照行为。当人处于危机情况下，没有过多的时间思考与反应，在极短时间内，要求给出正确的答案，我们会感到紧张、害怕出错，便

会观察他人的行为反应，做出同样的行为，如在面临地震的时候，大家会朝着人多的方面进行撤离。

③通常会把专家的决定作为自己的参考行为。 对于普通人而言，专家是专业知识、博学的代名词，专家行为是具有一定指导意义的，如遇到飞机的紧急撤离，空乘人员的指挥、指令和行为是具有参照性的。

（2）避免群体压力。 群体压力并不是通过明文规定的方式形成的，不是属于强制性实施的，而是通过群体中多数人的意见与选择形成的潜在的压力影响到群体中的个体的行为，对于个体而言是一种非常强大的影响力量，也可以说是巨大压力源。

群体压力对于群体成员产生从众行为具有两种功能：

①避免恐惧。 当一个人的行为偏离群体规范时，在一定程度上形成了对群体规范的挑战，成员将会面临着群体多数成员的厌恶、排斥甚至是制裁，在心理上会有恐惧感，反之，如果个体与群体的行为反应是一致的情况，群体会表现出喜爱、接纳等态度。

②维持群体生存。 群体存在必须要建立在同一目标的基础上，如果群体行为不一致，就会打破群体平衡，出现冲突、争论甚至使群体解散。

（3）加强群体凝聚力。 群体凝聚力是指群体对群体成员的吸引力水平以及各成员之间的吸引力水平。 这种吸引力水平越高，代表着群体的凝聚力越强，成员之间的联系越紧密，成员个体对所在群体的认同感也较强，越能为群体出力和做贡献。

心理活动

你是谁?

1. 请您在下面相应空白处写下 20 句话，每句话都是围绕着回答“我是谁？”来写。

（1）____________ （2）____________
（3）____________ （4）____________
（5）____________ （6）____________
（7）____________ （8）____________
（9）____________ （10）____________
（11）____________ （12）____________
（13）____________ （14）____________
（15）____________ （16）____________
（17）____________ （18）____________
（19）____________ （20）____________

2. 根据自己填写的内容进行讨论与分析

（二）众从

1. 众从的定义

众从是指群体中多数人受到少数人意见的影响而改变原来的态度、立场和信念，转而采取与少数人一致的行为的现象。 当群体中一少部分人出现了与多数人意见、看法不一致的情况，并且确信自己的观点是正确时，就会打破群体平衡，使一小部分人的思想发生动摇，进而转变态度，倾向于少部分人的观点，逐渐影响到多数人，并使之发生动摇，到思想瓦解，最终多数人开始认同少数人的意见。

心理实验

莫斯科维克的众从实验

1966 年，法国社会心理学家 S. 莫斯科维克（Moscovbici）最早注意到群体中少数人对多数人的影响。

实验目的：多数人是否会做出听从少数人意见的行为。

实验被试：假被试 2 人，真被试 4 人。

实验过程：

（1）实验者先向被试呈现一个清晰的物理刺激，并做出正确判断；

（2）进行一个简单的颜色知觉作业，要求被试判断仅因发光亮度不同而有所差异的蓝色幻灯片的颜色，两个假被试先作答，且每次都故意回答错误，把换灯片的颜色说成绿色。

实验结果：真被试中有 8.4%的人，回答幻灯片是“绿色的”，32%的真被试的报告中至少有一次看到了“绿色的”幻灯片。

实验结论：群体中少数人的意见对多数人会产生影响。

2. 影响众从产生的因素

群体中少数人内部特征包括：

（1）内部一致性。 群体中的少数人的意见统一，保持一致性是改变多数人意见的条件之一，反之，多数人不会有任何影响。

（2）内部独立性。 群体中的少数人所持观点、意见必须是具有一定的说服力，有充足的理由和理论材料支撑，才能赢得多数人的认同和支持。

（3）自信。 群体中少数人多怀疑自己所持观点的态度，如果自己都摇摆不定，不自信，难以赢得他人的信任。

（4）权威性。 但群体少数人中有权威人物的支持，会大大增加少数人意见的可信度，从而影响多数人的抉择。

群体中多数人内部特征包括：

（1）多数人内部出现意见分歧。由于群体多数人中的部分人在一定程度上受少数人的意见的影响时，多数人内部意见便出现意见不一致的现象。

（2）多数人内部缺乏群体凝聚性。当群体中的意见缺乏一致性时，就会降低群体的凝聚力。

（3）多数人不明确所面临问题的真实情况。

（三）服从

服从是指群体中的个体为了符合群体期望与规范或得到他人赞许而表现出的行为。它看似与从众相似，但两者之间存在区别，本质区别在于行为是否出于自愿，在群体内压力下个体行为与群体行为保持统一，就是从众行为，而自己意识到并不赞同群体行为，但还是做出与群体一致的行为就是服从。在我们所属的社会机构中，都有明确的权威机构，下级要服从上级的指示，服从与权威之间有着非常重要的联系，在权威之下，多数人会采取服从的态度，服从在我们的社会生活中无处不在。

民航案例

机长和副驾驶的微妙关系

机长的制服上配四道杠的肩章，副驾驶配的是三道杠。机长，绝对高端又绝对权威的职位。副机长，感觉就像副经理、副校长一般，底气上似乎矮了半截……那么，这两位最有“空中掌控权”的人物，工作上究竟有哪些不为人所知的小微妙？看一个两者配合的“极端”案例：

据福克斯新闻网报道：2015 年 1 月 31 日，美国达美航空一架国内班机，机长离开驾驶舱后，因舱门失灵不能返回驾驶舱，以至于飞机要由副机长独立操控，副机长当机立断控制紧急降落，机上 168 人全部无恙。足以说明副机长也一定要经验够足，反应够快！他们两位要怎样配合才能万无一失呢？

2013 年 7 月 6 日，韩亚航空某航班在旧金山国际机场着陆时失事，事故造成现场 2 人死亡，182 人受伤。事后一调查，原来是机长和副机长缺乏有效沟通。而这都源于韩国社会的“下级服从上级”的文化。业界后辈不能对前辈指手画脚发号施令，如果机长娇傲自负，那简直是一场灾难。

驾驶舱内的“权力梯度”很重要！这个权利梯度不能太陡——例如机长是公司主管飞行的副总，而副驾驶是一个只飞了 200 小时的年轻人。这样很容易造成副驾驶慑于机长的权威，发现问题不敢说，最后造成事故。而这个权利梯度也不能太平——一个是新放的机长，一个是马上要放机长的老副驾驶，两个人同一批进公司，资历基本相同，这样就容易造成机长无法树立权威，影响决策。机长是干部，是教员，是老同志或者个性较强，而副驾驶是刚上飞机不久的新同志。在这样的机组搭配下，机长对副驾驶的操纵动作监控起来心存戒备；而副驾驶对机长的动作，往往是赞赏多于评判，模仿多于察验，即使是发现了异样及不妥之处，也会先以为这是另一种飞行风格呢！

资料来源：http://news.carnoc.com/list/305/305805.html

（四）社会责任分散

责任分散效应，又可以称为“旁观者效应”，是指对完成某一件事情时，如果是单个个体被要求单独完成，责任感较强，对应积极的反应，但如果是要求群体共同完成，群体中的每个个体的责任感会减弱，遇到困难或承担责任时往往表现出退缩反应。社会责任分散的实质就是“人多不负责，责任不落实”。

心理实验

电梯实验

德国心理学家格林曼特曾做了一个非常著名的实验——“电梯实验”。

实验设计：格林曼特让自己的一名学生扮演“患病者”乘坐电梯，然后晕倒，试图观察随着乘坐电梯的人数增多，电梯里人的行为反应的差异。

观察过程：

（1）当电梯里只有扮演患病者和1名同乘者（2人）时，扮演患病者晕倒后，唯一的同乘者通常会立即上前进行施助；

（2）当电梯里有扮演患病者和2名同乘者（3人）时，扮演患病者晕倒后仍能得到很好的救助，通常是1人负责安抚，1人打电话向警方或者医疗机构求助；

（3）当电梯里有扮演患病者和3名同乘者（4人）时，情况开始发生微妙变化，尽管扮演患病者处于非常危险状态，还是有人借故离开；

（4）当电梯里有扮演患病者和6名同乘者（7人）时，更多的人会选择离开，比较严重的一次电梯里只留下1名同乘者选择留下来照顾“患病者”，其他人像没有发生任何事情一样一声不响地离开了。

实验结束后，格林曼特追问了离开者选择离开的原因，离开者的回答几乎是大同小异，如“不是有人在施救吗？我没有必要继续待在那里……”“有那么多人在现场，即使我离开，也会有人出手相助的。”“我看有人走了，就跟在他后面离开了……”

实验结论：

格林曼特认为，当有人在车站或马路上遇到危险或困难时，得不到及时救助，并非完全与旁观者的品德有关。在有很多人在场的时候，一种群体性依赖心理的弥漫所造成的负面影响不可小觑：有一部分人的冷漠则是消极的从众心理起了作用，跟随其他人一道离开，内疚感和自责感会在无形中减弱。

（五）群体极化

群体极化，也可以称为“冒险转移”，是指在群体决策时往往会表现出一种极端化倾向，即或者是转向冒险一极，或者是转向保守一极。也就是说群体决策可能使个人更加冒险，也可能使个人更加保守。大量的研究发现，群体决策比个体决策更容易走极端。群体在决策之前的讨论会使群体成员所持观点变得极端，色彩更加鲜明，原本持有保守意见的成员趋向于更加保守，原本持有冒险意见的成员趋向于更加冒险。

心理实验

詹姆斯·斯托纳的群体决策实验

詹姆斯·斯托纳（James Stoner，1961）在准备硕士论文过程中发现：通过群体讨论后做出的决策结果，与人们所认为的结果并不见得是一致的。实验设计：设计了一个两难的情境，情境中的人物需要做出决策，但是在做出决策之前，可以参考情境中的其他参与者给出的建议，再做出自己的结论。

詹姆斯·斯托纳的实验情境为帮助一名工程师换工作，面临两种选择：去一家新开的、风险性较高的公司去从事创造性工作，如果新公司取得成功，工程师前途光明，但是如果新公司失败，他将面临再次择业。

参与问卷调查的人要给工程师的决策提供建议，詹姆斯·斯托纳将成功的概率划分成10个等级，参与者在自己所认为的成功最小概率选项打勾，即成功概率在多少时，会支持这个工程师跳槽去新公司。选项为：

1/10（ ）　2/10（ ）
3/10（ ）　4/10（ ）
5/10（ ）　6/10（ ）
7/10（ ）　8/10（ ）
9/10（ ）　10/10（ ）

詹姆斯·斯托纳要求参与者每个个体先单独决策，再进行群体决策，最后给出群体决策的意见。

试验结果：群体决策与个体独立决策给出的意见相比较，群体决策比个体决策的冒险倾向性更高。

（六）社会助长与社会惰化

1. 社会助长

社会助长的现象，在我们日常生活中有很多，当我们在宽广的道路上开车时，突然旁边道路出现了一辆车和你并行前进，你会下意识地加速超过它；当期末考试前夜，同寝室的室友都在抓紧时间复习时，你是不是也会抓紧时间复习呢？这些现象就是社会助长。

社会助长，也被称为社会促进，是指有其他人在场时，工作的表现要高于自己单独时的表现。

心理实验

社会助长实验

社会助长现象始于1897年，为心理学家特里普利特的一个实验。

实验前提：特里普利特让被试在三种情况下骑自行车完成25英里路程，这三种情况分别为：第一种是被试单独骑自行车计时；第二种是被试有人同步陪跑；第三种是被试与其他骑车人同时骑行。

实验结果：

（1）在第一种情境下，被试的平均时速是24英里（约38.64千米）；

（2）在第二种情境下，被试的平均时速是31英里（约49.91千米）；

（3）在第三种情境下，被试的平均时速是32.5英里（约52.33千米）。

因此不难看出：被试与其他骑车人同时骑行时，骑行的平均时速高于其他两种情况。

2. 社会惰化

社会惰化与社会助长是相对的概念，也被称为社会干扰。社会惰化是指他人在场并不一定就能导致社会促进的发生，在有的情境中，由于他人在场，还会引起工作效率的下降。

知识拓展

在某些场景中，较少会发生社会惰化

1. 个体对群体信任高，相信群体中的个体都像自己一样勤奋努力，不会偷懒。
2. 群体中的个体间亲密程度较高，相互认同度也高。
3. 工作任务本身具有挑战性，能够激发工作动机。
4. 绩效实现是以群体完成任务目标为考核标准。
5. 群体个体间具有较强的协作精神。

三、民航旅客群体心理简介

（一）民航旅客群体的定义

民航旅客群体是指在民航服务过程中，在特定条件下由民航旅客组成的暂时性群体集合体。可以从以下三个方面来理解：

（1）特定条件。这里的特定条件是指由于特定事件发生为条件，把乘机旅客暂时地联系起来，使旅客彼此之间相互接触、联系，为了共同的目的而形成的群体。特定事件的发生，有可能是旅客自身的原因引起的（如旅客之间因某事发生冲突等），也可能是由于客观因素引起的（如航班不正常导致的延误等）。

（2）短暂性特征。民航旅客群体在时间上是短暂性，随着特定条件消失，民航旅客群体也将面临解散。

（3）共同目标。民航旅客群体是有临时的共同的目标，民航旅客群体的目标本质在于实现旅客的共同利益。

（二）民航旅客群体的类型

根据不同的标准，民航旅客可划分为以下类型：

1. 根据乘机旅客的性别划分

这主要是从生物学差异上的划分。

（1）男性旅客群体；

（2）女性旅客群体。

2. 根据民航乘机旅客的年龄规定划分，和生命历程的年龄划分有所区别。

（1）婴儿旅客群体。年龄在 0 ~2 岁（不含）的旅客群体；

（2）儿童旅客群体。年龄在 2 ~12 岁（不含）的旅客群体；

（3）成人旅客群体。年龄 12 岁以上的旅客群体。

3. 根据正常旅客与特殊旅客的划分

（1）正常旅客群体。它是指那些符合运输条件、不受民航乘机规定限制和在旅途中不需要特殊照顾的旅客群体；

（2）特殊旅客群体。它是指那些由于身份、行为、年龄和身体状况等原因，在旅途中需特殊礼遇或照料并符合一定运输条件的旅客，如 VIP 旅客、轮椅旅客、担架旅客、无陪儿童、老年人（70 岁以上需照顾的老人）、聋哑旅客、孕妇等群体。

4. 根据乘机的频率划分

（1）常旅客群体。它是指那些经常乘坐飞机，里程数达到某一个航空公司成为会员的规定额度，加入常旅客计划的旅客群体。

（2）一般旅客群体。它是相对于常旅客的概念。

5. 根据旅客出行的目的、原因划分

（1）旅游型旅客群体；

（2）公派型旅客群体；

（3）商务型旅客群体。

（三）民航旅客群体特征

民航旅客群体是在特定条件下由民航旅客组成的暂时性群体集合体，民航旅客群体一旦形成将有其独有的特征：

1. 民航旅客群体属于非正式性群体，自发形成的

非正式群体可以分为两种：一种是利益型群体，是指个体以某种利益为目标而形成的群体；另一种是友谊型群体，是指个体以年龄、兴趣爱好、价值观等相近而形成的群体。 因此结合非正式群体的特征，民航旅客群体形成的原因主要来自两点：一是在乘机的过程中，由于年龄、爱好等相近自发形成的群体，如旅行团带队旅游，同一个团中的成员因为目的地相同，兴趣爱好相投，很容易形成一个群体；二是在乘机的过程中，发生了某些涉及自身利益的事件，旅客为了维护某种共同利益而形成的群体。

2. 民航旅客群体形成受时间、区域制约

民航旅客群体，从字面意思来看，是要在民航范围内才能成为民航旅客群体。 区域上的限制为：旅客从购买航空公司的机票开始就享有了民航服务，便成为民航旅客，到旅客安全到达目的地且无后续投诉，航空公司提供的服务结束为止，从区域上看，民航旅客群体的存在主要依赖于机场和航空器所提供的区域；时间上的限制为：民航旅客群体形成到解散中间的时间是短暂的，常常受到目的地到达、群体目标实现等因素而解散。

（四）民航旅客群体心理主要表现

民航旅客群体心理是民航旅客群体个体之间的相互作用和影响而形成的心理活动，主要表现为：

1. 非理性、情绪化特征

在整个的服务过程中，任何的刺激因素都会对旅客群体产生支配作用，可能放在平时只是一个微小的刺激，但是放在民航旅客群体身上，因为乘机时间压力、在短时间要解决问题面前，更容易发生极端化情绪和不计后果的冲动行事。

2. 目的至上

如果由于民航旅客群体是由于利益而结成的“联盟”，这样的旅客群体势必看重共同利益的实现，在争取自身利益的过程中，群体成员的凝聚力在很短的时间会增强，行为实现一致性。

3. 暗示性

在短时间形成的旅客群体，为了达成目的，群体成员通常会对内部成员所提供的信息，迅速、毫无批判性地加以接受，而且快速地执行。 这种暗示性的感染力和传播力在群体事件中有着举足轻重的影响，是一种隐性力量。

第三节 ◉ 旅客群体事件处置

一、民航旅客群体事件概述

有关民航旅客群体事件的定义，目前研究的并不是太多，相关参考资料不太足，没有一个统一的标准和内容，研究方面多为在机场民用航空运输环境中，由于航班延误而发生的沉积旅客在10人以上聚众共同实施违反国家法律、危害公共安全、扰乱公共秩序的行为。有关民航旅客群体事件的引发条件，主要为天气、飞行器机械故障、空中管制、流量控制、服务、旅客自身等原因。

有关民航旅客群体事件的旅客行为表现：

（1）不上下飞机；

（2）强冲停机坪等隔离区；

（3）抢占航空器；

（4）强行登机；

（5）强堵登机口；

（6）滞留停机坪；

（7）强冲安检通道或堵塞安检通道；

（8）扰乱机场办公区域和候机楼公共区域的秩序；

（9）围殴、辱骂民航相关工作人员；

（10）故意损坏机场设施和航空器上的设施。

随着民航乘机旅客的增加，民航旅客群体事件也频发，而且原因也呈现出多样化、复杂化的特征，引起了民航业相关人员的关注，根据目前关于民航旅客群体事件的研究内容、研究方向，可将民航旅客群体事件定义为：民航旅客群体事件是指在机场民用航空运输环境中，由于航空承运人（航空公司）和机场等主客观原因，天气、流控和机械故障的客观原因，乘机旅客主观原因等引起的10名以上旅客聚众滋事，扰乱民航机场运营，危害公共安全，违反国家法律的行为。

二、民航旅客群体事件的特点

（一）民航旅客群体事件参与人数划分不确定

依据旅客人数规模划分，可分为大群体和小群体，但它是一个相对的概念，民航旅客群体事件中的参与人员人数要达到10人以上，不同的人数对于群体行为的影响是不同的，如表11-1所示。

表 11-1　群体人数对群体行为的影响

群众规模 维度	2~7	8~12	13~16
参与人员的抵制能力	低	低~中	高
群体内部规则与程序形成的速度	慢	慢~中	中~快
群体决策的时间	短~中	中	中~长

（二）民航旅客群体事件发生场地有限

民航旅客群体事件发生的地点多在机场区域及航空器区域。可能发生旅客群体事件机场区域主要为售票处、值机柜台、候机楼内、登机口和停机坪等区域，在这些区域内，乘机旅客更多的是与地服人员的接触，主要办理乘机手续等，因航班延误起飞的旅客群体事件发生居多。一旦发生此类事件，涉及地服人员的后续处理，应该强调的是，旅客安置的酒店或旅店也是群体事件发生的重要区域；在航空器区域，旅客更多的是和客舱乘务员的接触，主要涉及机上的服务、飞行器的舒适度或是旅客间的冲突等引起的事件。

（三）民航旅客群体事件具有不可预测性

要辩证地看民航旅客群体事件的不可预测性，不可预测性主要包括三个方面：

(1) 民航旅客群体事件发生形式的多样性和变化性。民航旅客群体事件发生的原因多种多样，我们目前了解的就有很多，但是还有一些是我们没有掌握的。

(2) 发生的时间、地点的不确定性。某一次旅客群体事件在什么时候发生，是在机场发生还是在航空器内发生，都是不能确定的，具有突发性特点。

(3) 旅客群体事件发生的规模、影响范围在刚开始时一般较小，但事态发展的严重程度、能否妥善解决，这些都是很难预测的，因为事件的发展是动态变化的过程，其中影响因素极多，特别是旅客群体中的情绪，一旦不能好好安抚，很容易引起事件的恶化，造成严重的后果。

（四）民航旅客群体行为易受他人影响

民航旅客群体事件实际上是一种聚众滋事，扰乱民航机场运营，危害公共安全，违反国家法律的行为，此类群体事件和普通诉求是有差别的，但是为什么民航旅客会做出这样的行为反应，是值得深思的。原因在于：一是个体的情绪容易被煽动。本身处于有限的时间当中，需求迫切，在时间压力下，情绪波动大，一句话也可以点燃愤怒的情绪，做出过激行为；二是个体因为信息不足，容易产生从众行为。旅客缺乏民航安全乘机、民航法规、安全条例及处罚条例等相关知识，不认为自身的行为已经违反相关条例、威胁航空安全、影响机场秩序，而是将其归类于维权行为。

知识扩展

《民航旅客不文明行为记录管理办法》（试行）

部分内容摘抄

1. 堵塞、强占、冲击值机柜台、安检通道及登机口（通道）；
2. 违反规定进入停机坪、跑道和滑行道；
3. 强行登（占）、拦截航空器；
4. 对民航工作人员实施人身攻击或威胁实施此类攻击；
5. 强行冲击驾驶舱，擅自打开应急舱门；
6. 故意损坏机场、航空器内设施设备；
7. 违反客舱安全规定，拒不执行机组人员指令；
8. 在机场、航空器内打架斗殴、寻衅滋事；
9. 编造、故意传播虚假恐怖信息；
10. 妨碍民航工作人员履行职责或者煽动旅客妨碍民航工作人员履行职责，以及其他扰乱航空运输秩序、造成严重不良社会影响或依据相关法律、法规、民航规章应予以处罚的行为。

（五）民航旅客群体诉求明确且单一

民航旅客群体事件的发生和其他社会性群体事件的发生有着本质的区别，群体事件的发生始终离不开自身利益上的冲突，例如航班延误，旅客当然是希望航班能够尽早起飞，但是由于一些客观原因，没有办法起飞的情况下，旅客就会考虑自己经济上的损失，因此转化为经济补偿，诉求有明确且单一化的目标性。

民航案例

三天内两次停机坪拦飞机

案例 1：2012 年 4 月 10 日，上海浦东停机坪拦机案

2012 年 4 月 10 日，飞往南京的深圳航空公司 ZH9817 航班因雷雨天气备降上海浦东机场。如果不是天气原因，ZH9817 航班原定 16：45 从深圳起飞，18：50 经停南京，22：05 到达哈尔滨。

旅客开始“三次上机”和“三次下机”。ZH9817 航班于 19：55 备降浦东机场，乘务长要统计需要退票旅客，所有旅客到航站楼第一次下机，约 20 分钟以后旅客回到候机楼休息；经过两个多小时的等待后，上海雷暴缓解，旅客于 23：02 二次登机，在飞机上坐了近一个小时。11 日零点，浦东机场再次出现雷雨天气，旅客第二次下机到候机楼等

待；于0：55，天气转好，地服组织旅客第三次登机。在飞机上又坐了一个多小时，到凌晨3：09，航空公司取消航班，旅客第三次下机，安排旅客到酒店休息。

2012年4月11日9：20，旅客到达登机口，11：05，已过了原计划的飞行时刻仍没登机，部分旅客开始撞击登机口玻璃门，接着冲上停机坪。

案例2：2012年4月13日，广州白云机场停机坪拦飞案

距浦东机场旅客“拦机”事件过去还不到两天，广州白云机场再次发生旅客冲入停机坪事件。

2012年4月13日，受广州雷雨天气影响，机场发生大面积航班延误，当日下午4：40，HU7133航班的旅客在登机过程中，有部分旅客因情绪激动，不顾机场工作人员劝阻一度冲出登机口，进入停机坪。当时，一架飞机落地要转弯进廊桥，突然右侧一群旅客冲上来拦飞机，一位男性旅客直接躺在地上阻挡VIP车通行，并脱掉上衣光着上身躺在停机坪上。

资料来源：http://opinion.voc.com.cn/article/201204/201204160921252386.html

三、民航旅客群体事件的诱因

引发民航旅客群体事件的原因主要有以下几方面：

（一）民航运输服务的原因

由于民航运输服务而引发旅客群体事件的主导因素主要是指航班的不正常和飞行过程中出现的服务问题等，其中航班不正常的相关服务是指旅客群体事件中由于在通报航班动态、及时解释航班不正常原因以及航班后续服务等方面的服务。

群体事件的主要诱因为：一是航班不正常，没有及时解释，造成旅客信息沟通阻碍，旅客不知道什么情况，也不知道自己后续航班怎么安排，旅客感觉自己没有知情权，强烈地感觉到自己的权益受损；二是责任不清，民航服务部分部门责任意识不足，相互推诿，让旅客感到事情没有办法得到解决，受到轻视；三是员工后续服务工作没有跟进，员工服务态度不端正或冷淡，引起旅客情绪上的极度不满，导致事件升级。

（二）行业内相关管理的原因

（1）航空公司对“霸道”旅客的容忍，处置结果无法追踪。如2014年3月30日，深圳机场因暴雨造成航班延误或取消，部分滞留机场的旅客情绪激动，出现霸占航空公司值机柜台、打砸柜台内办公用品、阻挡其他旅客登机等行为，多名“霸道”旅客被警方带走调查，但后续处理结果却不知道。

（2）服务补偿的原因。首先是航空公司的补偿态度问题，航空公司是以盈利为目的的经营模式，因此会想尽各种办法或打“擦边球”来减少公司的赔偿，没有办法达到旅客的期望值；其次是每个公司的经济补偿条款在一定程度上有差异（如表11-2所示），旅客可能不理解，会拿这种差异性作比较，如“别的公司可以，为什么你们不可以？”“你们

公司这种补偿不合理，我不接受”，等等。

表 11-2　各大公司航班延误经济赔偿条款

航空公司	经济补偿条款
国航	由于机务维护、航班调配、机组等原因，造成航班延误，将根据延误的实际情况，提供经济补偿。延误4小时（含）以上不超过8小时，每位旅客补偿人民币200元；延误8小时（含）以上，每位旅客补偿人民币400元
南航	由于机务维护、航班调配、商务、机组等原因，造成航班延误，将提供经济补偿。延误4小时（含）以上不超过8小时，每位旅客补偿人民币200元；延误8小时（含）以上，每位旅客补偿人民币400元
东航	东方航空的航班延误补偿条件与国航及南航类似，但标准略有不同，航班延误4小时（含）以上不足8小时，最低补偿标准200元；航班延误8小时（含）以上，最低补偿标准400元。也就是说，最高补偿金有可能超过人民币400元
成都航空	因成都航空原因航班延误、取消、次日补班。延误时间4（含）~8小时，补偿给旅客最高不超过200元/人；延误8（含）小时以上，补偿给旅客最高不超过400元/人；儿童按成人补偿金额的50%标准进行补偿，婴儿补偿标准统一为50元/人

（三）旅客的几种心理因素的影响

1. 去个体化

《中国大百科全书·心理学卷》提出，去个体化是指个体在群体中，会丧失自我同一性和责任感的一种现象。这种去个体化现象会使人能在群体行为表现与个体单独行为表现不一致，也就是说一般情况下，个体不出现的行为在群体中却表现出来的情况，往往会出现群情高涨、情绪激动，摆脱自己的个性和社会制约的支配，而服从整个群体的意见。由于旅客群体中的个体特征化不明显，大家都是因为偶然一次的乘机而相联系，谁也不认识谁，不用顾忌自己在日常生活中的角色，少了制约性，因此责任感降低。

2. 受暗示

群体是影响被暗示者的重要因素之一。暗示是群体旅客中的个体受到了某种刺激而引起的心理反应。暗示分为直接暗示和间接暗示，而直接暗示比间接暗示的作用较大，而群体间的暗示就属于前者，更容易达成目标一致。群体中的旅客个体受到一小部分“领头羊”的暗示，情绪浮躁、急功近利，丧失公德心。

四、民航旅客群体事件应对原则

（一）坚持及时原则

当发生民航旅客群体事件时，航空公司首先要遵循“第一时间原则”。“第一时间原则”不仅是指解决问题的速度，更是指应对态度的第一时间。

(1)民航旅客群体事件发生现场相关工作人员,第一时间介入,掌握和把握事件的起因、发生、经过,控制现场;

(2)民航旅客群体事件现场人员第一时间进行分工:安抚事件旅客、隔离事件中的带头者、对外联系协调相关部门(提前调动人力、物力等)做好后续服务工作与安排;

(3)航空公司相关负责人,接到信息以后,应该在第一时间到事件现场亲自指挥,或第一时间通过通信方式对旅客群体事件的原委进行了解,随时与各部门保持信息畅通,并协调好各部门的调配关系;

(4)及时向旅客通报信息。如果是由于不正常航班引起的旅客群体事件,应该及时向旅客通报航班动态,做好原因解释。事后也应及时做好通报工作。

(二)坚持"不同情况不同处置"原则

根据民航旅客事件发生的类型,处置方式不同。民航旅客群体事件后的处置主要围绕着如何解决群体事件中旅客的诉求,处置时主要表现为三种形式:一是旅客诉求是合理的但是方法不当;二是旅客诉求意愿可以理解但是不合理;三是旅客诉求不合理且方法不当。当民航服务人员在处置时应该做定性处理,首先是定性群体事件的性质再处置;其次旅客中有分为一般性参与者和带头者、煽动者,两者也应区别处置,对于一般性参与者而言,适当地引导、做好解释,让其通过正常途径诉求;对于"带头者、煽动者"应重点管控,对于行为的违规性、严重性进行通告,在特殊情况下,态度应该适当地强硬。

(三)坚持"依法"处置原则

相关部门和人员在处置时,应该把握住两点:

1. 依法保障旅客的合法权益

一是依据民航相关的规定如《航班正常管理规定》等和相关条例来保障旅客的合理诉求;二是建立正常的旅客维权机制,建立有效的旅客诉求通道。

2. 依据我国的法律、法规对违法旅客追责处置

对于旅客群体事件中恶意挑事、煽动他人闹事、扰乱公共秩序、威胁航空安全的旅客,应依法追责。

民航案例

某航员工群殴旅客曝光,涉事人员被处理

2010年6月30日,首都机场二号航站楼内,某航员工与旅客发生冲突。事后警方介入调查。该航空公司对4名相关人员和领导进行罚款、停职等处理。

网上"群殴"视频很多。一段长约40秒的视频显示:现场声音非常嘈杂叫骂声不断。冲突最先发生在步行扶梯口处,有乘客试图挤入扶梯被航空公司工作人员阻止,双方开始相互推搡。混乱中,数名公司工作人员追打一名提包穿着黑衣的旅客,一直追打

至候机厅另一侧，有人衣服破损脱落；另一段视频显示：一名身材高大的公司人员领带等都掉了，仍继续加入群殴队伍，他与一名橙衣旅客互相挥拳击打对方，视频中还可以听到双方粗口对骂；还有一视频显示：10 余名航空公司人员或是参与打架或是拉架，多名旅客拿出手机和相机现场记录。

航空公司方面就群殴视频进行了情况说明。6 月 30 日，原计划 22 时起飞的北京—宁波航班，因流量控制原因造成航班延误。21 时 30 分得知航班延误预计 0 时 03 分起飞，便安排旅客前往宾馆休息。个别旅客不满，向航空公司提出给予 2000 元补偿，到宁波后派专车将所有旅客送回家中的要求。值班工作人员解释航班延误并非航空公司原因（补偿问题民航局有规定）。当值班人员想离开现场，向领导请示协调宁波派车送旅客事宜之时，被一名情绪激动的旅客拽住工作牌不让值班人员离开。此时有人从不远处将矿泉水瓶和杂物砸向东航工作人员的头部，并抢了员工的对讲机和证件，争执中发生冲突。事后，公司值班负责人到现场处理，首都机场公安赶到协调。事后对 4 名相关工作人员进行了待岗和转岗等处理。

资料来源：https://news.qq.com/a/20100723/000601.htm

本章小结

随着民航业的蓬勃发展，选择乘坐飞机出行的旅客递增，民航旅客群体正在日益壮大，民航旅客群体是群体的“一员”，具有群体的共性和特性。通过媒体的报道不难发现，伴随民航旅客群体事件频发以及类型的多样化，民航旅客群体事件也受到了极大的关注。对民航从业人员，也提出了更高的要求，不仅要深入地分析民航旅客群体心理，了解民航旅客群体事件的特点，并且通过一些案例学习，逐渐掌握民航旅客群体事件应对原则及方法。

重要概念

群体；体心理；众从；从众；群体极化；服从；民航旅客群体。

思考题

1. 民航旅客群体的特征有哪些？
2. 举例说明客舱内最容易发生的旅客群体事件及其特征。
3. 谈谈面对民航旅客群体事件，本章的哪些理论知识可以运用到冲突事件处理当中？

参考文献

[1] 黄希庭，杨治良，林崇德. 心理学大辞典[M]. 上海:上海教育出版社，2003.
[2] 张春兴. 现代心理学[M]. 上海:上海人民出版社，1994.
[3] 彭漪涟，马钦荣，冯棉，等. 逻辑学大辞典[M]. 上海:上海辞书出版社，2010.
[4] 王甦，汪安圣. 认知心理学[M]. 北京:北京大学出版社，1993.
[5] 彭聃龄等，. 认知心理学[M]. 哈尔滨:黑龙江教育出版社，2001.
[6] M. W. 艾森克，M. T. 基恩. 认知心理学[M]. 上海:华东师范大学出版社，2004.
[7] 车文博. 心理咨询大百科全书[M]. 杭州:浙江科学技术出版社，2001.
[8] 张钦，王岩，罗峥，等. 记忆活动中情绪调节的效果和认知神经机制[J]. 心理科学进展，2011，19(9):1259-1266.
[9] 张明，王爱君. 视觉搜索中基于工作记忆内容的注意捕获与抑制[J]. 心理科学进展，2012，20(12):1899-1907.
[10] 刘兆敏，郭春彦. 工作记忆与选择性注意的交互作用[J]. 科学通报，2007，52(15):1788-1795.
[11] 张明，张阳. 工作记忆与选择性注意的交互关系[J]. 心理科学进展，2007，15(1):8-15.
[12] 魏景汉，阎克乐. 认知神经科学基础[M]. 北京:人民教育出版社，2008.
[13] [日]高木重朗. 记忆术[M]. 林怀秋译. 长沙:湖南科技出版社，1982.
[14] 燕国材. 记忆与学习[M]. 武汉:湖北人民出版社，1980.
[15] [美]C W，莫里斯. 开放的自我[M]. 定扬译. 上海:上海人民出版社，1986.
[16] 林秉贤. 社会心理学[M]. 北京:群众出版杜，1985.
[17] 钱铭怡. 心理咨询与心理治疗[M]. 北京:北京大学出版社，1994.
[18] 乐国安. 论现代认知心理学[M]. 哈尔滨:黑龙江人民出版社，1986.
[19] 张迎春. 论情绪调控在大学英语教学及学习中的运用[J]. 今日科苑，2009(11):157
[20] 李永，张澜. 民航服务心理学[M]. 北京:中国民航出版社，2006.
[21] 罗晓利. 飞行中人的因素[M]. 成都:西南交通大学出版社，2017.
[22] 汪红烨. 旅游心理学[M]. 上海:上海交通大学出版社，2011.
[23] 林崇德，杨治良，等. 心理学大辞典[M]. 上海:上海教育出版社，2004.
[24] 杨霞. 基于同义词词林的微博客评论情感分类研究[J]. 电子科技，2014
[25] 杨梦雅. 空乘人员的情绪劳动与组织承诺、工作满意度的相关研究[D]. 西北大学，2015.
[26] 段颖. 情绪管理研究[D]. 华东理工大学，2018.

[27] 卢兰姣. 学会情绪管理,踏上快乐征程[J]. 职业教育(下旬刊),2018(04):55-57.
[28] 李敬强,李康,等. 航空旅客焦虑情绪特征分析[J]. 中国公共卫生,2019,35(04):398-401.
[29] 顾胜勤. 掌握民航旅客与服务人员心理特征是真情服务的前提与基础[J]. 空运商务,2016(10):12-14+1.
[30] 王晓钰. 员工情绪管理与工作场所越轨行为关系研究[J]. 商情,2019,33.
[31] 袁江,向泓静. 基于心理学的航班延误与旅客影响初探[J]. 科技风,2019(23):238.
[32] 任新惠,尹晓丽. 面向提升旅客体验的候机楼排队时间预测[J]. 综合运输,2017,39(11):47-51.
[33] 任新惠,唐诗琦. 基于情绪感染测量的群体性事件形成机理[J]. 安全与环境学报,2018,18(03):1059-1064.
[34] 朱志国,周雨禾. 航班延误突发性群体事件疏导:基于改进的情绪感染模型[J]. 系统工程,2018,36(05):79-84.
[35] 张迪,齐晓云,等. 航班延误群体情绪传播的影响因素研究[J]. 河北企业,2016(05):34-35.
[36] 张澜. 民航服务心理与实务[M]. 北京:北京旅游教育出版社,2010 年 7 月.
[37] 向莉. 民航服务心理学[M]. 北京:国防工业出版社. 2009 年 4 月.
[38] 黄永宁,张晓明. 民航概论[M]. 北京:旅游教育出版社,2009 年 7 月.
[39] 于海波. 民航服务心理学教程[M]. 北京:中国民航出版社,2007 年 9 月.
[40] 周晓虹. 现代社会心理学[M]. 上海:上海人民出版社,1997.
[41] 郑风. 心理学与民航客舱服务[M]. 江西:南昌航空大学课件,2011 年 3 月.
[42] 黄希庭. 心理学导论[M]. 北京:人民教育出版社,2007.
[43] 程正方. 现代管理学[M]. 北京:北京师范大学出版社,2004.
[44] 刘桦,魏全斌,等. 航空服务心理与实务[M]. 成都:四川教育出版社,2008.
[45] 贺湘辉. 饭店服务心理学 [M]. 北京:中国劳动社会保障出版社,2007.
[46] 贾妍,陈国胜. 消费者心理与行为[M]. 北京:清华大学出版社,北京交通大学出版社,2007.
[47] 于海波. 民航服务心理学教程[M]. 北京:中国民航出版社,2007.
[48] 孙立,侯爽. 旅游心理学[M]. 北京:电子工业出版社,2008.
[49] 唐赤华,戴克商. 消费者心理与行为[M]. 北京:清华大学出版社,北京交通大学出版社,2007.
[50] 斯蒂芬·罗宾斯,玛丽·库尔特. 管理学[M]. 孙健敏等,译. 北京:中国人民大学出版社,2008.
[52] 彭冉龄. 普通心理学[M]. 北京:北京师范大学出版社,2019.
[53] 朱智贤. 心理学大辞典[M]. 北京:师范大学出版社,1989.

[54] 杨兰丽，王若军. 民航飞行员的个性心理特征的研究 [J]. 求知导刊. 2018，22
[55] 古川竹二. “血液型による气质の研究”海外院校库[J].《心理学研究》期刊，1927.
[56] 顾静. 旅游心理学[M]. 北京:中国传媒大学出版社，2017.
[57] 刑群麟. 世界上最经典的 1500 道心理测试题[M]. 北京:中国实言出版社，2006.
[58] 袁冬梅，陈佳新. 民航餐饮个性化服务模式构建[J]. 现代经济信息，2019(15):377.
[59] 闫瑾. 民航服务礼仪及个性化服务的分析与探索[J]. 考试周刊，2017(98):188-189
[60] 恒玺，何奇. 浅谈民航服务礼仪及个性服务[J]. 交通企业管理，2013，2.
[61] 许文芳. 乘务礼仪对打造个性化客舱服务的探析[J]. 科技创新导报，2008(18):146..
[62] 张文娟. 民航飞行员及空中乘务员人格模型的构建[D]. 第四军医大学，2013.
[63] 敖小兰，石竹屏. 心理学中人格评估法综述[J]. 重庆交通学院学报(社会科学版)，2004(02):32-35.
[64] 刘金花. 儿童发展心理学[M]. 上海:华东师范大学出版社，1997.
[65] 王华，叶林岭. 优秀民航飞行员心理特征实证研究[J]. 航天医学与医学工程，2011.
[66] 薛维峰. 性格分类理论与模型的简要综述 [J]. 科技信息,2013(13):489.
[67] 怀仁. 让更多精准服务对接旅客个性需求[N]. 中国民航报，2015-05-01(002).
[68] 崔闰，奎千. 性格差异[J]. 特别健康，2019,13.
[69] Selye H. A. Syndrome produced by diverse noxious agents [J]. Nature, 1936(138):32.
[70] Selye H. The stress of life[M]. New York: McGrawHill, 1956.
[71] Lazarus R S, Folkman S. Stress appraisal and coping [M]. New York: springer, 1984.
[72] Job stress: From theory to suggestions[M]. New York: The Hauthorue Press, 1987.
[73] 李心天. 医学心理学[M]. 北京: 北京医科大学和中国协和医科大学联合出版，1987.
[74] 姜乾金. 心理应激多因素系统(综述).
[75] Braunstern, Toister R. P. Medical Applications of the Behavioral Sciences[M]. London: Year Book Medical Pub. INC, 1981.
[76] 刘毅. 变态心理学[M]. 广州:暨南大学出版社，2006.
[77] Roy Bailey, Margaret Clarke. Stress and Coping in Nursing [J]. Nelson Thornes Ltd, 1998.

[78] 韦有华，汤盛钦. 几种主要的应激理论模型及其评价[J]. 心理科学，1998(05)：441-444.
[79] 韩明亮，张娟等. 航空公司旅客服务至来年多个实证研究[J]. 中国民航学院学报，2005 年 2 月，23(1).
[80] 戴晓阳. 常用心理评估量表手册[M]. 北京:人民军医出版社，2014.
[81] 郑雪. 社会心理学[M]. 广州:暨南大学出版社，2004.
[82] 李德忠，于广涛. 从内隐态度研究到双重态度模型[J]. 山东师范大学学报，2001(03)19-21.
[83] 刘俊升，桑标. 内隐-外显态度的关系及其行为预测性[J]. 华东师范大学学报，2010,28(02):59-66.
[84] 张珂，张大均. 内隐联想测验研究进展述评[J]. 心理学探索，2009,29(04):15-18+29.
[85] 张红涛，王二平. 态度与行为关系研究现状及发展趋势[J]. 心理科学进展，2007(01):163-168.
[86] 段文婷，江光荣. 计划行为理论述评[J]. 心理科学进展，2008,16(2):315-320.
[87] 周洁，王二平. 态度强度的维度结构与研究操作[J]. 心理科学进展，2007,15(4):708-714.
[88] 李建明. 社会心理学[M]. 北京:人民卫生出版社，2007.
[89] 植凤英. 社会心理学中关于社会态度改变的研究述评[J]. 贵州师范大学学报(社会科学版),2004(02):103-107.
[91] 沙莲香. 社会心理学[M]. 北京:中国人民出版社，2000.
[92] Cook T D, Gruder C L. History of the sleeper effect: Some logical pitfalls in accepting the null hypothesis [J]. Psychological Bulletin, 1979, (86):662-679.
[93] 马德峰. 态度改变:费斯汀格的认知不协调理论述评[J]. 华中理工大学学报(社会科学版),1999(04):79-81.
[94] Cialdini R B . Elastic shifts of opinion: Determinants of direction and durability [J]. Journal of Personality and Social Psychology, 1976, 34(4):663-672.
[95] DeBock, H. et al. "Holocaust" in the Netherlands. In G. C. Wilhoit & H. DeBock (Eds.), Mass Communication Review Yearbook - 2, Beverly Hills. CA: sage, 1981.
[96] Gawronski B , Bodenhausen G . Associative and propositional processes in evaluation: An integrative review of implicit and explicit attitude change[J]. Psychological Bulletin, 2006, 132(5): 692-731.
[97] Fazio R H, Olson M A. Implicit measures in social cognition research: their meaning and use[J]. Annual Review of Psychology, 2003, 54 (1):297-327.
[98] Wilson T D, Lindsey S. A model of dual attitudes[J]. Psychological Review, 2000, 107(1):101-126.

[99] Gregg A P, Seibt B. Easier done than undone: asymmetry in the malleability of implicit preferences[J]. Journal of Personality and Social Psychology, 2006, 90(1):1-20.

[100] Gawronski B, Walther E. Cognitive consistency and the formation of interpersonal attitudes: cognitive balance affects the encoding of social information [J]. Journal of Experimental Social Psychology, 2005, 41(6).

[101] Strack F, Deutsch R. Reflective and impulsive determinants of social behavior[J]. Personality and Social Psychology Review, 2004, 8(3).

[102] Castelli L, Zogmeister C, et al. On the automatic evaluation of social exemplars[J]. Journal of Personality and Social Psychology, 2004, 86(3).

[103] (美)S. E. Taylor. 社会心理学[M]. 北京:北京大学出版社, 2004.

[104] 章志光, 金盛华. 社会心理学[M]. 北京:人民教育出版社, 2003.

[105] 阿伦森. 社会心理学 [M] . 北京:中国轻工业出版社, 2007.

[106] 吴国庆, 陈丽玫. 态度改变:说服策略研究的回顾与展望[J]. 社会心理科学, 2008, 23(06):8-13.

[107] Tormala Z, Petty R E. Source Credibility and Attitude Certainty: A Metacognitive Analysis of Resistance to Persuasion[J]. Journal of Consumer Psychology, 2004, 14(4):427-442.

[108] Zakary L. Tormala & Richard E. Petty. Persistence to Persuasion and Attitude Certainty: The Moderating Role of Elaboration[J]. The Society for Personality and Social Psychology, 2004, 30(11):1446.

[109] 王晓博, 马超. 态度免疫效应与态度抵制的研究述评[J]. 社会心理科学, 2006(06):3-6.

[110] 陶塑, 许燕,等. 青少年人格与酒精成瘾之间关系研究的综述[J]. 中国特殊教育, 2008(5):83-89.

[111] 范逢春. 管理心理学[M]. 成都:四川大学出版社, 2009.

[99] [illegible] ... [illegible] ... Journal of Personality and Social Psychology, 2004, [illegible]

[100] [illegible] ... Journal of Experimental Social Psychology, 2007, [illegible]

[101] [illegible] ... Personality and Social Psychology Review, [illegible]

[102] [illegible] ... Personality and Social Psychology, 2004, [illegible]

[103] [illegible] 2004. [illegible]

[104] [illegible]

[105] [illegible]

[106] [illegible]
2005, [illegible]

[107] [illegible] ... Journal of Consumer Psychology, 2004, 14 [illegible]

[108] [illegible] ... The Modern [illegible] ... Handbook of Personality and Social Psychology, 2004, [illegible]

[109] [illegible] 2006, [illegible]

[110] [illegible]
2005, [illegible]

[111] [illegible] 2006.